张振犁 编著

孟宪明 朱淑君 统纂

中原神话通鉴 · 第三卷

ZHONGYUAN SHENHUA TONGJIAN

河南大学出版社
HENAN UNIVERSITY PRESS
·郑州·

目　　录

十五、王母 ……………………………………………（737）

382. 王母娘娘［登封市］………………………………（737）
383. 王母洞［济源市］…………………………………（741）
384. 盆地的来历［西峡县］……………………………（744）
385. 王母娘娘磨绣针［新郑市］………………………（744）
386. 王母娘娘洞的传说［新密市］……………………（746）
387. 王母泉［济源市］…………………………………（746）
388. 麦子为啥只长一个穗［淇县］……………………（748）
389. 麦子为什么只长一穗［豫中一带］………………（750）
390. 麦叶的尖为啥是弯的［罗山县］…………………（751）
391. 麦穗为啥这样短［开封市］………………………（752）
392. 昙花一现［社旗县］………………………………（752）
393. 盗回天谷香人间［信阳市］………………………（754）
394. 香稻丸［息县］……………………………………（756）
395. 桃花［社旗县］……………………………………（761）
396. 梳妆台与舍身岩［新郑市］………………………（762）

十六、共工　祝融　精卫　愚公　夸父 ……………（764）

397. 共工和祝融［太康县］……………………………（764）
398. 春夏秋冬的来历［南召县］………………………（765）
399. 火神祝融的传说［豫中一带］……………………（766）
400. 火神寨的传说［新密市］…………………………（768）
401. 精卫填海［宁陵县］………………………………（770）
402. 填海［方城县］……………………………………（771）
403. 愚公盘山（一）［济源市］…………………………（773）
404. 愚公盘山（二）［济源市］…………………………（777）
405. 夸父追日［灵宝市］………………………………（779）

406. 夸父山[灵宝市] ……………………………………（782）
407. 夸父山和桃林塞[灵宝市] ……………………………（783）

十七、牛郎织女 ……………………………………………（785）

408. 牛郎织女（一）[开封市] …………………………（785）
409. 牛郎织女（二）[新郑市] …………………………（789）
410. 牛郎织女（三）[沈丘县] …………………………（790）
411. 牛郎织女（四）[襄城县] …………………………（791）
412. 牛郎织女（五）[嵩县] ……………………………（792）
413. 牛郎织女（六）[鲁山县] …………………………（794）
414. 牛郎织女（七）[鲁山县] …………………………（797）
415. 牛郎织女（八）[唐河县] …………………………（804）
416. 牛郎织女（九）[固始县] …………………………（806）
417. 牛郎织女（十）[永城县] …………………………（807）
418. 牛郎与织女[杞县] …………………………………（809）
419. 憨二[杞县] …………………………………………（810）
420. 牛郎和织女[中牟县] ………………………………（813）
421. 牛郎偷吃蟠桃[扶沟县] ……………………………（816）
422. 牛郎织女神话[博爱县] ……………………………（817）
423. 牛郎织女的传说[鲁山县] …………………………（818）
424. 七巧节的传说[社旗县] ……………………………（819）
425. 七夕会（牛郎织女与南阳丝绸）[社旗县] ………（822）
426. 牵牛星和织女星[桐柏县] …………………………（825）
427. 天河[桐柏县] ………………………………………（828）
428. 意儿与仙女[桐柏县] ………………………………（829）
429. 牛郎织女的故事[豫中一带] ………………………（832）
430. 牛郎织女的来历[唐河县] …………………………（835）
431. 牛二九女的传说[内乡县] …………………………（837）
432. 银河的来历[邓州市] ………………………………（838）
433. 井星为啥有缺口[镇平县] …………………………（840）
434. 牛郎织女后传[遂平县] ……………………………（841）
435. 牛郎医生[桐柏县] …………………………………（842）
436. 淮水浸月[桐柏县] …………………………………（845）

十八、后羿　嫦娥 …………………………………………………（847）

437. 前羿和后羿［桐柏县］ ……………………………………（847）
438. 师徒比武［桐柏县］ …………………………………………（848）
439. 羿喉中箭［桐柏县］ …………………………………………（850）
440. 第十个太阳［开封市］ ………………………………………（851）
441. 羿射九日［项城市］ …………………………………………（853）
442. 公鸡和太阳［范县］ …………………………………………（856）
443. 鸡叫明的传说［豫中一带］ …………………………………（857）
444. 马齿菜［浚县］ ………………………………………………（858）
445. 太阳为啥不晒马齿菜［淇县］ ………………………………（859）
446. 马齿菜救日［淮阳县］ ………………………………………（861）
447. 马蹄救日［济源市］ …………………………………………（862）
448. 后羿射日（一）［温县］ ……………………………………（863）
449. 后羿射日（二）［南阳市］ …………………………………（863）
450. 后羿登月［西峡县］ …………………………………………（865）
451. 后羿追日［南阳市］ …………………………………………（867）
452. 十二个太阳［正阳县］ ………………………………………（869）
453. 羿和妻子［南阳市］ …………………………………………（870）
454. 嫦娥下凡［桐柏县］ …………………………………………（872）
455. 嫦娥与后羿［豫中一带］ ……………………………………（873）
456. 嫦娥奔月一［濮阳县］ ………………………………………（875）
457. 嫦娥奔月二［巩义市］ ………………………………………（876）
458. 中秋节的由来［安阳市］ ……………………………………（880）
459. 中秋节的来历［社旗县］ ……………………………………（882）
460. 中秋节的传说［社旗县］ ……………………………………（883）
461. 中秋节祭月［社旗县］ ………………………………………（884）
462. 八月十五敬月亮［南召县］ …………………………………（886）
463. 伏牛山［许昌市］ ……………………………………………（888）
464. 赏月［登封市］ ………………………………………………（891）
465. 药奶奶［方城县］ ……………………………………………（892）
466. 仙女变成了癞蛤蟆［濮阳县］ ………………………………（895）
467. 彩虹［桐柏县］ ………………………………………………（897）
468. 飞天牛［登封市］ ……………………………………………（900）

469. 吴刚的传说［开封县］……（902）
470. 太阳的传说［遂平县］……（905）
471. 老公鸡、马齿菜、蚯蚓和太阳［武陟县］……（906）
472. 马齿菜和葵花［太康县］……（907）
473. 月牙石［信阳市］……（908）
474. 射日除害［舞阳县］……（910）

十九、二郎神……（912）

475. 扁担眼［登封市］……（912）
476. 二郎担山撵日头［巩义市］……（913）
477. 杨二郎担山赶太阳［扶沟县］……（914）
478. 二郎担山赶太阳［卢氏县］……（915）
479. 二郎神担山赶太阳［方城县］……（917）
480. 二郎神挑山追太阳［渑池县］……（918）
481. 二郎担山撵太阳（一）［台前县］……（920）
482. 二郎担山撵太阳（二）［镇平县］……（921）
483. 二郎担山撵太阳（三）［桐柏县］……（923）
484. 杨二郎担山撵太阳［鲁山县］……（925）
485. 二郎担山［辉县］……（926）
486. 二郎神担山填海［渑池县］……（927）
487. 二郎神追日［汝南县］……（929）
488. 二郎斩蛟［新密市］……（930）
489. 大伾山与浮丘山的传说［浚县］……（931）
490. 张超追日［汤阴县］……（932）
491. 华山后头的老阳儿多着哩［林州市］……（933）
492. 太阳瓜［新野县］……（934）
493. 石人山的传说［平顶山市］……（935）
494. 为什么马齿菜晒不死［邓县］……（936）
495. 石人的传说［邓县］……（937）
496. 石人沟［西峡县］……（938）
497. 二郎船［南召县］……（941）
498. 拉天灯［南阳市］……（943）
499. 太阳沟［西峡县］……（944）

二十、颛顼　帝喾 （948）

　　500. 二帝陵和硝河的传说[内黄县] （948）
　　501. 古帝颛顼[杞县] （954）
　　502. 帝喾登天辩理[商丘市] （957）
　　503. 商人的来历[商丘市] （959）
　　504. 盘葫[南阳市] （960）

二十一、阏伯 （963）

　　505. 商伯盗火[商丘市] （963）
　　506. 火神台的传说[商丘市] （965）
　　507. 阏伯盗火[商丘市] （968）
　　508. 阏伯管火[商丘市] （970）

二十二、尧王 （974）

　　509. 尧除单珠[范县] （974）
　　510. 尧王惩子[范县] （976）
　　511. 尧王访许由[登封市] （978）
　　512. 尧访许由和巢父[登封市] （983）
　　513. 尧王访贤（一）[范县] （986）
　　　　 尧王访贤（二）[南阳市] （987）
　　514. 尧王喝茶[范县] （989）
　　515. 捏掌见泉[沁阳县] （990）
　　516. 尧王池[沁阳县] （991）
　　517. 瑶琴[南阳县] （992）
　　518. 丹江的来历[淅川县] （993）
　　519. 丹江的传说[淅川县] （994）

二十三、舜帝 （998）

　　520. 虞舜出世[桐柏县] （998）
　　521. 娃娃潭[栾川县] （1000）
　　522. 效舜[桐柏县] （1001）
　　523. 种麻籽[偃师县] （1003）
　　524. 大舜耕田[宜阳县] （1004）

525. 骡子为什么不会下驹[偃师县] ………………………………（1006）
526. 黄河鲤鱼[陕县、渑池县] ……………………………………（1007）
527. 箫[桐柏县] ………………………………………………………（1008）
528. 蒲息千秋[息县] …………………………………………………（1009）
529. 舜王庙（一）[偃师县] …………………………………………（1011）
530. 舜王庙（二）[方城县] …………………………………………（1012）

十五、王　母

382. 王母娘娘［登封市］

很久很久以前，南山脚下住着一家人，爹娘下世早，撇下哥哥、嫂子和小姑三口人过日子。

那小姑子生得脓眼眵目糊的，穿着一身又脏又破的衣衫，就像刚从炭窑里爬出来的黑姑娘。特别是那光秃秃的头顶没有一根头发，又脏又臭讨人嫌。嫂子经常让她烧锅捣灶干重活，还秃妮儿长秃妮儿短的叫，时候长了，村里人都叫她小秃妮儿。

别看人家秃妮儿长得丑，可心眼好哇，没大言语，肯干活，村里婶子大娘都喜欢。她从不和嫂子争长论短，嫂子呢，想着法儿难为她。秃妮儿没明没夜地干活，从来没吃过一顿饱饭。嫂子说："谁的脸白吃白馍，谁的脸黑吃黑馍。"哥哥怕老婆，也不敢吭声，秃妮儿只好吃黑馍，一顿只准吃半拉①。秃妮儿有苦没处讲，泪水只有往肚里咽。

秃妮儿吃不饱饭，每天还要上山放牛。嫂子嫌秃妮儿干活少，又让她做鞋，一天做一双，做不好就不让吃饭。秃妮儿坐在草地上，一边看牛，一边纳鞋帮，新鞋做了一双双，一嘟噜一串串，挂在箔篱上。

嫂子还嫌做得慢，又让秃妮儿做衣裳。秃妮儿一顿吃半拉窝窝头，赶着牛羊上山，肚子饿得咕咕叫，头晕眼黑乱晃荡。黄牛屙了一泡屎，嘟噜变成了白馍，秃妮儿弯腰捡起来吃了，喷香，身上有了劲，就坐下来缝衣裳。嫂子让秃妮儿一天缝两条裤子，一条裤子九道缝，左缝右缝缝不完。眼看天快黑了，秃妮儿急得掉眼泪，哭啊哭，不知不觉睡着了。蟋蚰大嫂心疼没娘的小秃妮儿，喊来了姐妹来帮忙，一会儿两条裤子全缝好。秃妮儿醒来一看，有些摸不着头脑，就赶着牲口回家了。

嫂嫂早就不放心，见秃妮儿越吃越胖，两条裤子做得又细又巧，心里打起了小算盘。

---

① 半拉：方言，即半个。

这天,秃妮儿赶牛上山,嫂子在后面偷偷跟着,想看看是谁帮助秃妮儿干的。一头黄牛哞哞叫,一撅尾巴屙了个白馍馍,嫂子一见心暗喜,慌忙捡在手中,张口就咬,白馍馍变成了牛屎,满嘴牛粪臭烘烘,恶心了好半天。她抓住秃妮儿没头没脑地打了一顿,怒气冲冲地回家了。

秃妮儿长到十八岁上,嫂嫂便四处托人说媒,想把她早点打发出去,可就是没一个媒人蹬门,嫂嫂气得直拍屁股。忽有一天,门外来了个张公子,口口声声要娶秃妮儿,小伙子举止斯文,长得也俊,秃妮儿十分乐意,当下约定正月初一娶亲。嫂嫂问秃妮儿要啥嫁妆,秃妮说:"金山银山我不要,我要踩着嫂嫂肩膀上花轿。"气得嫂嫂直哼哼。

出嫁那天,秃妮儿突然长出了长长的黑发,更衣巧打扮,漂亮得好像天仙。张家花轿停在门口,秃妮儿来到轿前,把一把黄豆撒在脚下,黄豆满地滚,咕噜噜变成黄澄澄的金豆子。嫂嫂子见了心喜欢,慌忙上前去捡,秃妮儿抬脚踏上嫂嫂的肩膀上了轿,花轿一阵风,飞上了天。

后来,人们才知道,那是玉皇大帝度秃妮儿成神哩。那求亲的小伙子就是玉皇大帝,秃妮儿成了玉皇大帝的妻子,就是我们所说的王母娘娘。

讲述人:王宏玲
采录人:苏国安
采录整理:孔祥谦
流传地区:登封市

【文献选录】

西海之南,流沙之滨,赤水之后,黑水之前,有大山名曰昆仑之丘。有神,人面虎身有文,有尾皆白,处之。其下有弱水之渊环之,其外有炎火之山,投物辄然。有人戴胜,虎齿有豹尾,穴处,名曰西王母,此山万物尽有。

(《山海经·大荒西经》)

又西三百五十里,曰玉山,是西王母所居也。西王母其状如人,豹尾虎齿而善啸,蓬发戴胜,是司天之厉及五残。

(《山海经·西次三经》)

西王母梯几而戴胜杖,其南有三青鸟,为西王母取食,在昆仑虚北。

(《山海经·海内北经》)

昆仑弱水,非乘龙不至。有三足神鸟,为王母取食也。

(《史记》卷123)

老子云：万民皆付西王母，唯王、圣人、真人、仙人、道人之命，上属九天君耳。

（《博物志·杂说上》）

于时有神人西王母者，太阴之精，天帝之女也。人身虎首豹尾，蓬头戴胜，颦然白首，善啸。石城金台而穴居，坐于少广之山。

（《鸿苞轩辕黄帝纪》）

图15.382.1 郑州汉画像砖中的羲和主日与西王母。西王母传为西仙之首，住在昆仑山上，有三个青鸟为其寻食，九尾狐为其使，玉兔为其捣长生不老之药（程健君供稿）

图15.382.2 郑州汉画像砖中的九尾狐与三足乌（程健君供稿）

图 15.382.3 郑州汉画像砖中的西王母(程健君供稿)

图 15.382.4 南阳汉画像石上的西王母、羽人和玉兔(2011年程健君摄)

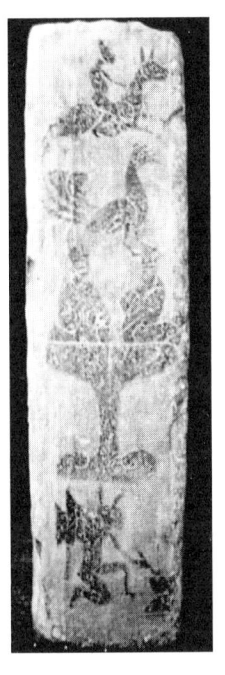

图 15.382.5　南阳汉画像石西王母和东王宫（2011年程健君摄）

【点评】

本篇流传在河南中部，是关于王母娘娘身世的传闻。它纯粹是中原道教传说的文本，好像与西王母在昆仑的狩猎部落首领形象无关。可作研究王母神话参考。

其中：①主要反映西王母的"天后"、"神母"身份，原是民间最受歧视和奴役的下层苦女子。②她之所以能成为玉皇大帝的妻子，完全是由于她的善良、聪慧。③她的悲苦生活遭遇得到黄牛和邻居姐妹的帮助。她最后被玉帝娶为妻子，正是对她不幸遭遇反抗的结果。④这是与德国的《灰姑娘》和我国的《叶限》同一类型的幻想作品。

383. 王 母 洞 [济源市]

王屋山的五斗峰上，有个大石洞，洞很深，里边有八个大厅，厅厅相连。每个大厅的门口都很窄，只能过一个人。厅内很宽敞，能容千军万马，传说这个洞通着天上的王母洞，王母娘娘在里边住过，所以，人们叫它"王母洞"。

为啥王母娘娘在这里住呢？其中有个传说。

古时候,轩辕黄帝在天坛山上设坛祭天,祈求丰年。他用天坛山上的干树枝当香烧,一点火,干树就噼噼啪啪地烧起来,火光万点,一直烧了十天十夜也不熄灭。谁知这干树枝是檀香木,这一烧呀,香味把整个王屋山都熏得香喷喷的!香气随风一直飘到玉皇大帝的凌霄殿。

玉皇大帝就问:"这是哪儿来的香气呀?"

王母娘娘说:"今天是你的生日,下界给你烧香祝寿哩。"

玉皇大帝听了十分高兴,说:"太白金星,你到下界去查查,是谁家给我烧香?"

太白金星腾云驾雾,顺着香气往地上奔。他来到王屋山上空一看,嗬!只见周围七百里大的王屋山,到处香烟缭绕,却看不见烧香人在哪里,也分不清香气是从哪里冒出来的。太白金星朝山头"腾腾"跺了两脚,把土地老爷叫了出来,问清楚了,就去回奏玉皇大帝:"陛下,烧香的人找到啦!"

"谁?"

"掌管中原的轩辕黄帝。"

"他在哪方烧香?"

"王屋山。那儿山清水秀,那儿是人间仙境。"

"他烧香求啥?"

"他为王屋山的百姓祈求丰年。"

"中,中,你传令,给王屋山个好年景。"

王母娘娘是个好游山玩水的人。她听说王屋山是人间仙境,就想去逛逛。第二天,她就打扮一下,带着五百宫娥仙女和雷公雷母,奔下天庭,来逛王屋山。这一天,王母娘娘贪恋王屋山美景,游呀,玩呀,到天黑也没玩够。这时,南天门"咣当"一声就关上了,她也回不到天上了。

宫娥仙女们,看到王屋山农家儿女男耕女织,欢欢乐乐地过日子,都不想回天宫了,就对王母娘娘说:"咱住下多玩几天吧!"

王母娘娘嘴上说:"不行,不行,仙家咋能久居人间呢?"而心里却想,这儿的山水、草木,无处不美,就对宫娥仙女们说:"你们既然喜欢王屋山,我就把它作为行宫,咱们往后时常来这里逛逛。"

仙女们说:"中,中!咱就住下吧!"

当时,王母娘娘就叫雷公雷母在王屋山上造个好地方,给她修个行宫,在这里享享人间清福。雷公拿起天鼓,雷母擎起闪剑,就在五斗峰上凿了一个山洞。

王母娘娘和宫娥们在王屋山逛了一天,弄得满脸灰尘,浑身是汗,又渴又饥。她进了山洞,就引来了天河水洗脸梳头,她们把洗过的胭脂粉水,都泼到洞里。日积月累,洞里大厅都积满了粉红色的水。不知又过了多少年,水渗到天坛山肚子里去了,洞里却沉淀出一层厚厚的红泥,这泥就叫"胭脂泥"。

这泥红彤彤、黏糊糊的。人们游天坛山时,都要到王母洞里挖一团红泥,拿回家去捏灯盏,不用烧,不用上釉,光亮光亮的,点起灯来,也不渗一滴油。

讲述人:段庆川　程月英
采录整理:缪华等

图15.383.1　民间庙宇中的玉皇大帝塑像(2009年程健君摄)

图15.383.2　民间庙宇中的西王母塑像(2009年程健君摄)

【点评】

本篇流传在河南济源市,是关于王母神话遗存的珍品。它所处的王屋山是道教名胜"十大洞天"的"第一洞天",有研究黄帝行踪的价值。

其中透露出如下中原神话信息:①黄帝登王屋祭天的神话,与文献记载的黄帝从河南密县神仙洞赴王屋山祈天的记录相符。(见《神仙传·黄帝内传》)②黄帝在天坛山上祭天祈求丰年时,山顶有庙、更衣亭等遗迹。③王屋山风景美好,吸引西王母带大批仙女来天坛山游玩,乐而忘返。这是远古"天人合一"观的体现。④王母恋念人间生活,就让雷公雷婆凿出石洞作为"行宫"。可见,天人之间的界限不是绝对的。从王母的行动可以看出既严守人间不能与神界互通的天规,又眷恋人间的二元对立的两种思想因素的内核。

值得注意的是,王屋山五斗峰的石洞及其中的红色泥土,都成了西王母和仙女在此留下遗迹的见证。这种幻想与现实的沟通,正是神话的象征或隐喻特征的表现。

384. 盆地的来历 [西峡县]

传说,王母娘娘生了七个女儿,可玉帝想得到一个金童,好继承自己的帝位。

有一天,玉帝正在凌霄宝殿议事,一个玉女高兴地跑来禀告玉帝:"娘娘生了一个太子。"玉帝喜极,立即回到后宫去看,果然生了一位金童。

金童满月那天,各路神仙都来庆贺。玉帝要举办宴会,就叫七个女儿到人间采鲜花。七个仙子来到人间,看见人间景色迷人,七仙女被迷住了,玩得忘了回天宫。六个姐姐早都回去了。忽听"轰隆"一声鼓响,七仙女吓了一跳,这才想起该回天宫了,立即提起花篮回天宫,可是晚了,天门已经关闭了。她急得大哭起来,一时忘了,手一松,花篮掉了下来,花篮破了,变成了盆地。盆地里的花草树木,就是七仙女摘的鲜花。

讲述人:杨春喜,男,49 岁,汉族,农民
采录人:张金法,男,25 岁,汉族,农民
采录整理:杨平,女,28 岁,汉族,西峡县文化馆职工
采录时间:1986 年 5 月
采录地点:西峡县阳城乡竹园村

【点评】

本篇是流传在西峡县的地名神话传说。

其中主要说神仙眷恋人世间的美好生活。七仙女因误了回天宫的时间,只好留在人间,花篮和鲜花变成了地上的盆地。

这不是王母神话的主体,而是玉帝王母神话的派生传述。它说明,王母与仙女无不恋念人世的心态,反衬出天宫的冷漠、凄苦。

385. 王母娘娘磨绣针 [新郑市]

很早以前,轩辕帝的大太子真武不愿在宫廷为官,特请求去风后岭庙修行。

起初,他耐不了这里的困苦生活,受不了孤独与寂寞,动摇了修道的决心,一心重返宫廷。

这一日,他来到风后岭东十余里郭寨沟南河拐弯处,看到有一老妪,手拿铁棒在石上来回摩擦。真武太子感到奇怪,上前深施一礼道:"这位老太,你在磨啥?"

"我要磨根绣花针。"

"哎呀,这么粗的铁棒要磨到什么时候?"

"功到自然成啊!"

听到老妪的话,真武太子深受启发,回头向来路走去。

老妪望着真武远去的背影,微微一笑,自言自语道:"这就对了,此子可教。"原来这一老妪是王母娘娘的化身。她发现真武动摇了修道的决心,就化一老妪来点化他。

经过多年的艰苦磨炼,真武太子终于修成正果。

讲述人:许治业,37岁,农民
采录整理:张爱民

图 15.385.1 新郑风后岭王母洞(1983年程健君摄)

【点评】

本篇流传在新郑市,是关于王母点化太子的神话寓言故事。它含有一定启示性的哲理,影响很大。

386. 王母娘娘洞的传说［新密市］

在密县刘寨乡,有一个地方叫云岩宫,那里景色迷人,至今民间尚有这样的谚语:"北京到南京,不如云岩宫;石头缝里长柏树,老龙叫唤不绝声;三柏二石一所庙,王母娘娘坐空中。"它概括地描写了那里的自然景色。关于那里的传说,也流传极多。这里只述其一。

在云岩宫南边湖中,有一个小岛,岛上有一个洞,叫王母娘娘洞。为什么叫王母娘娘洞呢?据说,很久很久以前,王母娘娘下凡游玩,在回归的途中,经过云岩宫,她在云端向下望去,只见那里绿树成荫,景色迷人,老龙潭的水叫个不停,几里以外都能听到。那里的石头更为奇特,在湖边的岩石缝里,长满柏树,王母娘娘从来还没有见过这样的好地方,于是就又下凡,在那个小岛上的洞中住了下来。后来,人们便把那个洞叫做王母娘娘洞。逢年过节,当地人都去那里烧香求愿。据当地人说,那个洞很古怪,口子能大能小,去烧香的人必须虔诚,进到洞里不能说话。否则,洞口就会变小,就再也不能出来了。后来,人们为了表示对王母娘娘的尊重,在洞顶儿盖了一座庙,不知什么原因,庙前出现了两个大石头,三棵大柏树。所以,民间就有了"三柏二石一所庙,王母娘娘坐空中"的谚语。

采录人:贾建
流传地区:密县刘寨乡云岩宫方圆二十里

【点评】

本篇流传在有熊国新密市云岩宫,是关于王母的神话传说遗存。

其中透露出:王母作为玉帝的"天后"、"神母",既严格区分天界、人间的"天规",遵守人神不能共处的思想,又留恋人世间的美好生活。这种二元对立又统一的内在神话思维结构,异常鲜明、典型。

387. 王 母 泉［济源市］

一天,日出东方,彩霞满天。天庭上,王母娘娘梳妆完毕,忽听年仅七八岁的七女在哭,便走上玉霄宫问她为啥哭。七女撒娇地说:"昨晚我做了个梦,梦见我的金鸽子在人间,你们快领我去找回来吧!"六女听说要去人间,便也闹着要跟着去。王母娘娘最疼两个小女儿,便命哪吒赶着龙辇,到凡间一游。

龙辇飘落到一个小村西头,停辇时,白龙马没留神,蹄子滑了一下,七女的玉枕被晃到地上,立刻变成了一块石头,长到石棚地上了。王母娘娘一慌,一只绣鞋掉到地上。赶辇的哪吒忙蹦下给她拾了起来。绣鞋虽然没有化成石头,但留下了一个鞋印。

顺着石棚路向东,王母娘娘她们来到一片平展展的石棚前,六女、七女齐声喊口渴,王母娘娘便拔下头上的金簪,在石棚上划了一道,只听"哗啦啦"一声响,石棚上裂了几丈宽的石缝,从当中"咕嘟嘟"冒出泉水来。紧接着,一对金鸽从水里腾空飞起,在天空绕了一个圈,落在七女面前。六女、七女惊喜若狂,抚摸着一对金鸽子,竟忘了喝水。

一会儿,清亮亮的泉水越涌越多,渐渐地冲走周围的杂草、石子,浩浩荡荡向南流去,成了一条宽阔的万泉河。

王母娘娘她们喝了水,洗过脸,便启辇回天庭去了。

村上一位九十九岁的老妈妈,看到了这一惊人的情景,才知是神仙下凡,为民造福的。老奶奶逢人便讲,众位乡亲奔走相

图 15.387.1 太行山神农坛
王母洞(2003年程健君摄)

告。全村人齐声感谢王母娘娘的恩惠,便请一位老石匠,给王母娘娘立了一块高大的石碑。石碑正中是王母娘娘的石像,两边是她的两个女儿。碑底座上写了两句话:"春夏秋冬常流水,祖孙万代常烧香",并把这个无名的小村取名为"王母泉"。

采录人:赵桂梅,女,40岁,教师

【点评】

本篇流传在河南济源市,是关于王母为民造福的神话遗存珍品。它对认识和

理解王母神话的多重性格有重要意义。

本篇透露出如下神话信息：①王母神话传入中原之后，由于神格易位，神职扩展，已不再是西方狩猎部族"君长"的首领形象，而成为玉皇大帝配偶的"神母"、"天后"。②王母虽居道教神国至尊的高位，但仍心系天下百姓疾苦。她不只是统治阶级及道教徒理想的"仙人"、"真人"的形象。③王母亲率仙女来人间，用金簪划出水泉，解除人间缺水的苦难，这无疑是神话世俗化的典型。④村头刻的石碑和王母石像的遗迹存留，为此神话的神圣性和可信性，提供了科学的依据。

值得注意的是对"非宗教化倾向"具有重要意义。中原神话的两种演变倾向："人为宗教化"和"世俗化"，实际是在长期封建社会里统治阶级文化（含宗教化）与劳动人民文化的区分界限。每个民族都有两种文化的观念，在本篇中体现得异常突出。它决不同于魏晋南北朝以后道教徒所篡改和编造的神话赝品。

388. 麦子为啥只长一个穗［淇县］

很久很久以前，地上的麦子可多可多哩，一根麦子就长恁些穗，就像芝麻梭一样，打下来哩白面吃不完，人们就拿白面不当个东西，随地糟蹋。

老天爷知道了这件事，就派王母娘娘下来私访。王母娘娘下来后，打扮个要饭老婆儿，扠个破竹篮，到了一个村，老远闻见了一股香味，就朝有香味的这一家来了。一进门，瞧见院里支个小锅，一个老婆儿正在烙饼。王母娘娘说："行行善，给口吃哩吧！"老婆脸都不扭："走开，没有剩东西儿。"王母娘娘说："你都烙了恁高一摞，就不能给俺一口！"老婆儿说："那是给俺孙儿垫屁股，当屎布用哩。"老婆说罢，就从屋里抱出个小孩，让他坐在那一摞饼上。王母娘娘瞧见这，心里急哩不行，就走了。

王母娘娘又到了一家儿，见一个娘儿们正端着盆去喂猪，那猪食盆里都是白馍，有囫囵哩，有半个哩，满满一盆，王母娘娘说："行行好，给半口吃哩吧。"那娘儿们说："走吧，走吧，没有剩东西儿。"王母娘娘说："把你喂猪盆里馍给点也中。"那娘儿们说："哼！给你？喂俺哩猪是叫它快些长大，吃它哩肉哩；给了你，顶啥用？走吧！"

王母娘娘听了，气哩不行，就趁着夜里，派恁些天兵天将，要将麦穗都捋下来，谁知捋哩只剩一个的时候，叫一只狗瞧见了，它跑到王母娘娘跟前，一股劲求情："丢一个吧，你要都捋光了，俺狗也没啥吃。那人们不知爱惜粮食，俺当狗哩可没有糟蹋呀！你就留个面子，给狗留点粮食吧！"王母娘娘听狗说哩怪可怜，就剩下朝天这个穗没有捋完。

打这以后,地上的麦子就只剩下一个穗了。

讲述人:张树标,男,农民,已故
采录人:张贺勋,男,33岁,淇县文化馆工作人员
采录整理:张贺勋
采录时间:1987年5月
流传地区:淇县

图 15.388.1　豫北民间供奉的麦神像(2010年程健君摄)

【点评】

本篇流传在河南淇县,是关于西王母惩罚人间浪费麦子的神话遗存。它对理解中原神话与我国早期农耕文化的关系,具有重要参考价值。它虽有道教因素,但从主体神话意识看,仍比较接近口承形态。

其中透露如下文化信息:①远古中原是单一的小麦主产区。②由于人少食用富裕,小麦又产量特高,从而形成大量浪费粮食的恶习。③西王母奉天帝意旨,查惩浪费小麦食品的人。让天兵天将捋掉小麦穗子。因狗求情,留下为狗食用的一个穗。④人与动物的关系极密切,反映狩猎生活的人与动物同命运的原始观念。

狗的请求留下一个麦穗,成了人类重要生存和生活资料的基础。在人兽杂处的时代,这种现象,成了比较稳定的社会秩序的标志之一。

389. 麦子为什么只长一穗[豫中一带]

据说,在远古时代,一株麦子并不是只结一穗,而是结好多穗,从上到下全结的是麦穗,老百姓家家囤尖缸满,过着幸福的日子。因为粮食多了,有些人家就不那么爱惜粮食了,把粮食不当粮食用。

有一个村子,住有十几户人家。这天,村里来了一位要饭的老太太。她走到了一家门口,年轻的媳妇,一边看着孩子,一边做着针线活计。

"这位大嫂,可怜可怜我这老太婆吧,有吃的东西给一点!"老太太伸出手,向那年轻媳妇乞讨。

年轻媳妇到屋里找东西,不巧得很,屋里找不到一点熟东西。她拐回来,对要饭的老太太说:"家里的馍都吃完了,没有啥给你,你要不嫌脏的话,我娃这屁股底下还垫着一个白面煎饼,给你吧。"说着,她从小孩的屁股底下拉出一个暖呼呼的煎饼给那个老太太。

老太太接了煎饼,一扭头便不见了。

原来,那老太太是王母娘娘变的。她奉玉皇大帝的命令下凡来视察民情。玉皇大帝听完王母娘娘的汇报,十分生气,派了无数天兵天将,要他们把地上的麦穗全部打掉。

半夜里,人们都睡熟了,天兵天将一个个手拿大棍下了天,他们举起大棍,对准麦穗打了起来,被他们打下的麦穗,以后就再也不会长了。就在天兵天将把麦子打得只剩顶上一穗时,一只狗跑了过来。狗一见主人的麦子要被天兵天将毁掉了,就围着天兵天将哭起来,哭得天兵天将都动了心。天兵天将见狗哭得实在可怜,就决定留下最后一穗作为狗食。从此以后,麦子便像我们今天看见的那样,只会结一穗了。

讲述人:田大女
采录人:姚建新

【点评】

本篇流传在河南中部,是关于王母惩罚人间浪费粮食恶习的神话遗存。它简明、朴实,接近民间口承神话原始形态。

其中透露出的文化信息有:①王母作为天国至尊的"天后",与天帝同样关心民情的思想和行为,是她的神职和性格构成的重要因素之一。②王母为了掌握民间疾苦和恶习,亲自化装成乞丐求乞。不辞辛苦的品质,与统治阶级心目中的绝代美貌贵夫人的形象有质的不同。这是劳动人民心目中的勤于王事的典型。③中原人民最初的农作物是小麦的信息,与北方中原是小麦主产区的特点相符,它是现实生活的映照。④本篇对研究王母神话,有重要的参考价值。

390. 麦叶的尖为啥是弯的［罗山县］

春末,稍为细心的人就会发现,麦子的叶尖是弯的,并且有一个像是用手折过的痕迹,这是什么缘故呢?

相传,有一年春天,风和日丽,人间景色宜人。王母娘娘在天庭中待腻了,便腾云驾雾降临人间,欣赏着大自然美丽的景色。

游兴正浓,肚子有些痛。于是便蹲在旁边的麦地里大解。就在她蹲下去的一刹那,只觉一阵钻心的痛。王母娘娘扭头一看,原来是几根麦叶在作怪。她一恼,便把麦叶上掐了一下。从此,麦叶的尖便弯了,并且永远留下了一道白印。

讲述人:王林,罗山楠杆一中学教师
采录人:张志伟
采录时间:1989年10月1日
流传地点:信阳地区罗山县楠杆一带

【点评】

本篇流传在信阳罗山县,是关于王母下凡间遭遇的神话传述趣闻。

其中反映:①王母恋念人间的景色、人情,感到天宫烦闷。②王母作为"天后"、"神母"的世俗化性格的一个侧面,同时也存在平民意识的一面。它是神话演变的规律之一。③麦叶弯的解释,有相当的随意性。④本篇对研究王母多重性格有参考价值。

391. 麦穗为啥这样短[开封市]

传说王母娘娘有一天下凡到人间,她看到又长又大的麦穗却不认识。也巧,她这时到麦地里解手,蹲在那里,用手捏玩麦穗。那时的麦穗像棒槌那样长,长得又很好,那时候的人啊,打一点就吃不完。这时,突然一只兔子从她身后跑过去,王母娘娘一紧张,麦芒扎了她的手。她当是兔子调戏她,又没法说出来,一生气想治下凡间的人,于是就用神手把麦穗从中间掐断了。她还不解恨,想把留在麦秆的一小半也掐掉,她这一动手,还刮起了一阵大风。那个兔子抬头一看麦穗变小了一多半,它知道是王母娘娘干的,就赶快跑回来,向王母娘娘求情,给它留一点口粮。王母娘娘为了出这口气,就指着兔子的尾巴说:"把麦穗剩的跟你的尾巴那样长吧!"兔子也不敢多说,只好答应,于是麦穗就像兔子尾巴那样长了。

讲述人:杨氏,女,75岁
采录人:孙书民
采录时间:1989年6月
流传地区:开封东南地区

【点评】

本篇流传在开封地区,是关于王母对兔子"调戏"她的报复,刮起大风,掐断麦的穗子,最后只剩下一个短穗。

这是属同类的植物解释神话,与另篇王母为惩罚人们浪费粮食恶习而把麦穗捋的只剩一个的性质似有不同。本篇是带有一定嘲讽王母的笑话作品,可作研究同类作品的参考。

392. 昙花一现[社旗县]

您见过昙花吗?在那夜深人静的时候,昙花悄悄开放,洁白晶莹,清香扑鼻,惹人爱怜。可它开放的时间很短,从初开到凋谢不过三四个小时。"昙花一现"就是指此而说的。

那么,昙花为什么总在夜里开放,又为啥开的时间那样短呢?这里面还有个非常动人的故事呢。

相传,很早的时候,天上王母娘娘身边有个最美丽的侍女叫昙花。这昙花的脸儿,比那牡丹、芍药还娇艳,这昙花走过去,比那茉莉花儿还芳香。女伴见她忙低头,天神见她也动心。王母娘娘对她最喜爱,管得也最严,平日里从不叫她离身边。

这一天,王母娘娘一时高兴,命昙花去采摘鲜花,装点宫房。昙花高高兴兴地跑出了宫来到花园。可是她到一处鲜花萎一处,好半天,她还没采到一支鲜花。要是空手回去,王母娘娘怪罪下来,那还得了。她焦急地跑着,找着,不知不觉地就跑出了南天门。

昙花平日里一直在宫里,从没出过天门。她感到新奇极了,不由地朝下界看去,只见大地上村庄棋布,阡陌成行,农夫荷锄,鲜花遍地,别有一番美妙的景象。昙花想,我何不到下界采摘鲜花,顺便游玩一番呢?想罢,她就朝人间飞来。

昙花落到一个大花园里,只见这里鲜花盛开,美丽极了。她正要采摘,忽听一声吆喝,随着走来一个年轻小伙子。这小伙子身穿青布短衣,肩担两桶清水,长得神采英俊。昙花忙假称母亲有病,想采摘一束鲜花给母亲治病。小伙子听罢,二话没说,就亲自采摘了一束最美的鲜花,送给昙花,然后给花木浇水、培土、整枝去了。昙花接过鲜花,却久久不愿离去,不由地动了思凡之心,就搭讪着走到小伙子跟前,询问着各种花的名字、习性、栽培方法。小伙子种花最爱花,一说到花上,有说不完的话。他热情地一一给姑娘作了解答,二人越说越投合,于是都生了爱慕之心。那天晚上,二人在花园里面对鲜花,叩首而拜,结成了夫妻。

再说王母娘娘命昙花去采花,半天不见回转,就命侍女们四处找寻。可侍女们找遍了天庭,也未见昙花。正在这时,把守南天门的天将禀报说,昙花下凡采花去了。王母娘娘听罢,忙带侍女们飞出天庭,赶到人间,见昙花与一年轻花郎正在花房里相依而坐,悄悄谈心。王母娘娘一见,恼怒异常,即令天将捉拿昙花。昙花一听天鼓摇动,忙出花房,见王母驾临,知道大事不好,忙跪在地下苦苦求告,愿永坠凡尘,与花郎结伴终身。王母娘娘眉头一皱,想出一个狠毒的主意:"好吧,我成全你,只是得受点苦。"昙花忙磕头说:"就是赴汤蹈火也愿意。"王母娘娘把手一指,昙花立时变成了一棵奇怪的花株。

当那花郎从昏迷中醒来,不见了妻子,见花房前新长出一株奇怪的花株,知道这是妻子昙花变的,他就用泪水浇灌她,用心血培植她。他盼着她开花,盼着心爱的妻子回到身边。他盼了一天又一天,等了一月又一月。一年的时间过去了,他与妻子分别的那一天又来到了,这天夜里,他偎依在花株旁,回忆着妻子的身影,想起了那痛苦的离别,泪水不由地流下来。夜深了,忽然那花株的枝头绽蕾了,舒瓣了,开放了。他急忙点着蜡烛,只见那花儿洁白,醇香扑鼻,美丽异常,好像妻子的化身。花郎定定地看着这花,流着泪倾诉着离情别意。可时间不长,那花儿就慢慢凋谢了。原来,昙花的灵魂,每年只能化成花朵,在花株上出现一次,每次也只能深夜开放,天将明就凋谢,平日里被王母娘娘押入魔窟受罪,不准出现。因这花是昙花变的,人们就把这花叫昙花。又因昙花是王母娘娘身边的侍女,所以人们又把昙花叫做仙女花。这花开的时间虽短,又是在深夜开花,可人们敬它是贞灵之花,都非常爱怜它,纷纷培植它,繁衍它。

采录整理:徐东

【点评】

本篇流传在河南南阳地区社旗县,是关于王母迫害"犯天规"侍女的著名神话遗存。它虽略带有一些创作成分,但从主体神话意识方面,仍保持有接近原始形态的特点。

其中的文化内涵:①西王母从原来的西部狩猎部落首领转变为道教神国"天后"之后,严厉控制"天国"与"人间"不共处的界限,维护天国尊严的神职性格的主要一面。②她对敢于违犯"天规"的仙女,毫不留情地予以惩处。这是神话道教化的重要表现。③尽管有时也对既成事实的叛逆青年,作了一定让步,但主导方面仍是前者。④神话中许多青年男女敢于叛逆天界,落入人间,其实质是人的本性抗拒天国统治者的必然要求,使之得到满足和胜利,从而揭示出统治者的压迫的残酷和虚弱本质,而"叛逆者"的胜利是必然趋势。

393. 盗回天谷香人间[信阳市]

从前,世间并没有稻谷。啥时候才有了稻谷呢?这还得从王母娘娘说起。

据说,在一次蟠桃会上,王母娘娘特意做了几顿天谷香饭,招待韩湘子、吕洞宾等诸位仙人。诸仙人从西天回来,路过鸡公山坐下休息,夸起了王母娘娘那香甜好吃的天谷饭。韩湘子说:"要是尘世间也有那清香天谷,才香遍九州哩。"

谁知说者无意,听者有心。这话叫一个青年农夫山哥听见了。山哥是进山砍柴的,刚躺在青石板上休息,就被这几个仙人的说话声音惊醒了。他想,怪不得人间没有天谷,原来王母娘娘留在了天上,只供他们仙人享用。要是能弄到点种子,在人间开花结果,那该多好啊!

俗话说：上天无路。一个凡人想上西天找王母娘娘不是笑话吗？山哥想了想，就走到几位仙人跟前，双膝跪下，把想上西天要谷种的事说了。吕洞宾哈哈大笑，说："异想天开，异想天开。没门呀，小伙子！"湘子说道："要上西天不难，不知你可能吃苦？"山哥答道："只要能弄回天谷种，叫天下父老吃上天谷香饭，纵死也心甘。"韩湘子看山哥很有志气，心中欢喜，就附耳对山哥如此如此吩咐了一番。

第二天，山哥道家打扮，带些干粮上路了。他走了九九八十一天，来到了天山温泉。一看，果真有七个仙女在温泉洗澡。他按着韩湘子给他说的话，找到一件黄色纱裙，偷偷取下纱裙领上的凤翎，别在自己的领子上，顿时身飘如燕，往瑶池飞去。

山哥来到瑶池，只见王母娘娘躺在床上睡懒觉，就走上前去，把王母娘娘叫醒，说道："仙人吕祖嘱我来找您要点天谷种子，好在闲暇之时观花赏趣，清神饱腹。"王母娘娘见生人来打扰，很不高兴，本不想给，又一想是吕洞宾叫来的，就懒洋洋地起来，从玉柜里拿出一包种子，递给山哥赶他出去，又躺在床上睡着了。

山哥出了王母娘娘的宫门，解开小包一看，只有几十粒扁瘪的种子。心想：好你个王母娘娘，都说你慈善大方，谁知会悭悭啬小气。就又转回宫里，趁王母娘娘睡着之机，偷偷地打开玉柜，盗了满满一袋天谷种。

天上半晌，人间半年。王母娘娘一觉醒来，见玉柜里的谷种少了，就怒冲冲地走出瑶池。只见鸡公山下的一块地里，长着青翠茂盛的天谷，问她要天谷种子的山哥正在地里捉虫。气得王母娘娘咬牙骂道："好你个大胆的刁民，竟敢盗到我的头上，我叫你空喜欢一场。"说罢，用袍袖一甩，天谷地里顿时起了大火。

山哥一见天谷地里起了大火，心疼得直掉眼泪，忙提水泼了起来。乡亲们知道后，都来帮助他担水救火。不知担了多少挑水，山哥和乡亲们的衣服磨破了，肩膀上磨出了血，直挑个满地水盖秧，才把火救了下去。

一个月后，田里的天谷成熟了，可有的穗大粒饱，有的却穗小籽秕。原来，山哥偷的种子是真正的天谷种。王母娘娘睡得迷迷糊糊，拿的是一种毒草籽，人若吃了就会得败肠炎病，就是现在的"阑尾炎"。人们就把这草起名叫"败草"，把山哥偷来的天谷种叫"盗谷"。

后来，一个农艺官才把"盗谷"改写为"稻谷"，把"败草"改写为"稗草"。到现在稻谷仍长在水田里，夹杂着长有稗草。

讲述人：司马兹，教师
采录整理：冯天佑

【点评】

本篇流传在河南中部,是关于王母严禁将天上稻谷传入人间的传说。它对研究中原稻谷发展史有一定参考价值。它带有一定程度的道教化与"非道教化"思想冲突的因素。

其中透露出:①人间的文化知识、科技发明,均来自天国。王母严格控制香稻只能在天国神仙之间食用,不许传入人间。这是历来"天赐福嘉"观念的典型之一。②在神界也有同情百姓的叛逆者。韩湘子向山哥出主意,让山哥借七仙女(黄衣的)的纱裙凤翎飞上天宫,以吕洞宾的名义向王母要稻种后又盗回"天谷",播种在人间。③山哥为盗天谷,不畏艰险,正是"抗拒英雄"的典型。他是天国王母的挑战者。④王母放火烧豫南鸡公山的稻田,表明她维护天国尊严的顽强性格的一面;但终因百姓的扑火抵抗,使天谷传入人间。王母有二元对立性格的一面,毕竟还有失败后妥协的一面。⑤人间的文明是在与神国的矛盾统一中实现的。

394. 香稻丸[息县]

"香稻丸"是河南息县的特产大米,它白似珍珠,奇香宜口。做稀饭时只需掺进十几粒香稻丸,那就满屋飘香,素有"一块稻香满坡,一撮米香满锅,一碗饭香满桌"的盛称。

这奇特的香稻丸,至今只"定居"在息县境内方圆不到十里的土地上。如果把它移种他乡,就失去了香味。香稻丸的脾气为啥这么怪呢?这里流传着一个奇妙的故事。

很早很早的时候,这里是荒坡、沙丘,野草丛生。荒沙坡上,有个憨厚、质朴的青年人,名叫肖南子,二十来岁,七尺的个头儿,敦敦实实。他七岁死了母亲,十二岁死了父亲。有位好心的乡老劝他说:"南子,逃走吧。你看这里沙多,水少,地荒,草枯,迟早会被饿死的。"肖南子爱自己的故乡,说啥也不能走。他忍受着苦日子的折磨,下决心要在这里寻水种田,改变家乡面貌。

肖南子扛起父亲当年找水用过的钢钎,四出奔走。钢钎磨短了,铁锤砸扁了,肖南子也长大了,可还是没有找到理想的水源。

一天,肖南子又在一钎一钎地试探找水,太阳炙烤着他,黄沙蒸腾着他,晒得他脊背黝黑,浑身冒油。忽然面前飘飘然来了一位十分美貌的女子,鸭蛋形的脸上长着一双伶俐的眼睛,一见面就给人一种温顺、善良的感觉。她上前恭恭敬敬地施礼道:"小哥哥,你的钢钎能借给我用一下吗?"肖南子从来也没见过这样美貌的女子,一时羞怯得低下头来,说:"姐姐借钎何用?"女子坦然地说:"有一恶人相扰,我想借用它顶门护家。"肖南子想:姑娘既然需要,就应该先人后己。他双手捧着钢钎,递给女子。女子接过钢钎看了看,欣喜地说:"谢谢哥哥一片好心!既然你肯帮助俺,俺也应以力相助哥哥。"说罢,从头上拔下银簪,插在地上说:"哥哥,用锤子砸吧。"肖南子一看,笑了笑,拱手道:"谢谢姐姐的好意,这簪子怎能顶我一锤呢?"女子笑道:"你只管用力砸吧,绝不会叫你失望的。"肖南子被她这句话感动了,用那粗壮的大手紧握着一把二十多斤重的铁锤,狠狠地砸了一下,只听一声巨响,从地下射出万道银光,吓得肖南子后退三步,坐在地上。

这女子是谁?原来是百花仙子。每年三月三日,各路神仙都要朝拜王母娘娘,这就是所谓的蟠桃大会。这天一大早,百花仙子整容梳妆去天庭。她驾着彩云低头一看,在这片荒芜的沙坡上有个可爱的青年,苦心地干活,却吃着树皮、草根,顿起怜悯之心。她拂去彩云,降落人间,化一美女,抛弃天庭甜上甜,来解人间苦中苦……

百花仙子见肖南子累坐在地上,忙上前将他扶起,又帮他拂去身上的灰尘,笑嘻嘻地说:"哥哥,不要惊慌,只要有决心,一定能打出水来。"肖南子被百花仙子的热情弄得手足无措,吞吞吐吐地不敢答话。百花仙子见他纯洁无邪,倒更加爱上了他。

日没西山,肖南子慢吞吞地说:"姐姐,叫你劳累一天,现在我就送你回家去吧。"

百花仙子一听,心中不悦,说:"我在家受那恶人相扰,俺刚才不是跟你说过了吗?借钎为啥,你怎么还不理会呢?"肖南子听到埋怨,也觉得自己太傻了。可这一男一女怎么办呢?

百花仙子见他作难,哀求道:"夜里,我只在你门前那棵老榆树下歇息就行了。"肖南子怎能忍心呢?回到家里,他把自己的床铺得平平整整,把树籽灯点得明光闪闪,让女子睡在自己床上,然后轻轻地关上门,自己躺在了老榆树底下。他想前想后,想着想着就睡着了。

第二天早起,肖南子睁眼一看,自己躺在床上,那女子却和衣躺在老榆树下。肖南子后悔不及,满心的话说不出,满腹的情意表不尽。只见那女子轻轻睁开眼睛,笑眯眯地说:"小哥哥,你休息好了吗?"肖南子不知是羞还是爱,是苦还是甜,五香八大味一下子塞进了肚子里,两片厚厚的嘴唇哑叭几下也说不出话来。

就在这时,有几个老人兴冲冲地走来,看到这种尴尬的情景,忙问:"南子,这是你什么人?"肖南子羞羞答答,低头不语。

百花仙子爽朗地说:"感谢众乡老的关心!我是他的娘子。"

"不不不……"肖南子急忙推诿。众乡老哈哈大笑:"南子呀南子,你还瞒着我们干什么?娶了个这样美貌的女子,也不言一声,怕我们喝你的喜酒是不?哈哈哈哈……"

就这样,百花仙子和肖南子一同生活在这块荒坡沙丘上,他们一个抡锤,一个掌钎,打呀打,经过七七四十九天,终于打出了一眼水井,井下直通天庭瑶池,井水清澈如镜,银光耀眼,浇得砂石变粘,枯草泛绿……

满头银发的月光老人,喊醒了正在甜睡着的百花仙子,说:"仙子,你虽浇出了沃土,但无良种也不能解人间之苦呀!"百花仙子一听,觉得非常有理。她将手中的素绢摆了三摆,顿时百朵鲜花从四周飘飘而来,一到跟前,瞬即化为百名美女仙子。百花仙子领着众仙子转悠了这一片荒坡,然后深情地说:"妹妹们,我们平时只知在那幽谷深山修行,怎知这人间之苦哇!我们喝着玉露琼浆还嫌不甜,可这里的人们却吃着树皮草根。我想,我们不能只顾自己欢乐幸福,不管人间疾苦啊!"百花仙子这一席话,深深地打动了众仙子的心,大家纷纷表示尽力相助。

这时候,百花仙子断然取下颈上项链上的一颗珍珠,拿在手中说:"我想把这颗珍珠撒向人间,结出累累果实,来解万民之苦,不知怎样?请众位妹妹帮助出点主意。"众仙子一见百花仙子如此舍爱,便都纷纷将自己的一颗珍珠献了出来。

这一百颗珍珠本是王母娘娘的一串珍珠项链。王母除疼爱自己的九个女儿外,就最疼百花仙子了,她亲自将一串珍珠项链挂在百花仙子颈上,表示慈爱。百花仙子念姐妹情深谊厚,又将这一百颗珍珠分给各位仙子每人一颗。百名仙子百朵花,年深日久,各花的芬芳,自然渗透在珍珠之内。百颗珍珠,香射十里。

百花仙子手托云盘,踏着春晨的露水,拂出身边朵朵彩云,把珍珠撒在他们夫妻新开垦的荒坡沃野里。

珍珠浸透了瑶池的水,个个都像胖娃娃,茁壮成长。百花仙子和肖南子不断地给他们松土、锄草。

春种一粒粟,秋收万颗子。到了成熟季节,百花仙子同肖南子到田间一看,呀!满地皆碧玉,香气欲醉人。

打谷场上,肖南子抓了一把饱盈盈的稻谷说:"这可是从来也没见过的粮食呀!娘子,你给它起个名字吧!"百花仙子深知这是珍珠为种而生,瑶池水浇灌而长,又有众仙子香汗浸润,想了想说:"就叫它'香稻丸'吧!"肖南子高兴地喊着:"香稻丸,香稻丸,我们有了香稻丸啦!"上午,他满满地端了一瓢香稻丸稻谷,说:"娘子,你来到这里,陪我熬尽了心血,受尽了劳累,今天做顿可口的米饭,让你尝尝新。来,我舂米做饭,你烧锅。"百花仙子看到肖南子那个高兴劲,真有说不出的愉快,她夺过稻谷,深情地说:"南子呀,你的心意我领受了。可现在香稻丸还只是咱家有,我想把这些作为种子,明年撒在邻近村庄的土地上,让它逐渐扩展,香千里,香万里,香满人间!"肖南子听了非常感动,泪水不禁滚滚而下。

冬去春来,一到百草泛青的时候,百花仙子同肖南子一起到邻近村庄播种去了,他们和众乡邻一起松土、培畦。一些老人感慨地说:"这真是天底下最好的一对呀!"

经过四四一十六天,周围十几个村庄都种上了香稻丸。就在百花仙子撒完最后一粒种的时候,突然狂风骤起,刮得天昏地暗。肖南子拼命地拉住百花仙子,百花仙子放声呼叫着"肖南子"。肖南子只觉猛地一下,跌坐在地上,顿时风息天晴。肖南子伸手一看,自己抓住的却是一个绣着百花的紫色素绢。乡邻们一听说肖娘子被狂风裹走,纷纷赶来,仰天号啕。肖南子哭干了泪水,哭哑了喉咙。

百花仙子被刮到哪里去了呢?事情是这样的:

一天,王母娘娘到南天门巡游,忽然闻到下面飘来阵阵异香。她搭手向下一看,这放射异香的东西,正是她赐给百花仙子的珍珠。为了弄个明白,她立即差遣九女去唤百花仙子。九女到百花仙宫一看:宫门紧闭,不见百花仙子。在回来的路上,踏着云头朝下一看,见百花仙子正陪着一个年轻人抛撒珍珠。九女回到天庭,不敢说谎,只有实报。王母娘娘听了勃然大怒,命风婆将百花仙子抓回。就这样,百花仙子被押到了王母面前受审。

百花仙子自觉无罪,坦然地给王母叩头问好。王母本来是很喜欢百花仙子的,可这件事触犯了仙规,她是不能容忍的,因此责问道:"百花仙子,我赐给你的珍珠项链呢?"

百花仙子知道哄瞒不过,就直说道:"我将它撒入沃土,化作粮种,以济人间之苦。"

"呔!"王母怒斥道:"这怎使得呢?快给我收回!"

百花仙子含泪苦诉:"王母息怒。我们在天庭,奇珍异果受用不尽,可人间树皮草根也难寻求。他们年年烧纸、焚香,祭奉我们,我们怎么连一串小小的珍珠也舍不得呢?"

王母听了目瞪口呆,无言答对。百花仙子据理力争:"王母既把珍珠赐给了我,那就由我支配,收与不收,王母不应过问,更不应以此责难!"

王母无理争辩,只有以势压人。她气急败坏地说:"你与凡人匹配,败我天规,毁我珍宝,罪上加罪!如不收回,定将你打下凡间受苦!"

百花仙子见王母心狠手毒,讲也无用,于是忍疼脱去仙服,扔给王母,拂袖而去。

王母爱百花仙子的艳姿娇态,却不喜欢她那倔强刚毅的个性。她见百花仙子如此执拗,立即派风婆拔掉刚出土的香稻丸幼苗。

狂风吼叫,香稻丸幼苗被吹得东倒西歪,眼看就要被连根拔掉。百花仙子急忙叫肖南子将手中的素绢抛起。只见那素绢在空中逐渐扩大,不大一会,整整笼住了四乡十几个村庄刚出土的香稻丸幼苗。风婆企图钻进去吞噬幼苗,又见一百个花仙子将四周团团围住,使她不能进去,只能在四周吼叫。

王母无奈,拔下头上的金簪,照那素绢四圈一划,忽然现出一个圆圈。从此,香稻丸就只能生长在这块见方不到十里的土地上了。

讲述人:邵志怡,男,69岁,清末秀才,市民
采录整理:曹金铸
采录时间:1962年
流传地区:豫南一带

【点评】

本篇是作者根据民间口承神话改写的神幻故事(幻想故事)。据此可知它已非原始形态的记录,而成了一般通俗文本。它可以为研究神话演变为幻想故事的参考资料。

其中的原型主旨和神话意识为:①天国良种,王母严禁传入人间。②百花仙子出于对民间淳朴、勤劳青年的同情、爱慕,自愿落在下界替人间造福:将香稻种(王母给她的珍珠项链)播种在息县的土地上。这实际是天界的叛逆行为,自然与天规不相容。③王母让风婆拔掉香稻苗,而百花仙子以身护苗。王母终于无可奈何,只得用金簪划出十余里的地方,允许种此稻种。这不能不说明她的妥协性格的一面。王母娘娘二元对立而又统一性格的变化,正是她自身思想矛盾和现实生活斗争所产生的结果。她既严控"天规"的尊严,又恋念或同情民间疾苦的双重神格的并存,其最根本之点就在于它是现实变化对神话的演变产生的结果。

值得指出的是,像这样"非宗教(道教)化"演变倾向是从神话一产生就具有的重要特点之一。只是由于先秦黄老道教兴起之后,才出现对神话进行改造的严重"人为宗教化"的演变倾向。正因为如此,像本篇所显示的"非宗教化"倾向,显得更为重要。这是中原神话的十分重要的理论问题之一。

395. 桃　花［社旗县］

　　王母娘娘每年都要召集九天大仙相会，赠赐蟠桃，同享天庭美味。单说这年寿星老头去赴蟠桃会，身带了一个锦花囊袋。蟠桃会毕，他晚走一步，把众家大仙所吐蟠桃核子收捡收捡装进他的锦花囊袋。王母娘娘笑着问道："寿老，不知你收集这蟠桃核子有何用项？"寿星老头说道："自从开天就有我，年年享受人间香火，可我还不曾给人间做半点好事呢，有愧，有愧，我要把这蟠桃核子送到人间，入土成林，结出桃子给人增寿。"王母娘娘听罢哈哈笑了一阵说："寿老真是聪明一世，糊涂一时啊！像这蟠桃三千年开花，三千年结果。你去人间种桃，何年何月能开花结果呀？"寿星老头捋捋胡子说："我与日月同寿，日出月落，精心种植，总能盼到开花结果的那一天。"

　　寿星老头说罢背起他的锦花囊袋，足踩一片祥云来到人间，选了块傍山依水的地方破土种起桃来。当年桃苗出土，第二年桃苗长高，第三年桃树成林。这年三月，寿星老头正在桃林培土浇水，忽见一个红衣仙女骑只仙鹤飞来。寿星老头一眼认出，那是王母娘娘的随身桃花玉女。仙鹤落在寿星老头面前，那仙女轻盈盈地下了鹤背，对着寿星老头拜儿拜说："王母娘娘请你去蟠桃园内赏看桃花呢。"寿星老头说："人间桃花不开，我也无心去天庭赏花。"那仙女说道："让我在这桃林起舞，催开人间桃花。"她说罢翩翩起舞。果然不假，那棵棵桃树随着红衣仙女的轻歌曼舞竟生蕾吐蕊，片刻工夫满树生花，整个桃林红艳艳的一片彩。那仙女止住舞步对寿星老头说："桃花开了，满了心愿，跟我走吧。"寿星老头笑了笑说："桃花虽然开了，还没结果呢，你回去对王母说，待桃林结出了果子我再回天庭。"那仙女一听寿星老头不回，脸上的喜容没有了，两眼含着泪说："我私自催开了人间桃花，你不回天庭，王母姑娘是会怪罪我的。"寿星老头说："不然你就留下吧，待三千年后桃林结出果子时我和你一同回天庭。有我这老面子，王母不会怪罪你的。"于是，那桃花玉女就留在了寿星老头的身边，和寿星老头一块管理桃林。

　　又过了两个月光景，到了五月半间，那天寿星老头和桃花玉女正在桃林忙碌，忽见一个仙童骑只梅花金鹿飞奔而来。寿星老头一眼认出那是王母娘娘的侍儿献桃金童。梅花金鹿在寿星老头面前止住了四蹄，献桃金童翻身下鹿，对着寿星老头施了一礼说："王母娘娘请你去赴蟠桃盛会。"寿星老头说："人间结不出果子，我也无心去天庭吃那蟠桃。"献桃金童说："王母娘娘料到人间桃林结不出果子，你是不会去赴蟠桃会的。临来时她嘱托我，倘若你不去赴那蟠桃盛会，就让我使桃林挂桃。"他说罢用手轻抚桃枝，片刻功夫，棵棵桃树结出了五月鲜桃。献桃金童指着累累硕果说:"人间桃林结出了桃子,满了你的心愿,可随我去赴蟠桃会吧。"寿星老头说:"且慢,待咱把这寿桃送给远近乡邻再回天庭。"于是,寿星老头把那五月鲜桃摘下装进他的锦花囊袋,领着桃花玉女和献桃金童走村串院给家家户户送寿桃,送寿桃一毕,便回天庭赴那蟠桃盛会。自此民间传开了这寿星植桃的故事,并说谁吃了寿星老头送的桃,谁就会延年益寿。

采录整理:杨东来

【点评】

本篇流传在河南社旗县,是关于王母严格限制天宫蟠桃传向人间失败的神话遗存。它比较接近民间口承神话形态。可供研究道教神仙故事演变规律的参考。

其中所显示的值得思考的问题有:①王母是严厉保持天宫与人间不相容的神祇代表。一切天宫的文化都不允许传向人间,只供天神享用。②寿星基本代表天神中同情或贴近民间疾苦的神祇。他要打破人间不能种植蟠桃的陈规:三千年蟠桃开花,三千年蟠桃结果的特点,终于在桃花、金童的帮助下,打破了旧的桃树生长陈规,让民间吃上了蟠桃,根除了原来天宫王母对仙桃的垄断权。③寿星、桃花、金童自然是"叛逆"者。王母却成了向隅而悲的神权逐渐丧失的"天后"、"神母"。④神国的诸神来历不是铁板一块,王母也如此。

396. 梳妆台与舍身岩[新郑市]

梳妆台和舍身岩都矗立在风后岭东侧的悬岩峭壁上。

相传,很早以前,祖师在风后岭修行将成正果。王母娘娘为了点化他,化成美貌少女,对祖师进行考验。王母娘娘来到祖师庙东的悬岩峭壁一个平台上,赤身裸体梳妆打扮。祖师看到后,气愤地说:"这一女子,赤身羞辱于我,成何体统?"

王母娘娘的化身说:"你一人在这里修炼,多么清苦,我们不如结为夫妇,享尽人间之乐,你看可好?"

祖师气极:"你……你……好不知耻的东西,还不与我快滚?"

王母娘娘一看,祖师态度坚决,可以脱离凡间升化成仙,便又嬉皮笑脸地招手说:"来呀,快来呀!"祖师气愤不过,手持木棍追打过去。王母娘娘见祖师赶来,便姗姗向东跑去。王母娘娘乃仙体,可翻山越岭,腾云驾雾。祖师见王母娘娘向东跑去,心想,既然走了就算,便停了脚步。

王母见祖师不追,也停在梳妆台东侧空中,再次招手,引逗祖师。看到这种情况,祖师飞步继续追赶。祖师过了梳妆台,向前一迈步,便坠入了万丈深渊,凡体留在了人间,仙体化为轻烟,随王母升了天宫。

从此以后,便有了梳妆台与舍身岩的美好传说。

讲述人:许治业,37岁,农民
采录整理:张爱民

【点评】

本篇是流传在河南新郑市风后岭一带的王母点化祖师修道成仙的道教传说。可供研究中原道教文化的参考。

其中涉及如下问题:①祖师之说可能为后起的异文。从《风后岭》中知道,王母派风后下凡协助黄帝战蚩尤,治国安民,先让风后向真人修道学本领。风后嫌苦,中途要逃走,王母曾化装为磨针老婆,点化风后。此篇祖师可能为后来的道教教徒的改造品。②风后岭上的庙原为黄帝庙,后演变为祖师庙也很可能是王母曾点化"黄帝升天"。黄帝升天,流传很广,而祖师升天,则十分罕见。③本篇可计入黄帝升天异文,亦可计入黄帝与王母的"神后"、"天母"关系的异文。

十六、共工 祝融 精卫 愚公 夸父

397. 共工和祝融［太康县］

天上原有两大天神,一个叫共工,一个叫祝融。共工是管水的水神,祝融是管火的火神。

有一年,南天门失火,火神祝融想借天河水扑灭大火。他和管水的共工商量。共工无论如何也不肯借给他天河水。大火没水来救,越烧越旺。眼看就要烧到天宫,老天爷"鞋里长草——慌了脚",亲自传旨命天兵挑天河水,才灭了这场大火。从此,祝融和共工结了冤仇。碰巧又有一年,天河上了冻,冰凌有几丈厚。冰凌挡住了水,四处漫流,越漫越大,直冲到天宫门前。共工想借祝融的火,来烧化冰凌,使水流通。他和祝融商量。祝融记着前仇,说什么也不借火给共工。这两件事触怒了老天爷,把共工和祝融一齐赶下了天庭。

两个天神到了人间,成了人间的两个大头领。由于从前结下了仇,共工和祝融经常发生大战。他们一打就是几年,闹得天下不宁。祝融本来打不过共工,只因下凡时偷了天宫的"火葫芦",共工的水再大,祝融的火也能一个劲地烧,直到把共工的水烧干。共工屡战不胜,恼了,用头撞天柱山。天柱山是顶天的一根柱子,祝融就住在天柱山下。铜头铁臂的共工只几下就把天柱山撞倒了。天柱山一倒,天塌了一个角,震得地陷一方。从此天下没有白天,净是黑夜。

老天爷听说共工撞倒了天柱山,弄得天塌地陷,大怒,立即派一名天神捉拿共工。共工吓坏了,赶紧把身子变小往墙缝里钻,想躲藏起来。天神是火眼金睛,一眼就看见了共工。他看共工吓成这般模样,笑了笑说:"也罢,免你一死。从今你就变成一只老鼠,永远留在凡间吧。"说完他用手一指,共工真的变成了一只老鼠。从此,老鼠就在墙洞里过日子。因为它撞塌了天,没脸见人,只有黑夜才跑出来。

天神处罚了共工,又找着祝融,说:"你原为天神,到人间不去为民造福,反倒大杀大战,弄得天下不太平。你就变成一只猫吧,看着共工别再作恶。"从此,变成老鼠的共工和变成猫的祝融成了万年仇敌。一直到今天,老鼠一见猫就跑。

天神回到天宫,把天塌一事详细对老天爷作了禀报。老天爷随即命令女神女蜗下凡补天。女祸用彩石补好了天,昼夜才又分明,人民才又安静地过日子。

讲述人:雷丕显,男,72岁,朱口镇雷庄农民
采录整理:雷文杰
采录时间:1986年春
采录地点:太康县朱口镇

【点评】

本篇流传在河南太康县,是关于共工与祝融的神话遗存珍品。它地方特色鲜明,接近民间口承神话原形,对研究中原神话体系的多元化特征,有重要参考价值。

其中的主要特点是:①共工、祝融同为天神,因私心结怨,造成天宫水火之灾,被罚下人间。②共工、祝融同为人间诸侯首领,战斗不息,是历史化的演变痕迹表现。③天帝令二人各变为猫、鼠,让祝融捕杀老鼠,乃是天帝惩罚共工的意旨。"天人合一"观在本篇突出,人神之间纠葛不完。④此篇又是动物故事习性传说。它是从神话演变而来的重要理论问题的具象化表现的典型例证。⑤本篇是产生自民间的神话活化石,它对认识人、神、动物关系有重要价值。

398. 春夏秋冬的来历[南召县]

共工是个喜怒无常、非常霸道的水神,他总想独霸世界,主宰天地。火神祝融性情暴烈,残酷无情,也是个想独霸天地的野心家。

有一次,共工遇见祝融,水火不容,便动起武来。共工为了战胜祝融,邀他的两个臣子相柳、浮游和他的儿子一同参战。他们坐着一只大木筏,兴风鼓浪,耀武扬威地向岸上祝融进攻。祝融看共工人多,暗使巧计,假装败退,把共工一伙引上岸来,立刻口吐烈火,把相柳、浮游都烧死了。共工的儿子被祝融刀劈两半,共工又羞又恼,发起狂来,把头往西北方不周山撞去,不周山被撞断了。

天是由四根撑天柱支着哩,西北角的顶天柱一断,天塌了个大窟窿。世界变成了地狱。

天神女娲为了挽救子孙,站在大地中央,四周一看,想了个补天的好办法。她在山上拣了好多五色石,炼成石浆,把天上的窟窿又补住了。她又杀死了许多吃人的猛兽,人类得到了解救。

残破的天虽被补好了,但与从前不尽一样,从此天往西北方倾斜,日月星辰都往那个方向流去。由于日月星辰的运行,大地才有了春夏秋冬四季和昼夜的区分。

讲述人:诸虎臣,男,73岁,汉族,读过四年私塾,太山庙乡朱沙铺村农民
采录人:乔明宪,男,48岁,大学毕业,南召县文化局干部
采录时间:1986年9月
采录地点:南召县文化馆
流传地区:南召县太山庙、留山一带

【点评】

本篇流传在河南南召县,是关于共工与祝融之战神话遗存的珍品。接近口承民间神话形态,对研究上古神话有重要价值。特别是由此产生的气候变化的自然景象正是我国天体运转"盖天说"的源起。

其中传递出以下信息:①共工与祝融为天神,都想独霸世界。共工父子同战祝融。祝融用计杀了共工的儿子,共工头撞不周山,引出女娲补天的壮举。这些基本与古代文献记载相符。②气候四季变化直接与日月向西运转有关,从而有了一年四季的季候差异。③女娲补天漏,杀猛兽,安定天下,民居安乐。她是创世大神,功盖天地。因此,它既是宇宙神话,又是创世神话。它的主题又是自然现象解释神话。④从本篇的讲述人情况看,是有一定古籍知识的人,因此,也不排除从古书上看来的资料讲述后被记录的可能。因为它基本上与《淮南子》的记载相符合,看不出明显地方特色。⑤共工与儿子参战情节,应是新的异文。

399. 火神祝融的传说［豫中一带］

造鞭炮的,全国不少地方都有。有了喜事,用它庆贺庆贺;有了不如意的事,用它崩崩霉气。这是咱中国民间的一种传统风俗。

要说这鞭炮业有没有祖师?有。那就是火神祝融。

据说,火神爷叫黎妞(当地人称小名为某妞,男女都一样)。他生来聪明伶俐,性情火爆,红脸膛,大眼睛,动不动就火冒三丈。他有一种本领,会摆弄火。那时人还野性得很,想吃熟食,又不敢招火。每次大家都让黎妞去弄火。说也奇怪,黎妞不怕火,火到他手里,叫它咋着它咋着,说熄就熄,叫着就着。烧火做饭、烤火、打

猎、照明、薰蚊子,大家都来找他。黎妞有一副热心肠,谁请跟谁去,一般都是有求必应,好像火就装在他的口袋里似的。他帮助好人做事,也能惩治坏人。谁家要是黑了心,损了人,他就不客气,半夜到他家里柴火堆上弄两块石头一敲一磕,往柴堆上一摆,火就烧起来了。这家就准得失火破财,弄不好还得死人丧命。

后来,黄帝知道了黎妞的本事,就把他请去当了火正官,专门管火。黄帝看他为人正派,很器重他,就给他起了个名字,叫"祝融"。意思是,祝愿他永远给大家带来温暖、和睦。所以,从那以后人就改口叫他祝融,敬他为火神了。

那时候,南方有个恶神叫蚩尤,他能呼风唤雨,常来侵犯中原,骚扰百姓。黄帝就派祝融去和蚩尤作战。蚩尤请来风伯雨师,霎时间狂风大作,暴雨倾盆,妄想把火神祝融制服。可火神祝融也很机灵,你下雨时,我就收住火,不放;你雨一停,我就放火、放烟,风再一吹,火借风势,风助火威,把蚩尤烧得焦头烂额,大败而逃。蚩尤回去后还不死心,二次又来。这次他弄云作雾,想迷蒙住祝融的眼睛,再乘机打败祝融。谁知祝融早有准备。他把竹竿点着,四处乱扔。竹竿一烧,噼啪乱爆,不但把云雾给崩散了,还把蚩尤的眼睛给崩瞎了一只,吓得蚩尤扭头就跑。这时候黄帝的大队人马赶了上来,紧追不舍。赶过黄河,撵过长江,一直追到蚩尤的老家,把他逮住杀了。从此以后,天下太平了。

黄帝心里明白,这次打败蚩尤全是祝融的功劳,就重重奖赏了他,并且派他住在衡山,镇守南方。

再说祝融来到了南方,住在衡山上,经常下山来教南方人如何使用火。教他们煮饭,教他们照明,所以他处处受到人们的欢迎。

这一天,祝融来到一处,看到当地的人每天天还不黑,太阳还没下山,就都躲到家里睡觉去了;第二天太阳升起老高老高了才从屋里出来。祝融很奇怪,就问是怎么回事。当地人说:"不是我们懒,是这里常闹鬼。附近一带有一种叫'山魈'的恶鬼,每天夜里都去各家各户搅闹一阵。人人吓得躲在被窝里打颤。所以就早早地睡觉,迟迟地起床了。"祝融一听,可气坏了。就砍来一大堆竹竿,把它们截成两头有节的不透气的竹筒筒。到了夜晚,山魈果然又来了,成群结队地往各家去闹腾。祝融赶忙把竹筒点着,四处抛撒,只听得村子里到处噼里啪啦的"爆竹"声响,把山魈吓得晕头转向,出出溜溜,都从各家蹿了出来,逃跑得无影无踪了。

从那以后,山魈就不敢再来了。可人们不放心,就让祝融教给他们怎么放"爆竹"。一旦有个什么动静,人们就照样放上一阵子"爆竹"。有的还用浸透油的棉线绳把竹筒筒穿起来挂在房檐上,随时准备燃放。这就是最早的鞭炮。后来,人们才改用纸裹硫磺、硝、炸药做"爆仗"了。可还是管它叫鞭炮。到了现在,花样更多了,什么青火鞭、大地雷、二踢脚、地出溜等等,花样多得叫都叫不上名来。可制鞭炮的都知道,不管制啥样的鞭炮,从根上说,都是火神爷祝融传授下来的。因此,大家都敬火神祝融为祖师爷,有人又称他黎祖。据说南岳衡山的最高峰就叫祝融峰,峰顶上有一座火神殿,就是当年祝融住过的地方。而且直到现在还是南方浏阳、醴陵一带的鞭炮做得最好,因为黎祖一开始是在那里传授的,他们是嫡传子弟呀!

讲述人:郭立峰

【点评】

本篇流传在河南中部新郑、新密一带,是关于祝融神话传说的珍品。它接近民间口承传说形体,是研究神话演变的世俗化、传说化问题的典型例证之一。

其中集中反映以下问题:①祝融是世间善用火的"智者"。他以教百姓用火而享盛名。②黄帝将祝融聘为"火正",专司民间用火之职。③祝融参加黄帝蚩尤之战,用爆竹、放火,战败蚩尤的雨师和迷雾而取胜。这与传统说法有别,如指南车破蚩尤大寨等。这个异文很别致。④黄帝在祝融帮助下,打过黄河、长江,诛杀蚩尤于南方。这又是非在涿鹿的力证。⑤祝融被黄帝从中原派往衡山教民用火,并以爆竹退山魈,成为湘地衡山之神。此祝融可能为其部族的分支南迁的火神后代。

值得注意的是:①祝融战胜蚩尤,不同于传说的风后、力牧等战胜蚩尤。②涿鹿地望不在河北,早有异议。本篇又是一个新说。从而形成祝融神话多元结构体系的力证。③历史文献及考古发掘都证明:祝融氏部族原是黄帝后裔。新密市就是"祝融氏之墟"(在溱水流域)。此处仅说明祝融为一般掌权臣子(平民因善用火被录用),后被融合于有熊氏部族也是可能的。④本篇是神话历史化、世俗化的典型,已完全传说为世间之人,不再与神国有任何联系。这是中原神话多元体系建构理论的重要事例。因此,"中原神话传说"概念的成立,当是科学的事实。⑤春节燃放爆竹习俗,本篇才是源头。

400. 火神寨的传说[新密市]

新密市东北四十里,潮河西岸有个小寨叫火神寨,寨里有一座庙,供奉的是火神祝融的圣像。相传,这座庙是汉代的先民们为纪念祝融送火种而修建的。

有一年,天连着下了几天大雨。黄帝关心具茨山东平原地带居住着的群民,没等雨停就带领几个大臣来到了山包嶂山。黄帝站到山顶一看,山北一片汪洋,洼地里的芦苇只能看见个缨缨。黄帝正在为此事发愁,忽然有人来报,说潮河两岸枣林里的居民,茅屋多被淋塌,失去火种,无法生火做饭取暖,大人有吃生肉的,老人和孩子只能用冷水泡些蘑菇充饥。黄帝听罢,就唤来祝融,叫他快送火种到那里去。

祝融是负责管理火种的。他的火种总放到一个有盖儿的小石罐里。听到黄帝的命令,他带上火种就出发了。老天好像有意与人作对,又下起大雨来。祝融来到河西的一个土洞里,取出石罐一看,火种早被雨水浸灭了。祝融万分着急,拿住石罐的盖子狠劲往罐子上碰了一下,不料,这一碰竟碰出了火星来。祝融顿时由忧变喜,又用力碰击几下,火星飞溅得更多。可是,怎样才能使这些火星点物燃烧呢?这又成了难题。

一洞人正在发愁,黄帝带着常先、力牧、大鸿、嫘祖来到洞里。祝融把事情说了一遍,黄帝说:"你不要太着急,你用石罐击出了火星,这就是一个很大的成功,怎么燃着柴火,我们大家来再想想办法。"黄帝的这番话,使祝融有了信心。他用目光巡视着洞里的每一个人。大家你一言,我一语,说个不停,唯有常先一个人低着头,一句话也不说。大家都以为他累了,想劝他躺下休息一会,不料他猛然站起来,说:"有办法啦!"说着,就把自己腰里的一条带子解下来,从里面掏出一团芦花絮,对祝融说:"你把它放在石头下面澎火星地方,再击石。"祝融按他说的把芦花絮捏在石罐下面,用力再击,火星点燃了芦花絮,用嘴轻轻一吹,随着一股浓烟,蹿出了火苗。"取火成功了,可以做饭吃了!"土洞里的大人孩子欢呼起来!

从燧人氏发明了钻木取火以后,人类已经开始用火烧熟食物,用火取暖,用火驱赶毒虫猛兽。火给人类的生活带来了极大的好处。可是钻木取火并非一件容易的事,因为钻木到燃烧,需用很多力气。为了省力,人们常常将火种保存。保存火种,这对于还过着游牧游猎生活的人们来说,也很不方便。因为他们必须带着火种行路,每用火做饭之后又得保存火种。祝融发明了"击石取火"以后,人们不必再为保存火种发愁了,这就大大方便了人类的生产生活。为此,黄帝专门为他举行了庆功会,并封他为"火正"(官职)。

潮河两岸枣林里的先民们,不忘祝融的功德,从古至今,一直传颂着他送火种的故事。

采录整理:张永林

【点评】

本篇流传在河南新密市东北,是关于黄帝的后裔、大臣祝融研制保存火种的神话遗存珍品。它近于民间口头传承神话形态,对研究我国使用火的历史有重要文化史价值。其中透露火文化的信息：①燧人氏钻木取火遗留的问题，一是钻木取火难（近人研究几乎不可能），二是保存火种难。②祝融发明以石击火并用芦草保存火种，把火的使用大大提高了一步。人们可用两火石相击，随时可保存火种。③祝融氏之墟在新密，现有纪念祝融取火之功的火神寨，可以证明此神话是火的使用的源头。因此，此神话是真实的、神圣的。

401. 精卫填海［宁陵县］

古时候，有个皇帝的女儿叫女娃，她从小就很喜欢到坑里洗澡，水性很好，水再深她都不怕，慢慢地，她觉得在小坑里不如到大海里去。于是，在一个风和日丽的日子里，她只身到东海里洗澡，心里感到非常痛快。不料，一会儿狂风大作，海上顿时掀起了巨浪，幼小体弱的小女娃就被无情的海浪吞没了。

女娃死后，变成了一只会说话的小鸟，叫的声音很像"精卫"二字，一天两天，她常年"精卫、精卫"地叫，好像是发誓要填平大海。后来，人们怀念她，一个文字学家就把女娃这种不屈不挠的精神，编成了一个成语，叫做"精卫填海"。

讲述人：张金陵，男，67岁，汉族，退休教师，孔集刘堂村人
采录人：刘灿旺，男，36岁，汉族，孔集文化站专干
采录时间：1986年7月
采录地点：孔集刘堂村
流传地区：中原一带

【点评】

本篇流传在河南宁陵，是关于"精卫填海"神话遗存，它朴素、通俗，近于口碑形式。

其中所说，基本上与《山海经》中所载相同。只是不见炎帝与少女女娃的关系和太行山的地理特点。实际，炎帝就活动在中原，他的女儿自然要去东海洗澡，而不必去渤海。这个异文有一定的比较研究价值：①《精卫填海》神话，不一定只有一种讲法，可以异地均有流传。②炎帝少女可以像文献记载的，在太行山与渤海之间飞行，也可以在中原与东海之间飞行。③精卫可以是炎帝女儿，也可以是某一皇帝的女儿。④本篇的不同记录文本，可互相参照比较研究。⑤文献上记载说：女娃衔

草木石填海,往返不停地叫;而本篇却只叫无行动,填海是他人的推测。因此,此篇也可能是残缺的叙述文献本。

402. 填　海［方城县］

很久以前,大海边住着一户人家,男的每天打鱼,女的每天在家织渔网。两个人成天辛辛苦苦地干活,渐渐地,两个人的年纪都老了,身边还没有一个儿女。

有一天夜里,女人做了个梦,梦见天上有一个女人给她一个女儿。几个月过去了,她果然生了一个聪明伶俐的小女孩儿,夫妇俩喜得合不拢嘴。正好有个小鸟在她院里"精卫、精卫"地叫了几声飞走了,男的听见了,就给小女孩起名叫精卫。

精卫九岁那年的一天,她和父亲荡起小舟去大海里捕鱼,头一网啥也没捞着,第二网捞出一条小龙。精卫对父亲说:"我看它很小,我很可怜它,咱把它放了吧!"她父亲同意了,就把小龙放了。谁知把它放了以后,它竟眨眼间变成了一条恶龙,张牙舞爪地朝父女俩扑来,恶声恶气地说:"你们把我的嘴挂了个口子,我要报仇。"精卫她父亲让精卫快回家,精卫知道父亲的心意,急忙往家跑,谁知快跑到家时,恶龙尾巴往上一甩,把许多打鱼人和精卫的父亲都甩在了海岛上。精卫回到家里,把事情说给了母亲,母女俩抱头痛哭了一阵子,编了个竹排。精卫拿起斧子,辞别了母亲,荡起竹排去找恶龙报仇。恶龙一见精卫又来了,猛扑过去,精卫左躲右闪猛然举起斧子,砍掉了恶龙的头。精卫用力过猛,掉下竹排,淹死海中,变作一个鸟,人们把它叫做精卫鸟。精卫鸟站

图 16.402.1　河南中部地区民间塑像"精卫姑娘"(2013 年程健君摄)

在父亲的肩膀上说:"父亲,我决心把海填平,救父亲和乡亲们回家。"说罢就飞走了。

从此,她就用嘴衔石块填海。有一天,天气很热,精卫鸟晕了过去,恰巧海鸥路过这里,叫醒了她。海鸥说:"精卫妹妹,光你自己咋能行呀,咱们找嫦娥姐姐帮助吧!"精卫鸟就和海鸥一起飞到了月宫,见了嫦娥说了她们的来意。嫦娥就派金凤

凰跟她们一起去填海。路上,她们正飞着,看见一个老虎正吃穿山甲哩,金凤凰急忙上前吐一团烈火,把老虎烧死了。精卫和海鸥对穿山甲说:"你愿意帮我们填海吗?"穿山甲很高兴地说:"感谢你们救了我,我回去叫我的伙伴们都来帮助你们填海。"穿山甲说罢走了。精卫鸟她们又飞到一个大江边,见一个鳄鱼正要吃一个螃蟹,金凤凰又吐出一团火,烧焦了大鳄鱼。精卫和海鸥又问:"你愿意帮我们填海吗?"螃蟹感激地说:"我回去叫来我的伙伴,我们都去帮你们填海。"很多的穿山甲、螃蟹和精卫鸟她们用嘴不停地衔小石块。过了一个月,他们就把海中困着乡亲们的小岛和陆地间填成了一条大路。岛上的乡亲得救了,精卫的父亲也回到了家里。

海鸥、金凤凰和精卫鸟一起也飞到了精卫的家里。穿山甲和螃蟹们帮了忙后就走了。金凤凰朝着精卫鸟和海鸥喷出一团火,一道金光过后,精卫鸟恢复了精卫姑娘的原样,海鸥鸟变成了一个英俊的小伙子。他(她)俩跑到精卫姑娘父母亲面前甜甜地叫着爹爹、妈妈,一家人又过上了团圆幸福的生活。

讲述人:李三
采录人:李林慧　李仁太
采录时间:1985年10月
采录地点:方城县博望镇

【文献选录】

又北二百里,曰发鸠之山,其上多柘木,有鸟焉,其状如乌,文首白喙赤足,名曰精卫,其鸣自詨。

是炎帝之少女,名曰女娃。女娃游于东海,溺而不返,故为精卫。常衔西山之木石,以堙于东海,漳水出焉,东流注于河。

(《山海经·北次三经》)

昔炎帝女溺死东海中,化为精卫,其名自呼。每衔西山木石填东海,偶海燕而生子,生雌状如精卫,生雄如海燕。今东海精卫誓水处。曾溺于此川,誓不饮其水。一名鸟誓,一名冤禽,又名志鸟,俗呼帝女雀。

(南朝梁·任昉《述异记》卷上)

伞盖山西北三十里,曰发鸠山。山下有泉,泉上有庙,浊漳水之源也。庙有象,神女三人。女侍手擎白鸠。俗言:"彰水欲涨,则白鸠先见。盖以精卫之事而傅会之也。"

(清·吴任臣《山海经广注》引《律学新说》)

【点评】

本篇流传在河南方城县,是关于《精卫填海》神话遗存异文的珍品。它是带有神幻故事性质(童话)的文本,有重大研究价值。

其中的独特文化价值为:①《山海经》所载的"精卫填海"属寓言隐喻性的神话。而本篇则是流传中衍变为幻想故事的典型。②神话与神幻故事同为原始社会并存的口头文学的重要形式。其在中原同时存在,因此,才有同篇不同记录的同时存在。③其中情节曲折、完整,实现了人民的心愿:精卫一家的家史、生活、遭遇和与恶龙斗争胜利,填平大海中一条通道,救回乡亲,父女团圆。精卫与海鸥结为夫妻。这种现象是那个时代人的心态的典型特点,也是幻想故事的特点。④精卫在嫦娥的帮助下,派金凤凰救了穿山甲、螃蟹,共同填海,这种动物神话意识,真实可信。这样就比精卫鸟自己衔石、草木填海更显示出集体的力量和智慧。这同样是那个时代人的心智的体现。

值得注意的是:①由于本篇的发掘,突破了原来《山海经》唯一信息的限制。这是中原神话的一大特色和贡献。②也证明此神话在中原产生传播的珍贵资料的存在,对中原神话多元体系建构研究的重要性和迫切性。这也说明中原神话研究任务的艰巨。③文献的记载来自民间口头传承,因此,往往会有遗漏或篡改的情况出现,局限性明显。田野作业补救了这个限制,更重要的是,许多珍品的发现,不仅使之重见天日,而且为神话研究,拓展了视野,提出了研究的新课题。

403. 愚公盘山①(一)[济源市]

"愚公盘山"是老人们一代一代传说的一句话。

愚公盘山的地点是在王屋山上,具体地说就是在阎婆洼里。

老愚公为啥要盘山哩?因为他家门前有两座大山:一座叫做太行山,一座叫做王屋山。太行山从东到西八百里长,可是王屋山从南到北,就在他家门口,出来就碰在王屋岭上。

他为了吃水才盘这座山。

原来,他要去东边,再下一条沟挑水,那里的水是财主家的。愚公去挑水,有个老财叫智叟,他看不起穷人,挡住愚公不让挑水。

---

① 盘山:济源方言,意即劈山。

本来,愚公上一坡、下一坡挑水就够困难啦,如今智叟又让愚公到山下面的小河里去挑水,路更远,坡更长。他就寻思在这王屋山上修一条路。

愚公劈山修路,智叟却笑着对他说:"你这样干多少早晚能把这道岭劈断哩?"

愚公说:"我这一辈子移不了这座山,我还有儿子。儿子死了,还有孙子。子子孙孙不断,还怕劈不断这座山!"

这样,就感动了上帝,派来两个神仙把两架山背走了。

这里百姓传说是为了修路,才把这个岭劈断了。劈这个岭也不是百八十人,三年两年的事。可是,他一修,山低了,再经过多年雨水冲刷,路就出来了。他把这个事办成了,受到人们的普遍赞扬。还有人传说,愚公本不姓愚,姓吕,名叫吕泰山。

讲述人:韩龙书,73岁,农民,文盲
采录人:张振犁　程健君　胡佳作

图 16.403.1　王屋山下的愚公村(2000年程健君摄)

图 16.403.2　传说中的愚公故里(2009 年程健君摄)

图 16.403.3　王屋山愚公村的琴书亭(2009 年程健君摄)

图 16.403.4 传说中的愚公移山处(2009 年程健君摄)

【文献选录】

太行、王屋二山,方七百里,高万仞。本在冀州之南,河阳之北。

北山愚公者,年且九十,面山而居。惩山北之塞,出入之迂也,聚室而谋曰:"吾与汝毕力平险,指通豫南,达乎汉阴,可乎?"杂然相许。其妻献疑曰:"以君之力,曾不能损魁父之丘,如太行、王屋何?且焉置土石?"杂曰:"投诸渤海之尾,隐士之北。"

遂率子孙荷担者三夫,叩石垦壤,箕畚运于渤海之尾。邻人京城氏之孀妻,有遗男始龀,跳往助之,寒暑易节,始一反焉。

河曲智叟笑而止之,曰:"甚矣,汝之不惠!以残年余力,曾不能毁山之一毛,其如土石何?"

北山愚公长息曰:"汝心之固,固不可彻,曾不若孀妻弱子!虽我之死,有子存焉。子又生孙,孙又生子,子又有子,子又有孙。子子孙孙,无穷匮也。而山不加增,何苦而不平!"河曲智叟亡以应。

操蛇之神闻之,惧其不已也,告之于帝。帝感其诚,命夸娥氏二子负二山,一厝朔东,一厝雍南。自此冀之南,汉之阴,无陇断焉。

(《列子·汤问》)

【点评】

本篇流传在河南济源县,是关于"愚公移山"神话传说遗存珍品。它是神话原始形态,对研究文献上的有关神话的演变特点和规律问题,有重要价值。

其中透露如下一些民间神话信息:①从周代的《列子·汤问》记载的《愚公移山》,到现在民间保存如此完整的传说,说明它在群众中影响巨大,深入人心,生命力强。②这个传说产生地点具体,人物有名有姓。③《列子》中挖山是为走路,本篇是为用水。④原来只是智叟与愚公对应的喻义性的名字,本篇是财主老头,明显带有阶级意识,出现了霸水与争水之纠葛。⑤古书上有挖山情形,本篇比较简单。⑥古书记载:上帝命夸娥氏搬走了大山,这里只是说让神仙搬走的。说明在流传中失落了。

值得注意的是:本篇的题旨是群策群力,坚持下去,山就可以搬走。引申为以这种精神,也可以搬掉旧中国压在人民头上的三座大山,意义重大。

404. 愚公盘山(二)[济源市]

很早以前,在济源县西北的王屋山下,有一个几十户人家的小村庄。起伏连绵的山岭,把这个小村庄环抱在一片山坳里。村里有一个老汉勤劳、善良,脾气像王屋山一样倔强。人们都叫他老愚公。老愚公住的这个小村庄,后来就叫愚公村。

愚公村里没有水。村里人吃水,得翻过王屋山梁,穿过青铜沟,下去杏树坡,到十几里外的一个村子里去挑。整年光为吃水,不知道累坏了多少人。当地有首民谣说:

"有女不嫁愚公村,

担水翻山像驾云;

去时穿的绣花鞋,

回来磨烂脚后跟。"

有一次,老愚公又和村里人一块儿担水去了。山那边村子里,有个人称"智叟"的财主老头,对愚公说:"傻老头,井是我家的。从今以后,谁也不许再来这里担水。要担水,就到下面小河去。"

老愚公一气之下,回到家里。他眼见村里人吃水这么难,心里老不是个滋味。他登上王屋山,望着远近的山山岭岭,默默地在想着心事。忽然,对面山沟里的小河发出哗哗的流水声。他心里一下子亮堂了,不觉想到:要是能在王屋山上劈开一条路,村里人去小河里担水,就可以少跑十几里路,也不会再受财主的气了。他大步往家走去,暗暗地下了决心:这王屋山给祖祖辈辈的人,不知带来了多少难处,我一定要给子孙造点福。

老愚公回到家里,把这个主意一说,老伴、儿子、媳妇、连小孙子都愿意一块去盘山。于是,老愚公就扛上开山镢头,领着全家老小来到王屋山下。老愚公不顾年纪大,抢着开山镢头,干得汗珠子吧嗒吧嗒直往下掉。一家人也都学着老愚公的样子,挖山的挖山,担土的担土。小孩子烧水、送饭,前后忙活,可真热火。每天清早,太阳还没露脸,他们一家人就开始盘山了,一直干到月亮爬上半山腰才回家。没多久,村里人知道了,男女老少都来帮忙,盘山的人越来越多。

老愚公决心要劈开王屋山的事儿,像一阵风一样,很快就传到山那边财主老头智叟的耳朵里。他专意来到盘山的人当中,找着愚公说:"你们这些人呀,真好比是长在山沟里的橡树,也不看看自己离山顶有多高!这么高大的王屋山,凭你们这老少几个人,就想劈开,恐怕得等到石头发芽,日头从西山出来才行呢!再说,愚公,你这个老头子,年纪都快八十了,还会再活几天!能劈开王屋山?……哼!哼!"愚公听他不停地啰唆,这才放下手里的开山镢头,捋了捋被山风吹乱的雪白的胡子,直一直腰杆,擦一把汗,瞅着智叟大笑说:"你这老东西,才真枉活这么大岁数。一个小孩子都明白的理儿,你却想不开。这王屋山虽高,却不会再长高了。我死了以后有儿子,儿子死了还有孙子,子子孙孙是没有穷尽的。再高的山也经不住俺子子孙孙不停地盘呀!再说,还有村里人一起干,为啥盘不开呢!我看呀,要劈开王屋山,也像咱山里人常说的:'一天又一天,水滴石头穿。'世上没有爬不过的山!"说着,"吭哧"一声,老愚公朝着王屋山又是一镢头。这话音和镢头声,像打雷一样,震得王屋山嗡嗡直响。智叟讨了个没趣,不吭不哈地走了。

就这样,老愚公和村里人一起,整天不停地挖呀,挖呀。日子一天天过去了,也数不清山那边杏树坡上的杏花开放了几回。这一天,眼看高高的王屋山就要被打通了,老愚公一镢头用力刨下去,忽然咕嘟嘟从地下窜出了一股泉水。老愚公和村里人喜欢得眉开眼笑,小孩子们撑着泉水又蹦又跳。大家又在村头修了个池塘,把清凌凌的泉水蓄起来。从那时起,愚公村里的人,再也不用翻山越岭去山那边担水了。

老愚公还在劈开壑口的山坡上,栽上了一排排松柏树,一年四季常青;在村头那个池塘边种上了柿树,一到秋天,水塘里映出了满山坡的柿子红。

后来,人们一提起老愚公盘山的故事,总要领着子孙到王屋山下,去看看那个当年被愚公劈开的壑口。本来连在一起的雄伟的王屋山梁,中间真像被拦腰截断了一样,至今还留下了那个南北足有百十丈宽的巨大山口子呢!人们一看见这巨大的山口,都禁不住啧啧称赞愚公的移山精神。

讲述人：韩龙书
采录人：胡凤琴 陈志海

【点评】

本篇流传在河南济源县，是关于"愚公移山"在民间的口承形态的记录整理稿。有一定参考价值。

其中的特色和问题：①保存了讲述时的情况（如地点、景色、环境等），并吸收了当地缺水的民谣，文字也比较优美流畅，是一篇很好的文学读物。②其中人物的阶级身份明确，显然是后来的思想意识的渗入，带有对抗性色彩。③挖山是因为取水困难，与文献记载不同。④淡化了上帝让神人搬山情节，与原传说不符。

值得注意的问题是：①对行文、环境、心理描写过细的作家创作色彩，脱离口头传承的民间语言风格和讲述的特色。有些渲染过分，润色过多。因此，不宜作民间口头文学样品看待。②可作为研究采录民间文学的经验和教训资料。

405. 夸父追日［灵宝市］

很早些年数了，相传在春秋时候吧，有一个人叫夸父。这个人"见过日出，没见过日入（落）"，他才追日的。他追日追到咱这地方，天气中午了，他也渴了。他渴了，就趴在这里路边坑儿上喝水哩。一喝喝了一肚子水，就睡着了。

等他一起来，太阳就大偏西了。他看追不上太阳了，一气，就气死在这里了。夸父气死以后，就埋在这里。这地方就叫夸父峪。这座山就叫夸父山。

讲述人：张景春，男 65 岁，粗识文字，农民；孙金禄，男，75 岁，文盲，农民
录音：程健君
采访：河南大学"中原神话调查组"
采录时间：1984 年 12 月 7 日
采录地点：灵宝县阳平公社涧沟大队夸父营村

图 16.405.1 《山海经》中的夸父追日（程健君供稿）

图 16.405.2 1983年12月"中原神话调查组"在灵宝夸父山采录夸父神话（程健君摄）

图 16.405.3 讲述夸父神话的山民（1983年12月程健君摄）

图 16.405.4 河南民间剪叶"夸父追日"（王玉僧作，程健君供稿）

【文献选录】

又西九十里，曰夸父之山，其木多棕楠，多竹箭，其兽多㸲牛、羬羊，其鸟多𪁺，其阳多玉，其阴多铁。其北有林焉，名曰桃林，是广员三百里，其中多马。湖水出焉，而北流注于河，其中多珚玉。

（《山海经·中山经》）

夸父与日逐走，入日。渴，欲得饮，饮于河渭，河渭不足，北饮大泽。未至，道渴而死。弃其杖，化为邓林。

（《山海经·海外北经》）

【点评】

本篇流传在河南灵宝县，是关于"夸父追日"神话遗存的珍品。它是当地夸父山一带尽人皆知的著名神话，对研究上古夸父神话有重大作用。

其中透露出的原始神话信息是：①夸父追日死于灵宝（原阌乡县阳平乡夸父山）；②夸父追日的目的是因"知日之出，不知日之入"，就是说要了解天体，太阳升落的地点和情况才追日的。这种看法与近来臧克和著的《说文解字的文化说解》一书的观点一致，从文字学上印证了本篇的科学价值。以往的所谓夸父要与日竞走或要战胜北方旱魔等的说法,不够科学,也不符合原始人求知的心态。③其中所说:此神话至少在春秋以前就在中原流行,足见其时代之久远。

值得注意的是:在夸父山一带,不仅有夸父后裔居住的夸父峪及《夸父峪碑记》可以作证,而且有夸父峪八大社的社会经济生活、组织、习俗等可以证明夸父神话产生的社会基础及思想因素。

406. 夸父山[灵宝市]

原先,黄帝与炎帝战于阪泉。炎帝被黄帝的大将应龙打败了,炎帝就往西逃走。

炎帝族中的一个部落头领夸父,率领族人逃到阌乡一带。这里适逢十年一次大旱。夸父率人到这里,干渴难忍。夸父因为年迈,就渴死了。

夸父临死时,嘱咐子孙:他死后要广种桃树,只能种植,不能砍伐。夸父死后,这一带从函谷关以西,潼关以东,东西一百里,南北四十里,桃花盛开。所以,这里就叫桃林。

夸父死后,被埋在阌乡县南二十五里的秦岭北山脚下。这就是后来的夸父山。

讲述人:王生民,男,42岁
录音:程健君
采录时间:1984年12月5日
采录地点:灵宝县(原阌乡县)西阎乡达紫营

【点评】

本篇流传在河南灵宝(原阌乡),是关于夸父死于阳平乡夸父山一带的神话遗存异文。它具有研究夸父神话的重要价值。

其中反映了如下的原始文化史问题:①夸父死于夸父山,是由于他参加了蚩尤与黄帝之战,失败后,西逃到这里,因渴而死的历史事实。②本篇与夸父追日无关。这里的夸父可能是夸父部族的另一分支参加军事斗争的史实的反映,自然也就与追日无关。时间也不一定相同。③夸父追日是原始人借神话表现其认识和解释自然现象的强烈愿望,而战败渴死应是原始部落战争频繁时期的事情,自然要晚得多。④从本地夸父神话流传的情况看,追日更广泛而战败则知道的却很少。因此,本篇只可作异文来供研究的参照,而不是夸父神话的主体。⑤夸父遗嘱子孙种桃树,是图腾崇拜。

407. 夸父山和桃林塞[灵宝市]

从前的灵宝县不是今天的这个名字,叫做桃林,又叫桃林县。桃林县西有座夸父山。这里一直流传着"夸父追日"的故事。

上古时候,我国北方高高的成都载天山①上,住着一个巨人族叫夸父族。这个部族的头人夸父,身高无比,力大无穷,有不平凡的意志。

那时候,世界上很荒凉,毒蛇猛兽横行。夸父为了本部族的人们能活下去,每天跟毒蛇猛兽搏斗。夸父率领本族的男女,在斗争中取得了一次又一次胜利。夸父把捉到的凶恶的黄蛇绑在自己的两只耳朵上,抓在手里,高兴得哈哈大笑。

有一年,天大旱。火一样的太阳晒焦了地上的庄稼,晒干了河里的流水,使人热得难受,实在无法生活。夸父就立下雄心壮志,发誓要赶上太阳,把太阳捉住,让它听从人们的使唤。

一天,太阳刚刚从海上升起,夸父就从东海边上迈开大步追赶它。夸父身高力大,一迈步,震得大地直摇晃。他一脚踏下去,就在浙江临海县的山上,留下一个长长的巨人脚印。

太阳在空中飞快地转,夸父在地上疾风一样地追。中午,夸父追赶太阳来到湖南沅陵县一带,他跑得又饿又累,就停下来用三块石头支起锅来做饭。他吃完饭,见太阳已经偏西了,就赶紧迈开大步又追了上去。后来,这三块支锅石就成了辰州东面的三座大山,叫贾釜山。

太阳快落山了,夸父离太阳越来越近。到了甘肃东部的泾川县,他停下来歇一会儿,把鞋里的土块、石子往外一倒,就成了一座小山。现在人们叫它"振履堆"。

夸父跨过一座座高山,越过一条条大河,在禺谷眼看快要追上太阳了。这时,别提他心里多高兴了。当他伸手就要捉住太阳的工夫,突然,感到头昏眼花,竟渴得晕过去了。他醒来时,太阳早已不见了。他站起来走到东南方的黄河边,伏下身子,猛喝黄河里的水,黄河水被他喝干了,又喝渭河里的水。谁知道,渭河里的水也被他喝干了,还是不解渴。这时,他又打算去山西雁门山一带,去喝大泽里的水,可是,夸父实在太累太渴了,当他走到华山以东、灵宝以西不远的地方,身体再也支持不住,就倒下去死了。

---

① 成都载天山:山名,见《山海经》。非四川成都。

夸父死后,他的身体变成了一座大山。这就是现在灵宝县西三十五里灵湖峪和池峪中间的夸父山。夸父死时扔下的手杖,也变成了一片五彩云霞一样的桃林。桃林的地势险要,以后人们就把这里叫做"桃林塞"。

夸父死了,他的后代子孙就居住在夸父山下,生儿育女,传业后世。夸父的子孙居住的村子,就是今天夸父山下的"夸父营"。

采录人:许顺湛　丹书
采录整理:李庆红　张振犁

【方志选录】

桃林塞。自潼关至函谷,俱为之桃林塞。《地理通释》:"塞在灵宝以西,至潼关皆是。"

(《阌乡县志》)

【点评】

本篇是根据文献和民间流传的资料整理的比较完整的《夸父追日》神话文本,可作研究夸父神话的综合风物资料来使用。

其中依据的文献记载和方志传说有:①《山海经》、《浙江地方志》、《湖南地方志》和《甘肃地方志》中所载的民间传说。②灵宝的夸父山一带的夸父神话传说。③夸父峪一带的关于夸父追日,渴死后埋的夸父山,后裔居住的夸父营村,八大村落都是第一手印证此神话真实性的资料。④这一带普遍种桃树,一说是夸父的遗嘱,也是图腾崇拜的标志;一说是夸父死后,扔下的手杖变的。当地还有吃桃馍的习俗,也与夸父有关。

以上种种情况都表明夸父神话在中原的遗迹之多,影响之深。它体现了原始神话的神圣性和真实性。

十七、牛郎织女

408. 牛郎织女（一）[开封市]

从前,有一个放牛娃,养了一头牛,他待牛非常好,天天给牛割新鲜草吃,还给牛洗澡。

慢慢地放牛娃长大了,他看见有的人和他年龄一般大都娶媳妇了,就也想娶个媳妇,可是他太穷了,娶不起媳妇。

有一天晚上,放牛娃给牛洗罢澡以后,准备回屋睡觉,那头牛突然说话了。牛对放牛娃说:"牛郎呀,你不是想媳妇吗？我给你说,你现在到河边,那正有一群仙女洗澡,一共有七个。你到那以后,看见河边树上挂有衣裳,你挑最好看的衣裳拿走,那是七仙女的。把衣裳拿回来后,七仙女就会给你做媳妇了。"

牛郎到河边,果然看到有七个仙女在河里洗澡,又见树上挂好几件衣裳,他就拣最好看的衣裳,拿起来就往家跑。七个仙女洗完澡后穿衣裳,只有七仙女的衣裳找不着了。这时,她们该回天上了,再晚就该挨罚了。其他六个仙女对七仙女说:"我们先去了,你赶快找衣裳回去。"说罢都飞走了。七仙女急得没法。

这时牛郎和牛来了,牛对七仙女说:"你的衣裳在我们这里。你也别回天上了,嫁给牛郎吧。牛郎人可好,就是没钱娶不起媳妇。"七仙女看牛郎很老实,就点头同意了。

牛郎和织女结婚了。他们生活得很好。天天牛郎牵牛去耕地,七仙女在家织布。七仙女织布织得很漂亮。外面很多人都跟她学。因为她是天上的仙女呀！不久,牛郎和七仙女有了一男一女两个小孩。他们非常疼这两个孩子。

有一天,牛对牛郎说:"牛郎呀,我不行了,快死了。我死以后,你把我的皮剥下来,晒干,有急事的时候你披上。"说完牛就死了。牛郎听了牛的话,把牛皮剥下,晒干挂在屋里。

又过几天,牛郎出来耕地,碰见一老婆儿。老婆儿问他有个织布织得很好的女的在哪里,牛郎以为她也是向七仙女学习的,就把路指给她。等牛郎回家后,看见两个小孩正哇哇大哭,也不见了七仙女。仰头一看,看见刚才见的那个老婆儿正拉着七仙女在天上飞。原来那个老婆是王母娘娘变的,她下尘世找七仙女回天上。

牛郎一看事情很急,想起了牛对他说的话,就用扁担一头挑一个孩子,又披上牛皮。牛郎一披上牛皮,就飞起来了。牛郎担着两个孩子追七仙女,越追越快,眼看快追上了,王母娘娘拨下头上的簪子,在身后划了一道,眼看挡不住牛郎,就又划了一道,两道形成天河挡住了牛郎。七仙女看见后非常伤心,就站在天河边上哭,再也不跟王母娘娘去了。王母娘娘看他们怪可怜,就答应他们每年七月七见一次面。七月七那天喜鹊在天河上搭桥,牛郎和七仙女在桥上相会。

所以每年七月七,人们都喜欢在树下听牛郎和七仙女说话,要是下雨,那是七仙女伤心流下的眼泪。

讲述人:王斌,工人,65岁
采录人:李楠,河南大学中文系1986级1班学生

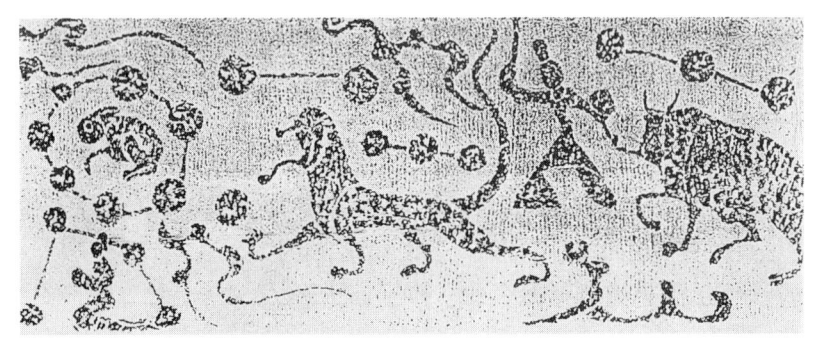

图 17.408.1　南阳汉画像石中的"牛郎织女图"(程健君供稿)

图 17.408.2　明《牛郎织女传》版画插图(孟宪明供稿)

图 17.408.3 清·吴友如木刻牛郎织女(程健君供稿)

图 17.408.4 清·任伯年绘织女(程健君供稿)

图 17.408.5 清《七夕妇女穿针图》(程健君供稿)

图 17.408.6　民间木版年画中的"牛郎织女"（选自《中国木版年画集成·朱仙镇》）

【文献选录】

维天有汉,监亦有光。跂彼织女,终日七襄。虽则七襄,不成报章。睆彼牵牛,不以服箱。

（《诗经·小雅·大东》）

迢迢牵牛星,皎皎河汉女。纤纤擢素手,札札弄机杼。终日不成章,泣涕零如雨。河汉清且浅,相去复几许。盈盈一水间,脉脉不得语。

（《古诗纪》卷二十《古诗十九首》）

【点评】

本篇是流传在中原腹心文化地带开封的关于"牛郎织女"神话遗存。

其中的问题主要包括:①与"兄弟分家"问题无关。②牛郎受牛的主动指点,得到织女做妻子,反映农耕家庭组成是当时社会制度的基本特点。③织女来人间与牛郎结合,发自内心,已无"人神不能共处"的森严界限观念,在一定程度上是背离神界的行为。④王母捉织女是为了维护神国尊严,后来同意二人在银河相会,反映她的二元对立思想。

409. 牛郎织女(二)[新郑市]

　　从前,有弟兄俩,父母早亡。老二跟着兄嫂过活,老大太老实,嫂子又太尖刻,老二常常受气,天不亮就得出去割草放牛。一天,他正在放牛,牛突然张嘴说起话:"牛郎啊,今天回去,要是你嫂子给你捞面吃,你不要吃,要是给我吃,以后分家你就只要我的皮。"牛郎听了话,就问:"你咋会说话?"牛说:"我是天上神星。"这天,牛郎放牛回去,果然,嫂子给他捞面吃,他只吃了块馍没有吃面条,他嫂子就把它倒给牛了,牛吃后就死了。

　　一天,老大夫妇与牛郎分家,牛郎提出只要一张牛皮,老大夫妇很高兴,就只给他一张牛皮,牛郎回去就把牛皮钉在墙上。这天,牛皮又开口说话了:"牛郎,你到河边藏好,等天上仙女下来洗澡时,你就偷拿一件衣服,到时候就会有人给你成亲。"牛郎按它的话做了,果然和一个仙女成了亲。后来,王母娘娘听说仙女在人间成了亲,就趁牛郎不在家,派神把织女抢了回去。牛郎回家一看,就披着牛皮,挑着两个孩子去追,眼看就要撵上了,王母娘娘在天上用梳子一划,天上就出现了一条天河,把牛郎织女隔开了。后来,答应他们每隔七天见一次面,小鸟传话时,传成每年七月七见一次面。所以,这一天,小鸟们就不见了,都去给牛郎织女搭桥了。

　　讲述人:赵付叶之母,65岁,文盲,河南省新郑县梨河乡学田村农民
　　采录人:赵付叶,河南大学中文系1984级8班学生

【点评】

　　本篇是流传在新郑市的"牛郎织女"神话遗存。它是同类神话"织女被捉型"的异文之一,文字粗糙。

　　其中主要特点:①黄牛是天上星辰,下凡保护牛郎的。它替牛郎吃毒食身死,指点牛郎得妻等等。②牛皮在墙上说话,让牛郎披牛皮追织女,不合生活逻辑,可能是记录或讲述有误,应该是牛死前的嘱托。③王母可怜牛女,让其每七天见面一次(说法略有不同)。神鸟传错口信,成了每年七月七见面一次。④银河两岸牛女星相的出现,仍传承了文献上记载的星相神话的先民阐释,尽管已有变化,但神话本体属性仍然十分清楚。

410. 牛郎织女(三)[沈丘县]

牛郎是个傻子,他成天牵着老黄牛放牛。他放牛上地,他嫂子吃嘴,晌晌偷着吃啥。牛说:"小三,你弄啥?恁嫂子又吃嘴哩,你吃不吃?"

"那我弄啥吃呀?"

"你想吃不想?"

"想吃。"

"想吃,你回家,到家恁嫂子就做出来了。"

可不是吗,一回家,嫂子就说:"小三,你回来啦,我正叫恁哥去叫你哩!他没去。"他吃吃就跑了。

过些时,他跟他哥分家哩,他分啥哩,他哥不想分,他要分。那就分吧,把他舅叫来。他舅问他分家要啥?他说:"我要破皮鞭、破皮套,要咱的破车,就这几件。"

"还要别的不要啦?"

"不要。"

"不要就分给你吧。"

他把牛套上,把套挂上车,他往车上一坐,赶着走了。他哥在后头撵,哪就撵上了?

拉到山里头,在那里安家了。他在山里住了二年,牛说:"你要家小不要?"

"哪弄家小哩?"

"你要不要?"

"那要呗。"

"今儿晌午你到河里去,天河里七个闺女在那里洗澡。张七姐在那儿等着你。"

他一去,这几个闺女都跑了,七个闺女跑六个,就剩张七姐,叫她上来,她不上来,他把裤子给她携跑了。她往那儿一站,光着肚儿哩。咋往上上呀,末的了,她说:"你把裤子撂给我,我跟你去。"

说了十来回了,他把衣裳撂给她,她跟他去了。过了两年,有小孩了。她要走。牛说:"她要走,我也就快死了。一死把牛肉熬成汤,她让的天(再)狠,你都不要吃,也别喝汤。以后就知道了。"

她跑他撵,张七姐拔金簪划天河,走掉了。来年有个七月七,天上牛郎共织女,就是七月七,牛郎和织女见面。

讲述人:乔振帮,87岁,农民

录音:张振犁　程健君
采录时间:1983年12月13日下午
采录地点:沈丘新集乡乔庄

【点评】

　　本篇是流传在河南沈丘的关于"牛郎织女"神话的原始录音稿。它古朴、生动、简明,具有民间口承神话的语言特色。尽管有的地方简略了些,但仍属珍品。

　　其中的内容包括:①与同类记录稿相同,"两兄弟型"。②"织女飞天型"系织女自己要回天宫,"神人不共处"的观念很强。③后面的情节交代不清,可能是讲述者因年事已高,记忆有遗漏之处。

411. 牛郎织女(四)[襄城县]

　　牛郎很小就失去了父母,跟哥嫂一起过日子,他家里很穷,哥嫂也对他很不好。

　　牛郎家里有一头大黄牛,很通人性,它和牛郎的感情很好,牛郎整天去山坡上放牛,并为它赶苍蝇、打蚊子,到小河里给它洗澡。有一天牛郎在山坡上放牛,突然听见有人叫他的名字,"牛郎……"他四处看了看,没有发现一个人。"牛郎,是我在给你说话。"大黄牛开了口,牛郎吓了一跳:"你怎么会说话?"大黄牛就把自己的经历给牛郎讲了一遍。原来它是天上的一条龙,因为触犯了天律被贬下人间,成了一头黄牛。大黄牛劝牛郎和哥嫂分家,对他说,除了黄牛和破车什么也不用要。于是牛郎的舅舅来了,给哥俩分了家,哥嫂听说牛郎只要黄牛和破车,自然是非常高兴,于是便答应了他。

　　又有一天,黄牛问牛郎想不想要媳妇,牛郎当然想要,可想到自己那么穷,会有人愿意做自己的媳妇吗?黄牛告诉他:"明天中午东边小河里有七位仙女在洗澡,你偷偷把她们脱下的那套粉红色衣服拿走就行了。"

　　第二天中午,果真有七位仙女在小河里洗澡,牛郎也照黄牛说的做了。到了时间,七位仙子恐怕王母娘娘降下罪来,纷纷要穿上衣服回到天界,只有最小的织女找不到自己的衣服,坐在水里干着急,不敢出来。牛郎走过来对她说:"你愿做我的媳妇吗?如果愿意,我就把衣服还给你。"于是织女点头答应和牛郎做了一对夫妻。

　　牛郎和织女生活得很美满,牛郎担水种田,织女纺织做饭。不久,他们又有一双儿女。黄牛这时也老死了。临死前,它对牛郎说,它死后要牛郎把皮剥下来,如果有急事,就把皮披在身上,牛郎也如此办了。

俗话说,天界一日,下界一年。过了几天,王母娘娘发现织女不见了,经过寻找,发现了织女下落。这天,牛郎到地里锄地,王母娘娘就亲自下到人间,拉着织女就飞上了天。牛郎正好这时回家,眼看着织女升天而去,突然记起了黄牛的话,于是便把一双儿女放在两个筐里担着,自己披上牛皮,也升天而去,飞一样地追赶织女和王母娘娘。眼看快要追上了,王母娘娘气急了,便从头上拔下一根银簪,顺手一划,于是,牛郎和织女之间便出现了一条天河。

后来,天下的麻雀为他们的故事感动,每年农历七月七日那天,成千上万的麻雀便飞上天去,用身体铺成一座桥,牛郎和织女便可在桥上相会了。据说七月七日这天晚上,如果你静坐在葡萄架下,还能听到牛郎和织女的低语呢!

讲述人:闫氏,已故
采录整理:方化,河南大学中文系1986级1班学生
采录时间:1986年12月
流传地区:襄城县

【点评】

本篇是流传在河南襄城县的"牛郎织女"神话传说。它与同类故事基本相同。

其中的差异有:①黄牛原是天上的龙,因犯天规,贬下人间变成牛。它知道天宫的事。②两兄弟型,无受虐待情节。③牛郎在黄牛指引下得织女为妻,不在天池,而在人间小河里。④织女与牛郎结合,主动,情深。"王母捉织女型",王母划天河,隔断牛女二人。⑤牛郎与织女没有互掷器物情节及变星相的结局。⑥七月七日不是王母的意思,恐是漏记。麻雀同情牛女,在七月七日架桥,可作一说,但也可能是对喜鹊的误记。⑦在葡萄架下听牛女说话,属豫南一带的"牛女"神话的普遍情节。

总之,其中许多差异之点,可供研究参考。

412. 牛郎织女(五)[嵩县]

牛郎,谁也不知道他的真名叫啥,年龄大概有十七八岁,他爹和他娘都早死了,死时他还很小,所以也没有分到家具,跟他哥、嫂一块生活。牛郎的哥哥怕老婆,干什么事都听他媳妇的。牛郎的嫂嫂心很毒,总嫌弃她这个小叔子碍手碍脚,吃她的饭、穿她的衣。

小牛郎穿的衣服缀满了补丁,天天到山里放牛,回到家里吃的都是剩饭,而且

还经常遭到嫂嫂的白眼和数落:"没娘的,啥时才能不拖累人。"牛郎的哥哥看在眼里,也不敢吭声。邻居们看不过去,再加上牛郎也不小了,就出面给牛郎分了家,牛郎分到了一头老牛,一套做饭的,一床铺盖和一间茅草房,其他什么也没有。

牛郎人虽然不小了,但因为心眼老实,经常受嫂嫂白眼、嘲讽,又得不到父母的爱,看上去傻呵呵的,见了人只会傻笑。一天下午,他照常牵着牛到后山去,走到没人的地方,他忽然听到一个声音:"牛郎,你想不想找个伴呀?"牛郎左右看了看,只有老牛和他,又想多个人会热闹些,就问:"到哪里找呢?""山那边的黑龙潭有七个姑娘在洗澡,你去拿一套衣服,那姑娘就会成为你的媳妇。"牛郎听了老牛的话,来到黑龙潭边,果然看到七个美丽的少女在嬉笑戏水,牛郎就随便拿了一套衣服。洗澡的七个少女见有人来了,慌忙上岸穿衣,最小的七姑娘找不到衣服,哭了起来,她的几个姐姐都飞了。牛郎从树后走出来,"咱俩过日子吧!"七姑娘看到憨厚、可爱的牛郎,也爱上了他,他们一起回到了家。

牛郎和织女在一起甜甜蜜蜜地生活了两年,生了一双可爱的儿女。织女闲了就教村里的小姐妹织布、做衣。牛郎不知道他媳妇是王母娘娘的小女儿,织女也不想告诉牛郎。地上两年,天上只过了两天,王母娘娘听到七女儿下凡了,非常恼怒,下令让天兵天将把织女抓回了天庭。

牛郎干完活回到家里,只见到一双又哭又叫的儿女,到处找不到织女。老牛把事情给牛郎说了,并说:"我已经要死了,我死后你把我剥了,披上我的皮,双脚踩在我的两根大骨头上,挑上你的儿女到天庭找织女去。"老牛说完就死了。牛郎非常伤心,没有其他办法,就照老牛的话做了,快到织女住的地方了,王母娘娘拿出金簪划了一下,便是现在的银河。牛郎和织女只能隔河相望。只有每年七月七日夜,好心的喜鹊搭成一座桥,牛郎、织女才能见一次面。

讲述人:邓运安,86 岁
采录整理:邓某,河南大学中文系学生
采录时间:1989 年 8 月 19 日
采录地点:嵩县邓岭村

【点评】

本篇是流传在河南嵩县的关于"牛郎织女"神话遗存。特色不鲜明,记录比较乱。其中反映的情况:①两兄弟之间,牛郎嫂子虐待牛郎不明显。②分家由邻居抱不平主持。③黄牛仅在让牛郎找七仙女时有指点。④织女与牛郎亲爱,属"王母捉织女型"。⑤王母派天兵天将拿织女在前,黄牛死时嘱咐牛郎在后。⑥牛女相会日期,非由天帝或王母决定,亦非传信有误。⑦无星相解释。

总之,本篇记录混乱,可能是讲述时记忆颠倒或误记。

413. 牛郎织女(六)[鲁山县]

在鲁山一带流传着一个牛郎织女的传说。

牛郎从小没了父母,跟着哥嫂生活,嫂嫂待他很不好。牛郎天天到山里去放牛,一直到日落才回家,有时遇到刮风下雨,他就到山崖的石洞里去躲雨。虽然这样,回到家里吃的都是粗茶淡饭,而且还常常遭到嫂嫂的白眼和数落。

一天,牛郎又去放牛,快中午时,牛忽然说:"今天早些回家吧,你嫂嫂在家吃扁食呢"。

牛郎听了一惊:"老牛,你怎么会说话了?"

"你待我这么好,我要想法报答你呢。"牛说。

牛郎回去一看果然如此。时间一长,嫂嫂起了疑心:"该是牛郎又多长了个心眼!下次我用毒药毒死你,看你还刁不刁!"这天老牛又说:"今中午的扁食你不能吃,你嫂嫂要毒死你呢。"果然牛郎把扁食扔给了狗,狗吃后就被毒死了。嫂嫂见机关被看破,就决意要和牛郎分家。老牛抢前对牛郎说:"你嫂嫂和你分家了,分家时你别的什么也不要,只要我和破车。"果然,分家时,他依了老牛的话。

分家后,牛郎还是到山上去放牛。转眼间到了夏季,一天老牛又说:"今天有七个仙女在前边潭里洗澡,你去随便抱走一件衣服,她就是你的妻子。"于是牛郎去拿了一件粉红色衣服,等其他姑娘都走了,牛郎走过去说:"我把你的衣服放起来了,你做我的妻子吧?"姑娘无奈,只好点头答应。于是七仙女就成了他的妻子。二人相亲相爱,男的耕地,女的织布,转眼间过了几年,他们有了一双儿女。

一天老牛说:"我不久要死了,我死后,你把我的皮剥了保存好,等有急事,就把它披在身上。"

天上的王母知道七姑娘下凡后,很生气,就派天兵天将来把七姑娘捉了回去,这时牛郎正在干活,看到天上有人就知事情不好,马上跑回家,担起两个孩子,披上牛皮就去追赶织女,眼看快要追上了,狠心的王母娘娘拔下头上的簪子,在前边画了一道天河,滔滔的河水隔开了牛郎的去路,他只好领着孩子在河边徘徊。

从那以后,牛郎再没有回去。现在山上还有"牛郎洞"和"七女潭"这个地方。

讲述人:孙庆生

采录整理:赵国锋,河南大学中文系1986级1班学生

图 17.413.1　鲁山坡牛郎洞(2008年程健君摄)

图 17.413.2　考古工作者在鲁山牛郎洞前发掘出的石门礅(2008年程健君摄)

图 17.413.3 鲁山坡九女潭(2008年程健君摄)　　图 17.413.4 鲁山坡九女潭碑赞(2008年程健君摄)

图 17.413.5 鲁山九女潭灵霄殿(2008年程健君摄)

【方志选录】

九女潭，县东北十八里。传牛郎会织女处。

牛郎峒，在瑞云观下，半山面南，内立牛郎神。

(《鲁山县志》)

【点评】

本篇是流传在河南鲁山县的关于"牛郎织女"神话遗存。它接近口承原始形态。

其中反映的情节与河南普遍流传的"牛郎织女"神话无多少出入，有一定的代表性：①牛郎受嫂虐待。②牛劝牛郎分家。③牛助牛郎于山后得到七仙女为妻。临死叮嘱牛郎：有急事，披上牛皮。④属"王母捉织女型"。⑤牛女无相会日期，成终天之恨。⑥现在传说中的"牛郎洞"、"七女潭"遗迹可作此故事产生在鲁山的佐证。

总之，此篇结尾与一般七月七日牛女相会和星相出现银河的传说有相异之点。

414. 牛郎织女(七)[鲁山县]

在鲁山县东部的鲁山坡下，流传着一个牛郎织女的传说。

牛郎姓孙，叫小意。如今鲁山西南脚下起的孙庄，就是牛郎的故乡。

小意从小没了父母，就跟着哥哥嫂嫂生活。嫂嫂待他很不好，总以为是他们养活了小意，一心想把他赶出去。

小意所放的那头牛，原来是天河里的一条龙，因错行了雨，被天帝贬到下界，投胎到牛肚里，变成了一头牛。

这年春天，嫂嫂看小意也长这么高了，不能老让他坐着吃闲饭，就对她丈夫说："小意也十多岁了，该给他找点活儿干干了。老让他白吃饭，咱能养活他到啥时候？"小意他哥说："能给他找点啥活呢？"嫂嫂说："你去给他买头牛吧，重活干不了，放头牛总能行吧！"小意他哥听从了他嫂嫂的话，就到会上去给他买牛。走到半路上，刚好遇到个老汉牵了头牛，也要去赶绳(集)。小意他哥一看这头牛，宽宽的脊背，长长的身子，一双眼睛忽闪忽闪，挺精神，就爱上了。三下五去二，说好了价钱，就把牛牵了回来。

别看这头牛样子挺温顺，对不顺眼的人，也爱发脾气。到家以后，小意嫂嫂赶紧过来看，还没走到跟前，老牛就哼了一声，抬起头去抵她，吓了她一跳，气得骂道：

"没长眼的东西,买回头牛也不是货,以后我可不喂它!"

小意听说哥哥买回了一头牛,也高兴地从外头跑了回来。这头牛见了小意却显得很懂人情,小意摸摸他的身子,它摆摆尾巴;小意摸摸它头上的角,它摇摇耳朵。从此,小意就和牛生活在一起,每天天不亮就赶牛上坡,一直到日头下山才回家,有时遇到刮风下雨,小意就把牛拴在浓密的树林里,自己到山崖上的一个石洞里避雨。

小意虽然风里来雨里去地去坡上放牛,嫂嫂还是想方设法地虐待他。每逢小意不在家,她就做些好吃的,自己吃点,给丈夫留点。等小意回来了,吃的还是粗茶淡饭,这些,老牛都看在眼里,记在心上。

一天,小意又牵着老牛到坡上去啃草。快近中午时,老牛忽然说话了:"小意,今中午你就早些回去吧,您嫂子在给你包扁食呢!"

小意一听,吃了一惊:"老牛,你怎么会说话呢?"

老牛慢吞吞地说:"你待我这么好,我也要想法报答你啊!"

小意听从了老牛的话,到家一看,果真嫂子正在下扁食。嫂嫂没法,只好也让小意吃了一顿扁食。

时间一长,嫂嫂就起了疑心:"该是小意又多长了个心眼?怎么老是我一包扁食,他就回来?下次我用毒药给你包一碗,叫你一吃就死,看你还刁不刁!"

这天,又快近中午了,老牛对小意说:"小意,今中午你又有扁食吃了。可你要记住,这碗扁食你不能先吃,一定要端给我先尝尝!"小意答应了。

到了家,嫂嫂又假意地应酬着:"小意回来了,看把你热的!快去吧,桌上我给你下好了一碗扁食,都快放凉了!"

小意把扁食端到老牛跟前,说:"你先吃吧!"老牛却把嘴一伸,一碗扁食让它拱了个底朝天,谁也吃不成了!

吃过饭,嫂嫂过来看小意,心想八成已经伸腿了。一看,一碗扁食却倒在地上,心想这小孩可真够鬼了,敢是他看破了我的机关?还有这头牛,见了我就吹胡子瞪眼,可对小意却不赖,两个坏东西,干脆把它分给小意,让他守着这头牛过好了。

嫂嫂打好了主意要和小意分家。老牛提前对小意说:"小意,您嫂嫂要和你分家了。分家时,你别的啥也不用要,就把我和那辆破车要下好了。"

临分家这天,哥嫂问小意都要啥,小意说:"别的我啥也不要,您就把那头老牛和那辆破车给我吧。"

分家后,小意还是每天赶着牛到坡上去,可多了样麻烦:每天要自己回家烧火做饭。老牛每次看到小意被烟熏得流眼泪的样子,心里就挺难过。

转眼间夏季到了,山坡上树木葱茏,绿草茵茵,山鸟歌唱,小鹿长鸣。山涧有个小潭,水清得能照见人影,小意有时就把老牛牵到这里饮水。这天,天帝的九个女儿,嫌待在天宫里太烦闷,就背着父母,偷偷地飘下天宫,到潭里来洗澡。

老牛把这一切看在眼里,就悄悄地对小意说:"小意,今天有九个仙女从天上下来,到前边的潭里洗澡,她们的衣服都放在潭边上。你去把最边起的那一身衣服藏起来,那是九姑娘的。将来,她就是你的媳妇。"

小意不好意思地说:"拿人家的衣服,多没道理呀!"

老牛催促他说:"机不可失,将来后悔就晚了。"

于是小意就轻轻地走过去,把那靠边的一堆衣裳拿了过来。看看过午了,仙女们要回去。只听一个声音叫道:"哎呀!我的衣裳哪儿去了?"众姐妹都埋怨她太粗心,说:"我们先走一步,回家晚了要受罚的。"就先飞走了。

九姑娘正在着急,小意走过来说:"衣裳我给你放起来了。你要衣裳我答应,可你要先答应嫁给我做媳妇。"

九姑娘无奈,只好红着脸点了点头。于是,小意又找了件衣裳给九姑娘,和九姑娘成了亲。九姑娘说,她整天在天上织布,大家都叫她"织女"。天上虽然很好,可王母娘娘的法令挺严,让人每天坐在织机上织布,连个乐日子也没有,还不如人间幸福哩!

从此,小意放牛种地,织女养蚕织布,小两口互敬互爱,日子过得挺美满。

过了几年,织女给小意生了一男一女两个小孩。每到月明风清的晚上,织女就和他们坐在一起,给他们讲天上的事情。小意也觉得织女下来这多年了,又有了孩子,不会再走了,就把织女当初的衣裳还给了她。

这时,老牛也因年龄大而快要死去了。一天,老牛把小意叫到跟前,说:"不久我就要死去了。我死后,你把我的皮剥下,晒干后好好保存起来。等有急事时就把它披在身上,它会帮你的忙。"

织女虽然舍不得小意和两个孩子,可还是惦记着王母娘娘的法令。她看看把小意的两个孩子拉扯得已能离手脚了,就乘小意去地里干活儿的当儿,穿起原来的衣裳上天了。小意在地里干活,猛抬头,看见天上有个人,就知道事情不好,马上跑回家,找两个筹头,把两个孩子放进去,披上牛皮,挑起担子,就也腾身而起,向前追去。

小意心急火燎,越追越快,眼看快追上了,被狠心的王母娘娘拔下头上的簪子,在前边划了一道天河。滔滔河水隔断了小意的去路,他只好领着两个孩子在河边徘徊。

从那以后,小意一直没有再回来。现在,山上还有"牛郎洞"和"九女潭"这两个地方,留给人们作纪念。孙庄的群众,还深深地怀念着牛郎和织女,盼望他们能回来看看故乡今天的新面貌。去年进行地名普查时,人们还一致要求把村名改成"孙意庄"呢!

讲述人:徐鸿欣

图 17.414.1 鲁山坡牛郎织女殿匾额（2008年程健君摄）

图 17.414.2 鲁山坡牛郎织女殿内保存了半个多世纪的牛郎织女塑像（2008年程健君摄）

图 17.414.3　鲁山孙义村的孙氏祠堂（2008年程健君摄）

图 17.414.4　孙氏祠堂内供奉的牛郎织女（2008年程健君摄）

图17.414.5 孙氏祠堂内的功德碑(2008年程健君摄)　　图17.414.6 孙氏祠堂保护碑(2008年程健君摄)

图17.414.7 牛郎织女山歌会(2008年程健君摄)

图 17.414.8 鲁山山歌《牛郎鞭》(2008年程健君摄)

图 17.414.9 鲁山坡牛郎织女文化遗址保护碑(2008年程健君摄)

【点评】

本篇是《牛郎织女（一）》的同题不同记录的文本。其主要内容相同,但差异却很明显。

其特点和问题主要表现为:①情节更完整细致,(如牛原来是天上银河的龙,因错下了雨,被贬下天庭,投胎变成了牛);嫂子虐待牛郎,黄牛从中救助等。②语言更近于"文学化",描写环境、人物心理等都与口承形态有了一定的距离,有向小说发展的倾向。③结尾落实地名把孙庄叫"孙意庄",竭力现实化,也大可不必。④"牛郎洞"及织女洗澡的"九女潭"遗迹,可作织女传说佐证。⑤最后联系孙庄变化,亦可略去。

总之,本篇是供研究神话作家化的资料。

415. 牛郎织女(八)[唐河县]

这家三口人,哥嫂和弟弟,父母去世早,弟弟没有姓名,整天放祖上留下的黄牛,村里人都叫他牛郎。

哥嫂对牛郎不好,可怜的牛郎总是吃不饱,穿不暖。哥嫂还要和他分家,问他要啥,牛郎想了想,只要了黄牛,别的什么都不要。

黄牛成天给牛郎驮柴、驮草,然后再换谷子吃,黄牛晚上就和牛郎睡在一起。一天天黑了,黄牛猛然开口对牛郎说:"明儿有七个仙女下凡到后潭去洗澡,你把那身蓝绸衣服藏起来,等别的走了以后,你捞住她,她就是你媳妇,回家后把那身衣服扔到后院井里。"

牛郎有了家,这个仙女原来在天上是织绸的,那蓝色的云就是她织的,牛郎还放牛,耕地,仙女织布养蚕,小两口可好了。过了几年,他们有了一男一女。夏天到了,他们乘凉,织女就讲天上的故事,牛郎说那身衣服在后院井里。

老牛越来越老了,成天泪汪汪的。一天,老牛叫牛郎到他跟说:"我要死了,死后,把我的皮剥下,晒干藏起来,等有大灾时你就披上。"

织女在人间,可还记着天上王母娘娘的凶恶。她看着两个孩子已经大了,就偷偷到后院井里捞起衣服穿上走了。牛郎回来,一看找不到织女,到后院井里一看,就知道她一定上天了。很快找来筐子,把两个孩子一头放一个,披上牛皮,担起挑就去追。

眼看要追上了,狠心的王母娘娘拔下头上的簪子,在前一划,成了一道天河。牛郎及两个孩子的哭声惊动了玉帝,就叫每年七月七他们相聚一次。王母娘娘为了不让人间看到他们相会,每到七月总是下雨。人们为了看他们相会,就钻到葡萄架下,用叶遮着看。这天晚上,天河是东西的,别的时间,天河是南北的,牛郎一双儿女天在天河南北时见不到他们的娘,因此传着"天河南北,小孩不跟娘睡"之说。

讲述人:张蔚之外祖母黄氏,已故
采录人:张蔚,河南大学中文1986级6班学生
采录时间:1984年
采录地点:河南唐河城郊外

【文献选录】

天河之东有织女,天帝之子也。年年机杼劳役,织成云锦天衣,容貌不暇整理。天帝怜其独处,许嫁河西牵牛郎,嫁后遂废织纴。天帝怒焉,责令归河东,许其一年一度相会。

(《天中记》卷二引《星》)

织女七夕当渡河,使鹊为桥。

(《岁华纪丽》引《风俗通》)

涉秋七日,首无故皆髡。相传以为是日河鼓与织女会于汉东,役乌鹊为梁以渡。故毛皆脱去。

(《尔雅翼》卷十三)

【点评】

本篇是流传在河南唐河县的关于"牛郎织女"神话的珍品。它属口承原始神话形态,有重要研究神话流变的价值。

其中透露的文化信息:①整体情况与同类神话相同。反映中原农业文化背景及私有财产观念的冲突。②牛让牛郎取走织女的蓝衣服,织女成为牛郎的妻子(织女织的蓝云彩)。③织女飞天的原因是她害怕王母的凶狠。牛郎追来,王母划银河。属"抓女"、"自逃"并存型。④玉帝让牛女七月七日会面,这晚正是天河东西向,孩子可见母亲。平时为天河南北向,见不到。与天象结合,奇妙。⑤七夕下雨是王母不让人们看牛女一家相会,只有在葡萄架下叶子缝可以看见。

值得注意的是:①将天象变化印证每年七月七牛女相会,有合理性。民谣说:"天河南北,小孩不跟娘睡"(见不到)。千年习俗的固定规律不能随意解释。②王母在七月七日下雨不是牛女见面哭泣下泪,而是王母不让世人看此悲剧责备她,可

见心虚。③世人这天晚上只有在葡萄架下从葡萄叶子的缝里才能看见天上的事,具有神秘的巫术信仰因素,这是南阳一带特有的传闻,有地域特色。

416. 牛郎织女(九)[固始县]

相传在村里住着弟兄俩,弟弟整天放牛,跟随哥嫂生活在一起,他就是牛郎。

牛郎放牛,夏天给牛扇扇,冬天给牛生火,夜里和牛住在一起,每天都围着牛转,牛郎对牛很好。

牛郎的嫂子对牛郎很坏,牛郎小时经常遭到嫂子的打骂。后来牛郎长到十多岁了,嫂子想独占家产,对牛郎起了歹心。一天,在牛郎回家的路上,老牛突然发话了,它对牛郎说:"你今天回去,你嫂子给你馍你不要吃,你就喝点稀饭。"牛郎这样做了。第二天,老牛对牛郎说:"今天,你不要吃稀饭,就吃个馍。"第三天,老牛又告诉他:"稀饭和馍都不要吃了。"牛郎嫂嫂感到很奇怪,不敢再对他有害心了。又过几天,老牛又对牛郎说:"你嫂子今天要和你分家,分家时你什么都不要,只要头牛和张大车。"

牛郎和哥哥分家后,坐在车子上,老牛给他拉进大山里去了,他就在山里搭了个棚和老牛生活在一起。

一天,老牛又对牛郎说:"今天在山里那潭里有七个仙女在洗澡,你偷偷过去将那件红衣服拿走,那就是你的妻子。"牛郎这样做后,他俩真的成了婚,生活了几年后,生了一男一女,生活挺幸福。

可有一天,天气突然变了。织女看见王母娘娘出现在天上。又过了几天,牛郎放牛回家的路上,老牛流着眼泪(人们传说,牛自知其要死就要流泪)对牛郎说:"我就要死了。死后你给我剥了,皮晒干后,要是有急事就裹在身上,它可以帮助你。"回家后老牛死了。

又一天,雷雨风行,王母娘娘又一次出现在天上,织女知事不好,又不敢违反,只好走了。牛郎见后,披上牛皮一手拉着一个孩子就追,眼看就要追上了。王母手持金簪在天上一划,将他们隔开了,这就是天河。牛郎、织女隔河相看,都想见可不能,就不走了,坐下来狠哭,感动了底下的喜鹊。它们在七月七日那天都飞上天,用头部架桥,让牛郎和织女见面。所以这一天见不到喜鹊。它们头部都没毛,相传说,这是架桥磨掉了。

我们家乡流传说,农历七月七日夜里过了十二点后可以观察着牛郎和织女见面。要想知道他俩说什么,须得不满十二周岁,口咬烂瓜,可以听到。至于是否真实,也没有验证。因为没人去口咬烂瓜听牛郎织女的讲话。

讲述人:常卓

采录整理:陈力,河南大学中文系1986级2班学生

采录时间:1986年

【点评】

本篇是流传在河南固始县的关于"牛女"神话的遗存,地方特色和生活气息很浓,独具风姿,有研究价值。

其中的文化信息,除与同类故事相同之处外,明显特色为:①牛郎受嫂子虐待,嫂子三次加害牛郎,都被老牛所救,嫂子不敢再对弟弟起歹心,就提出分家,而非牛郎提出。②牛郎得取一件衣服。有了仙女做妻子。③属"王母捉织女型"。织女不敢抵抗。④牛女在银河两岸痛哭,感动喜鹊飞上天,为二人架桥。头上没毛是磨掉了(非被打掉)。⑤七月七日深夜十二时,人们可看牛女相会,但不知说什么(听不见)。据说,当地特殊信仰是只有不满十二周岁的孩子,口咬烂瓜,才能听到牛女说的话。未得验证。十二岁与烂瓜有魔力,值得注意。

417. 牛郎织女(十)[永城县]

从前,芒砀山周围都是水草地,几十里地都没有一个村庄,当地人从很远的地方赶来放牛放羊。说来也奇怪,凡是在这里吃草的牛羊,长得又大又肥,卖的价钱最高。所以,人们都爱到这里放牛放羊。不知什么时候,芒砀山脚下来了兄弟俩人,搭起一间小茅屋,弟弟十几岁,谁也不知道他叫什么名字,因为他天天放牛,人们都叫他牛郎。

不久,牛郎的哥哥娶了媳妇,很能干,长得也很漂亮,可是,就对牛郎不好,整天闹着和牛郎分家。牛郎和他哥哥几年挣些家产,嫂子光想一人独占,就缠着丈夫把牛郎赶出家门。

哥哥对弟弟说:"我给你些钱,你到外面挣饭吃吧。"

牛郎虽然心里很气,但为了哥哥的幸福也就答应了。清早起来牛郎就悄悄离家出走了。刚刚走出庄,老牛就在后面叫,牛郎不忍心和老牛分别,就又回家和哥哥商量。老牛眼含泪水,在外面直叫唤,哥哥想赶也赶不走,只好把老牛分给牛郎。牛郎牵着老牛走出几十里停下来,搭起一间茅屋,自己早出晚归开荒种地,老牛也分外卖力,一年收获的东西也是只能勉强糊口。

第二年夏天,天长夜短,牛郎干活回来又热又累,就不想做饭,喝点水啃口干馍就算过去了。可是有一天,牛郎回家,看到饭都给做好了。一连几天都是这样,牛郎心里很奇怪。

一天晚上,老牛突然说话了:"牛郎,做饭的姑娘就是你的媳妇,你准备准备,现在就成婚吧。"

这样,牛郎就给这位做饭的姑娘结了婚。老牛对牛郎说:"牛郎你以后就会过上好日子,这姑娘是天上的织女。"牛郎听后又激动又高兴。

结婚以后,生活果然一天天好起来,织女给牛郎生了两个孩子,一男一女。天天牛郎在地里干活,织女在家里织布,生活过得蛮不错。

突然一天,牛郎牵着老牛在地里干活,牛眼里不停流泪,牛郎摸着老牛问它什么事。老牛对牛郎说,"你的媳妇是仙女,是一位心灵手巧的织女,王母娘娘正找她回天宫,她私自下凡,要受到惩罚,如果织女上天,你就对我说,老牛,你帮帮我吧!那时候,你就会有办法"。

果然,当天晚上,空中云彩翻滚,织女被王母娘娘招上天宫。牛郎从地里回来立刻找着两箩筐,一头担着一个孩子,对老牛说:"老牛,帮帮我吧。"说完,牛郎乘风飞走,眼看着就要赶上织女。突然,王母娘娘用簪子往后一划,一条天河横在牛郎和织女之间。牛郎担着孩子哭啊哭啊,王母娘娘只准每年七月七日相见一面。据说,那天,就有成群的喜鹊为他俩相会搭桥。民间还传说,七月七日夜,在葡萄架下还能听到他俩说的话呢。

讲述人:李德明,小学毕业,永城县顺和乡大李庄农民
采录人:高永才,河南大学中文系学生
采录时间:1989年7月10日晚
采录地点:李德明家
流传地区:永城县北、芒砀山一带

【点评】

本篇是流传在河南商丘地区永城县的关于"牛女"神话的遗存珍品。它有明显的地域特色,情节也独特,有研究价值。

其中透露的主要信息有:①此神话产生、流传地点在豫东芒砀山附近周围的水草地。牛郎兄弟二人从外地迁来。②嫂嫂想独霸家产,就要把牛郎赶出家门。黄牛自己跑出来追赶牛郎,才算分了家。②牛郎得妻与"田螺姑娘型"故事复合,与

"天鹅处女型"无关。织女下凡主动给牛郎做饭，成了夫妻。这很特殊。③王母来抓织女，牛郎挑着孩子喊"老牛，帮帮我吧！"立即就飞上天了，不用借助牛皮的神力。很奇特，值得研究。④王母让两人每年七月七日相会。

总之，本篇的特殊情节是一重要异态。

418. 牛郎与织女[杞县]

牛郎一开始跟着她的嫂子和哥哥一起过，他嫂子多嫌他，待他很不好，只想药死他独占财产，只有一头老牛待他最好。牛郎天天去放牛，有一天放牛时，那头老牛跟牛郎说："今天你回家以后，你嫂子给你做的肉包子你不要吃。"牛郎赶着牛回家。果然见他嫂子做好了肉包子等着他吃，牛郎一看很喜欢，早把老牛的话忘了，拿着包子就吃。那头老牛一看，红着眼睛一挣，拽断了缰绳，跑到牛郎跟前，一头就将牛郎手里的包子顶掉了，他嫂子一见就将牛郎和那牛一起赶了出去。

于是牛郎就和黄牛一起过。有一天老黄牛就对牛郎说，明天有一群仙女下来洗澡，你偷偷地将其中一件衣服藏起来，哪个仙女来找衣服，她就是你媳妇。

牛郎按照老黄牛的旨意去做了，正好拿了织女的衣服，于是织女就给牛郎做了媳妇。他们在一起过，过了两年，生了一儿一女。有一天织女就对牛郎说："你瞧咱们的孩子都这么大了，你就把我的衣服还给我吧。"牛郎就是不给她，她也就没有再要。

又过了一些时候，老黄牛病死了，临死前对牛郎说："我死后，我的肉你们吃了，把我的骨头刻成纽扣卖掉，把我的牛皮保存好，有一天你有急事就披起它……"

又过了一些时候，咚咚的天鼓响了，织女又向牛郎要仙衣，牛郎被缠不过，就告诉她藏仙衣的地方，随后就下地干活了。织女找到了仙衣，就撇下两个孩子飞走了。牛郎在地里听到了孩子的哭声，跑回家一看，就明白了怎么回事，就用两个筐担两个孩子披上老牛皮去追赶织女。眼看就要赶上了，织女就拔下头上的金钗向后一划，一条天河就出现在牛郎面前，牛郎挑着两个孩子趟过了河。织女一看挡不住牛郎，就又向后狠狠地一划，又一条大河挡住了牛郎，这就是天河。织女边划边说："一条天河挡不住，两条天河隔住你。"牛郎过不去了。

牛郎一看，气得掏出怀中的牛梭(轭)用力向织女投去，正好投中织女。织女也掏出怀中的织布溜子(梭子)向牛郎扔去，妇女的准头不高，溜子扔偏了，没有打中牛郎。"牛梭(轭)投到你怀里，溜子投到东北角。"这是牛郎说的。

后来，老天爷知道了这件事，就让牛郎和织女，每月逢七见面(初七、十七、二十七)。老人星听差了，听成了每年七月七见面，于是牛郎和织女每年只能在七月七见一次面。年年七月七都要下雨，那一天是下雨的好儿。

讲述人:孟广芝,50岁,文盲,杞县裴村店乡六台岗村人
采录人:贺威,河南大学中文系1986级6班学生
采录时间:1989年10月
采录地点:杞县裴村店乡六台岗村

【点评】

本篇是流传在河南古杞国(今杞县)的"牛郎织女"神话遗存。它是同类作品中的一份不同记录,语言接近口承原始形态,略嫌粗糙,可供研究参考。

其中反映如下情况:①牛女二人结合属原始抢婚遗俗。②"两兄弟型"中,牛郎受虐待具体,黄牛相助感人。③织女回天宫是出于怕违"天规"(天鼓响时,不回去要受惩处)。她坚持"人神不共处"信念,主动飞走。牛郎很快追上时,她连划两条大河还说:"一条天河挡不住,两条天河隔住你。"④二人互掷的器物和孩子一起变成星相。⑤天帝同情二人及孩子,让每月逢七见面。⑥老人星传错话:每年七月七见面。

419. 憨 二[杞县]

憨二是李过庄人,离南京二百多地。他家有十二顷地,爹娘都没了,有个哥哥、嫂嫂。憨二还没媳妇,他嫂子起坏心,想药死憨二,独吞家业。

头一回,他嫂子给憨二打鸡蛋茶,里面下了毒药。憨二在地里锄地,老牛对他说:"回去,你嫂子给你打的鸡蛋茶,你别喝。"

憨二憨声慢气地问:"咋啦?"

"那里面有毒药。"

"中。"

憨二回到家,他嫂子端出鸡蛋茶,憨二接住攞给狗了,狗一吃,就死了。

第二回,老牛又给他说:"憨二。"

"咋?"

"你嫂子给你烙烙饼,你可别吃。里面有毒药。"

他回到家,他嫂子端出烙饼,憨二接过就倒给猪了。猪一吃,就给药死了。

又一天下地,老牛给憨二说:"憨二,你嫂子净害你,你给她分家吧。"

"咋分哪?"

"你嫂子想要那十二顷地,你啥都不要,只要八斗黑豆,一草铺底的麦秸。"

"要这干啥?"

"我好路上吃啊。再要个破大车,我拉着你,咱赌走咧。"

憨二说:"咱上哪儿去呀?"

"上北边淮阳县李大庄李大四那儿。"

"中。"

憨二回到家,见了他哥就说:"哥,咱分家吧!"

"分家干啥?"

"俺嫂子净想药死我哩。你没看那狗、猪都给药死了。"

他哥说:"分就分吧,你要啥?"

"我要八斗黑豆,一草铺底麦秸,一辆破大车,叫老牛拉着,我就走了。"

他哥把这几样都给他了。老牛就拉他"咣当!咣当!"地走了。走着走着,憨二问:"老牛,车咋不响了?"

"你挤住眼,坐好,赌别管咧。"

老牛起云驾雾走了一天,天黑走到淮阳县李大庄。李大庄的李大四盖了群楼群院,就是住不住人。里面的小妖说:"咱给憨二爷看着家,谁也不能住这里头。"里边一住人,不是给小妖吃了,就是生大病。老牛把憨二拉到庄头,给憨二说:"你向那个老头找地方住吧。"

憨二就过去问李大四:"老大,有地方住吗?"

李大四说:"有地方住,里面就是不平和,净死人。你怕不怕?"

憨二说:"我不怕。"

憨二就住到那群楼群院里了。里面的小妖说:"憨二爷来啦!憨二爷来啦!咱给他看东西看到头了。"住了一夜,也没出啥事。

李大四给憨二说:"这些院子就卖给你吧?"

"中。"

老牛对他说:"堂楼门东边埋着一缸金子,西边埋着一缸银子,后墙根埋着一缸铜钱。他要多少钱,就给他多少钱。"憨二把银钱交给李大四,买了群楼群院。李大四说:"后院还有一个保险井,也给你吧。"憨二就住下了。

有一天,老牛问他:"憨二,你想要个老婆不要?"

憨二说:"上哪去要呢。"

"上天。"

"咋上去呀?"

"我渡你上去。"

老牛就把他渡到天上。这时候,九个仙女都在个大坑里洗澡哩。老牛对他说:"你到那个地儿,挟(xie)件衣裳就跑回来。"

憨二到那坑边,一下子挟完就往回跑。九个仙子都喊:"给俺的衣裳,给俺的衣裳!"

老牛说:"赶紧 bǎn(方言),赶紧 bǎn(方言)!"

那些得着衣裳的仙女们都回去了,剩下这个仙子也就是织女娘娘,她怎么要衣裳也没给她。后来,老牛说:"咱回去吧。"他们都回去了。人家都说该织女娘娘临凡了。

到家了,老牛对憨二说:"你把她的衣裳放在后院保险井里,可别给她说。你一给她说,她穿上衣裳就上天了。"

过了几年,憨二他两口有了两个小孩。一个男孩,一个女孩。后来,人们叫憨二是牵牛大,织女叫织女娘娘。

有一天,老牛叫憨二:"憨二!憨二!"

"咋!"

"我该死了。我死后,你把我的皮剥下来,晒干。要打脊梁骨上开口子,可别从肚绷子上开刀。一有事,您把牛皮灌满水,缝好,骑上就能上天。"说罢,老牛就死了。憨二心里说:"我一辈子没给老牛打过别,这回打打吧。"就打牛肚绷子上开了个口子,把牛皮剥下来,晒干后收了起来。

过些日子,织女娘娘要升天走了,跟牵牛大要衣裳,他不给她。两人就吵起来了。后来吵得狠了,牵牛大说:"走你嘞吧!衣裳搁在后院保险井里。"织女娘娘穿上衣裳就飞起来了。

牵牛大一看,她真走了,就找出牛皮,灌满水,缝好骑上,带着两个小孩撵去咧。撵着,撵着,牛皮漏水了。织女娘娘眼看快被撵上了,拔下金簪划道天河,心说:一道天河隔不住,两道天河隔住你。又划了一下。

牵牛大撵到河边,老牛皮没劲了。牛皮里的水都从肚绷子底下漏完了。牵牛大再一急,掂着牛梭子一砸,正砸在织女娘娘怀里。织女拿个织布溜子一攥(投 zuān),她的手没劲,攥偏了。你要是不信,夜里睛看咧,织女星怀里有个牛梭子星。牛郎星身旁一边一个溜子星。人们都说那是牛梭子和溜子变咧。

老天爷想做和事佬,就让他俩明七暗七见一面。谁知那翻嘴的老人星把话传成了七月七见一回。就这样,他俩只能每年七月七见面。二人见面时,都后悔地落泪。

老天爷很生气,就罚老人星一步一磕头,跪在八角琉璃井边赔罪。不信,你看那南天边上,八角琉璃井跟前到现在还跪着老人星呢!

讲述人:顾学兰,女,68岁,农民,文盲
采录整理:方明昌,男,河南大学中文系学生
采录时间:1982年7月12日

采录地点：杞县湖岗人

【文献选录】

昆山县东三十六里，地名黄姑。古老相传云：尝有织女牵牛星，降于此地。织女以金篦划河，河水涌溢，牵牛因不得渡。今庙之西，有水名百沸河。乡人异之，为之立祠。……祠中旧列二像。建炎兵火时，士大夫多避地东冈。有范姓者，经从祠下，题于壁间云："商飙初至月埋轮，乌鹊桥边绰约身。闻道佳期唯一夕，为何朝暮对斯人"。乡人遂去牵牛像，今独织女存焉。

（宋·龚明之《中吴纪闻》卷四"黄姑织女"条）

【点评】

本篇是流传在河南杞县的关于"牛郎织女"神话的遗存珍品。它的形态已从星相神话演变为带有一定传说性质的幻想故事。它对研究神话演变规律，具有典型意义。

其中文化底蕴丰厚，主要涉及以下的重大理论问题：①本篇明显提出神话跨省区传播迹象。原来，主人公家在距南京不远的吴中地区。这一点在文献上有同类传说存在（见《吴中纪闻》）。而此篇又从吴中传到河南淮阳，再到杞县。可见口承神话传播地域之广。这在古典神话中是罕见的。②本篇传说故事的人物、地点名称具体、翔实，已带有一定的传说性质。③从故事结构来看，具有"两兄弟型"、"天鹅处女型"、"仙狐传说"等多层次的复合建构型体。如小妖为憨二看房子、金银、水井等。④原始社会存在的私有财产观念和制度的出现，争夺财产激烈。杀兄害弟、灭门霸产的现象已很普遍。牛郎被毒害已非罕见的现实。⑤织女的"天规"观念虽很强，按时返回天宫，自绝于牛郎父子，连划两道银河阻挡牛郎追赶。但从天帝来讲，却对"天规"逐渐淡化，向同情人间婚姻悲剧的世俗化演变。因此，他让牛女每月的明七暗七相见。由于老人星误传为每年七月七相见，从而老人星受到在井旁跪下磕头请罪的惩罚。⑥本篇是经过长期流传过程逐渐演化的复杂典型例证，对中原神话多元体系建构研究十分重要。

420. 牛郎和织女［中牟县］

原先，有弟兄俩在一块儿过，老大娶了媳妇，老二天天放牛，人家都叫他牛郎。

牛郎憨厚，干活实受，不挑吃不挑穿，成天早出晚归，把老黄牛喂得饱饱的，额外还割一大车青草。家里穷，他娶不起媳。他嫂待他不好，他嫂在家好偷嘴儿吃，他穿的也是破衣烂裤。

一回，牛郎又去放牛，可老黄牛那个咋也不吃草，眼里还噙着泪儿。牛郎就问老黄牛："你为啥不吃草啦？"老黄牛说："你嫂待你不好，你给她分家吧。你啥也不要，就要我和那辆破车。"牛郎说："中！"他回家就哭吵着要分家，他哥没法儿就说："老二，你要啥，你随便挑吧。"牛郎说："我啥也不要，就要那个老黄牛和那辆破车。"他哥就给了他。

牛郎把老黄牛套在车上，坐上车赶牛上路了，走着走着，牛拉的车不沾地儿了，飞了起来，牛郎吓得赶忙隔挤住眼。飞啊飞啊，不知飞了多长时候，多远路，老黄牛才停下来，叫牛郎睁开了眼。牛郎一看，原来到了一个破窑跟儿。打这儿，牛郎和老黄牛就住到窑里啦。牛郎在那儿照常干活、放牛。

一回，老黄牛又不吃草了，光叫唤。牛郎问老黄牛："你叫唤啥，老黄牛？"老黄牛说："明儿天上的仙女，要下凡到东面那个坑塘里洗澡，你明儿个藏到那儿的柳棵里，等到她们下水，你就去偷他们的衣裳，哪件鲜红，偷哪件。等仙女们洗了澡出来，你拿着衣服就往家跑，是谁的衣裳，那个仙女就会来撵你，她就是您媳。"牛郎怪听话，第二天他就去啦。到了晌午，天上的仙女还真的下凡来洗澡，你看，一个比一个齐整①。等她们都下了水，牛郎就偷偷到她们脱的衣裳跟儿，里边还真的有一件鲜红的衣裳。他就把它拿去啦。仙女们洗了澡，都赶紧穿了衣裳上天了，剩下一个。牛郎拿衣裳就跑，那仙女就在后头撵，一么撵到家中。老黄牛给他俩说合，当媒人，他俩就成了家。牛郎还是放牛种地，仙女在家织布纺线，她手巧心灵，织的布又结实又好看，人都叫她"织女"，小两口过得很和睦。

又一回老黄牛又叫唤起来，不吃草。牛郎问老黄牛叫唤啥，它说："牛郎啊，织女的那件衣裳，你要放在后边的那个干井里，用石头压住，千万不要叫织女知道，她知道了，找到了她的衣裳，她会飞回天上的。"牛郎听了老黄牛的话，把织女的那件衣裳藏得严严实实。

过了一年，牛郎织女有了孩子，双胞胎，一男一女。牛郎下地干活，织女在家成天织布，生活过得很安生。

织女下凡，与凡人结婚，犯了天条，天帝要派人来抓她。一到天阴响雷，织女总是提心吊胆的。她找不着衣裳就上不了天，她天天向牛郎吵着要衣裳，牛郎就是不说。

有一天，老黄牛又叫唤起来，他说："牛郎啊，牛郎，我老了，快要死了。我死了，

---

① 齐整：漂亮。

你把我的皮剥掉晒干放好,有了啥急事,你披上我的皮就能飞。"说完,老黄牛一瞪眼,一伸腿,就死了。牛郎伤心地哭了一场,就听了老黄牛的话,剥了皮晒干放了起来。

一天,牛郎刚从地回来,织女又吵着要衣裳,牛郎一着急说漏了嘴,他说:"在后边干井里,你自己去拿。"这时候,正好是正响午,一阵风,天阴了,响起了雷,天帝又派神来抓织女了。织女着了忙,跑到后边干井里就拿出了衣裳,穿上后就向天上飞去。牛郎急了,赶紧把牛皮披在身上,把两个孩子放在两个筐里,担着,去撵织女。撵啊,撵啊,眼看就要追上,只见织女从头上拔下银簪,往天上一划,成了一条天河,把牛郎给隔住了。牛郎急,就把箩筐里的牛索头向织女攮去,正好砸到织女的怀里。织女也把怀里的织布梭扔牛郎,她力小,扔到牛郎的一边。现在天上,牛郎星一边就有四个星星,那就是织女扔的织布梭,织女星跟儿有三个星星,那是牛郎的牛索头。天上南北的那一道白,就是织女划的天河。

织女是天帝最小的妞儿,天帝可怜她,叫她们夫妻一月见七次面。天上的神传错了话,说是叫他们一年七月七见一次面。到了七月七这一天,天上的喜鹊,就为牛郎织女搭了桥,他们夫妻就在桥上见面。

讲述人:冯冉氏,女,66岁,文盲,农民
采录整理:冯长顺,河南大学中文系1986级6班学生
采录时间:1989年11月5日
采录地点:中牟县冯堂乡蒿家村
流传地区:中牟、尉氏、新郑交界一带

【点评】

本篇流传在河南中部中牟等腹心文化地带,是关于"牛郎织女"神话的珍品。它所具备的母题是中原农耕文化现象的典型。其他异文大多由此派生而来。

其主要文化信息:①牛郎与哥嫂的矛盾是已出现经济私有观念的反映。原始社会已有兄弟、父子等谋财的冲突。②牛郎的经济、家庭、人身自主等,都是我国长期封建制度下农民家族的组成细胞。③老牛对农民的极端重要性具有多重意义。④织女与牛郎结合的偶然因素,是仙衣被控制。织女与牛郎结合违犯"天条",要受惩罚,故始终不愿留在人间。织女离去亦由此来。⑤天帝同情牛女每月见七次面,因传错话,才七月七见面。

421. 牛郎偷吃蟠桃 [扶沟县]

传说牛郎和织女相爱以后,织女常常思念牛郎。这牛郎与蟠桃园内的修剪力士仙人很要好。一日,修剪力士给牛郎一个九千年一熟的蟠桃,不过,这个桃才两千年,有一个枣那么大。牛郎心中暗喜呀,可不能自己一人吃它啊!还有心上人织女呢!

牛郎怀揣蟠桃偷偷地来到织女的织锦楼阁,与织女见一面,把蟠桃递给织女。织女用手推开道:"你吃吧!""不,你吃吧!""郎君,你先吃吧!""好。"牛郎说了声"好",正要咬桃,突然织女小声说:"不好,娘娘又来了。"牛郎扭头一看,一团祥云正向他们飘来。真的不好,要是被王母娘娘知道,要罚罪的,牛郎心中一急,慌中有智,他把桃一口吞下,谁知桃卡在喉咙里了。这时,王母娘娘来到了跟前,看了看低着头的织女,又看了看惊慌的牛郎,冷冷地笑了两声之后,似乎明白了,朝牛郎的脖子吹了口仙气,走了。从此,那个枣大的仙桃不上不下地卡在了牛郎的喉中。

第二天,牛郎便被判了"勾引仙女,偷吃蟠桃"罪,贬下了人间。王母娘娘一不做二不休,她又使了个仙法让天下所有的成年男子的喉中都起一个像桃一样的"疙瘩",以发泄她对男人"贪吃"、"嘴馋"的恼恨。

这个疙瘩,就是男人现在的喉结。

讲述人:耿四军,男,30岁,汉族,文盲,汴岗乡农民
采录整理:曹鸿鸣,男,23岁,汉族,高中毕业,扶沟县棉麻公司工人

【点评】

本篇是流传在河南扶沟县的关于从"牛女"神话演义而来的"人体构造"解释性传说。它已脱离"牛女"神话本体题旨。

其中透露出的信息:①牛女已在天宫为神界神祇,而非世间平民。②二人相爱已久,互相关心、互助。③蟠桃园修剪力士偷送未熟蟠桃给牛郎。夫妻相让。王母突然来到,牛郎急吞蟠桃,桃子卡在喉中,王母让桃永远卡在牛郎喉中,并让天下男人的喉中都长一个桃子样的疙瘩。从此男人喉头凸出,从而成了人体构造特征的神性阐释神话。

本篇可作研究"牛女"神话演变的参考。

422. 牛郎织女神话［博爱县］

我的家乡位于太行山南麓,这里不仅有盘古开天地神话,有女娲补天的神话,而且还有牛郎织女神话。

人们都说牛郎从小就死了父母,跟他哥哥一起过活。后来,他哥娶了个媳妇儿。这个媳妇儿可厉害了,待牛郎很不好。自己又好吃懒做,成了个有名的吃嘴精。

一天又一天,一年又一年,牛郎终于熬成了人,可还是光棍一条,分家时,只分了一间破房和一辆烂车,还有一头老牛。分家后,牛郎又到附近山坡上开了一坡地。牛郎经常牵着老牛到山坡上干活。

有一天,老牛突然会说话了。对牛郎说:"我老了,不中用了。你也得娶个媳妇儿成个家。你明天到一个水潭边,那儿有七个仙女在洗澡。你把其中一件红衣服拿走,藏到旁边的树林里。仙女们洗完澡以后,其中有个叫织女的(就是你拿那件红衣服的那个仙女)要找衣服,你先不要给她。等那几个仙女走后,你再给她。并且说你要娶她做媳妇儿。"果然第二天牛郎那样做了。织女也同意了。牛郎就把织女领回家成了亲。

俩人相亲相爱,过了几年,生了一男一女。自从那天仙女被牛郎领走之后,其他几个仙女回到天宫给王母娘娘说了织女被领走的事。王母娘娘很恼火(原来织女是一个织布能手,一般每天比其他仙女能多织半匹布)。王母娘娘就派天兵天将下到人间来寻找织女。一直寻了好几年,都未找到。终于有一天,见织女在家里看孩子做饭,就回天宫告诉了王母娘娘立即派天兵天将来拿织女。

这时,牛郎和老牛正在地里干活,老牛流着泪对牛郎说:"我就要死了,我死后,你快点儿把我的皮剥下来,保存好,遇到急事,披上我的皮,就会有用。"牛郎感到很悲伤,又照着老牛的话做了。

过了不长时间,牛郎又在地里干活,他突然看到天兵天降将织女带走了。他迅速回到家,披上老牛皮,用两个竹篓挑着儿女就去追赶。眼看就要追上了,王母娘娘用发簪划了一条天河,可牛郎还是飞过去了。王母娘娘一连划了几条天河都没有挡住牛郎。王母娘娘狠心划了一条又长又宽的大天河,终于把牛郎和织女隔开了。

牛郎再也未回到人间,一直就站在天河边等着织女。织女回宫后,王母娘娘对她进行惩罚,每天罚她比其他织女多织一匹布,并且不允许她再回去跟牛郎过日子,只准许她每年七月七日到天河边与牛郎及儿女们见见面。

这就是我家乡流传的牛郎织女神话。

讲述人:薛富贵,男,82岁,小学毕业,农民
采录人:薛国新,河南大学中文系1986级学生
采录时间:1988年12月5日
采录地点:焦作地区博爱县高庙乡大中里村
流传地区:焦作地区(博爱、济源、沁阳、温县、修武、太行山南麓、武陟等地)

【点评】

本篇是流传在黄河北岸博爱县的"牛女"神话遗存,比较接近口承形态。

其中的主要特点:①"两兄弟型",牛郎受虐待不具体,亦无牛的相助安家情节。②织女与牛郎结合很幸福。③王母要抓回织女,是因为织女是天宫织布能手,一天比别人多织半匹布。④属"王母捉织女型",亲带天兵天将抓织女。此前,天将首先找织女,几年没找到。后来见织女在家为子女做饭,才禀明王母,一同抓回织女。⑤王母一连划几道河挡不住牛郎,又划大天河,才将牛女隔开。⑥王母惩罚织女每天多织一匹布。每年七月七见一次面。无误传消息,禽鸟搭桥等情节。这是牛女神话中最严酷,王母最凶狠的一篇。她一年只许牛女见一次面,不许在一起过夫妻生活,可谓独具特色的一篇。

423. 牛郎织女的传说［鲁山县］

不知是哪朝哪代,反正很早了。鲁山县东的鲁山南边有一个孙庄,村里有姓孙的兄弟二人,父母早丧,哥哥已成家,弟弟跟着哥哥过活。弟弟名叫孙小印,他常常在这座山的南坡放牛。

有一年夏天,天气格外干热,山下村子的河水都快旱干了,可山坡上的石窝坑里还有水。孙庄的邻村里有一个姑娘,这天,她来到山坡的一个大石窝坑里洗衣服,洗过衣服,姑娘又累又热,想下到水里洗个澡。她东瞅西瞅,看到没人,就脱衣下坑洗澡。姑娘的一举一动全被放牛的孙小印看见了。他顿生邪念,从藏身的地方跑过来,抱上姑娘的衣服就跑。姑娘一看衣服被人抱走了,急得从水里爬出来,也顾不得羞不羞了,马上就追孙小印。谁知姑娘正中了孙小印的计。两个人一前一后跑到了一个小山洞,那山洞正是孙小印放牛避雨的地方,别人很少到那里去。在山洞里,孙小印如愿了。

事隔几个月,姑娘的肚子慢慢地大起来了。在父母的逼问下,姑娘说出事情的前前后后。姑娘的父母把姑娘送到了孙家。孙小印在那位姑娘到他家里之前,丢

不起这种人,就离家出走了,从此音讯皆无。后来姑娘生了一双儿女。

孙小印流落在外,被一个财主收为养子,人家看他聪明伶俐,就给他请了一个老师,教他读书识字。十多年后,孙小印金榜高中,成了进士,在京城的同科进士们都衣锦还乡,修坟祭祖。唯独孙小印一个人闷闷不乐,同僚问他,他也不说。后来一个好友才从他那里知道了他难于启齿的事。朋友说,这有何难?我们大家编一个故事,说你们俩是牛郎星、织女星下凡,天意的事,没有什么丑不丑的。后来,孙小印才认祖归宗,正式和那姑娘结婚。这时,他们的一双儿女已长大成人。

孙小印的子孙们为了神化他们的祖先,还在那个山坡上修了庙,坑边有石盆、棒槌等。据说二三十年前这些东西还有,可惜毁于"文革"。现在,那个孙庄还在,村上大部分人都姓孙,为了忌讳,他们从不让戏团在他们村上演《天河记》,他们说孙小印是他们的祖,不信你可以到这个地方问问。

讲述人:王学中,男,60岁,乡干部
采录整理:张福松,河南大学中文系1987级4班学生
采录地点:鲁山县

【点评】

本篇是产生在河南鲁山县的关于"牛女"神话被衍化后的后人传述之作,已非"牛女"神话的本体。可作研究此神话演变的参考之用。

其特点:①"牛女"神话被世俗化的典型。②将人物地点,落实到具体的鲁山孙庄,牛郎是孙小印,接近传说。③把世间牛女相恋的经过,用封建道学思想加以改编,让牛郎出走,受人收留后,读书,中进士,无法衣锦还乡,才由文人编出牛女为二星相下凡,终于衣锦荣归,祭祖修坟。

总之,此篇已属后人根据封建思想改编后的轶闻、传述。

424. 七巧节的传说 [社旗县]

年年七月七,牛郎会织女。牛郎与织女的故事很多,这儿,说一个流传在咱南阳乡间的故事。

相传,很早的时候,南阳城北有个小庄,庄上有个叫如意的孩子。他听老人们说西北大山里卧着个老黄牛。那山就叫伏牛山。家里没有牛,他想把它拉回来,好使它耕田。这天,他进山了,也不知爬了多少坡,过了多少沟,找了多少天,才找着

那头牛。那牛卧在地上,腿有伤,不会动,瘦得快成骨头架了。原来这老黄牛是个神牛,因为给凡间偷五谷,叫老天爷踢下凡来了。如意薅了好多好多的草喂牛,又生法儿治好了老黄牛腿上的伤,老黄牛就跟着他回家了。回家后,如意成天跟着老黄牛,人们就叫他牛郎。牛郎他嫂子好在家偷吃巧嘴,老黄牛总是叫牛郎回去吃。一来二去,牛郎他嫂子气了,非跟牛郎分家不中。牛郎也不要房子也不要地,只要老黄牛和一辆破车。

牛郎拉着老黄牛,在一片桑树林里安了家。老黄牛从嘴里吐出来茶豆,叫牛郎种在门前头。谁知那茶豆头天黑了种上,第二天可出土了,第三天就拖秧了。牛郎搭了个架子,没几天可拖满了。老黄牛说:"如意啦,夜里你藏到茶豆架子底下,就能看到天上的仙女们,仙女们也能看见你,谁要是瞅见你笑了,谁就是想做你妻子哩,咱就生法把她娶下凡来。"这天晚上,牛郎钻到茶豆架子底下往上一看,果然看见一群仙女在天池洗澡哩。临走时,一个仙女朝他笑了笑。他跟老黄牛一说,老黄牛就叫他坐到车上,驾起车辕,四蹄腾空飞了起来。那对牛郎笑的仙女是织女,织女见牛郎去了,搬了一辆纺花车和一台织布机放在车上,又带了一篮子天蚕坐到车上,下凡来了。

乡亲们听说牛郎娶了个仙子,都来给他贺喜。织女就把天蚕分给大家,还教她们怎样养蚕,怎样抽丝,怎样织绸缎。没多久,白河两岸,伏牛山区的人都学会了。她们织出来的绸缎,做成衣服穿上冬暖夏凉,引得山南海北的商人都来买南阳绸。

第二年的七月七,织女一胎生了一男一女两个孩儿,男的起名叫金哥,女的起名叫玉妹,小日子过得十分舒坦,姑娘小伙们谁见了谁眼气。

又过了几年,一天,牛郎正在犁地,天上突然打了个炸雷,老黄牛站住对牛郎说:"如意啦,我把织女拉下凡,犯下天规,看来我是活不成了。我死后,王母娘娘非把您夫妻拆散不中。你把我的皮剥剥,做双靴穿上就会腾云驾雾;我的肉吃了能脱凡成仙。"老黄牛说罢,倒下死了。牛郎趴在老黄牛身上哭了一阵,就照着老黄牛说的办了。

这年的七月七,牛郎正在地里干活儿,金哥玉妹跑来了,说他妈叫一个老婆儿拉走了。牛郎知道那老婆儿肯定是王母娘娘,就拉着金哥玉妹腾空就追。眼看快要追上了,王母娘娘拔下头上金簪照脚下一划,霎时现出一条大河,把牛郎和金哥玉妹隔到河这边。金哥玉妹见撵不上他妈了,就大声哭喊起来。玉帝见他们哭得怪可怜,就叫他们一家人每年七月七见一回面。

牛郎一家人不见了,人们觉着蹊跷,往天上一看,见天上多了一条又宽又长的银带。银带的一边多一颗星,另一边多了三颗星,人们就给它起名叫牛郎织女星。后来,人们每天晚上总要钻到牛郎家的茶豆架底下往天上望一望。一直望到第二年七月七那天夜里,突然看见满天喜鹊向天河飞去,它们互相咬着尾巴,搭起一座天桥。牛郎拉着一双儿女在桥上和织女见面了。人们也喜欢得不得了。直到现在,还有不少好奇的男女,每到七月七的那天夜里,还钻到茶豆秧底下,偷看牛郎会织女。这就是七巧节的来历。

采录人:杨东来,男,40岁,汉族,初中毕业,桥头乡干部
采录时间:1982年2月
采录地点:桥头乡杨庄村

【文献选录】

七月七日为牵牛织女聚会之夜。是夕,人家妇女结彩缕,穿七孔针,或以金银鍮石为针。陈几筵、酒脯、瓜果于庭中以乞巧。有蟢子网于瓜上,则以为符应。

(《荆楚岁时记》)

【点评】

本篇是流传在河南南阳的关于"牛女"神话遗存的稀有珍品。它对研究中原丝绸文化的渊源有重要价值。

其中反映的文化史价值主要有:①在中国远古中原农业文化中,牛与农业的关系,极其重要:牛为农民盗五谷,被天帝踢下天庭,摔成病牛;牛郎抚养好病牛;牛帮牛郎上天与织女相会;织女驮下织机、蚕茧等。黄牛为牛郎耕地,发展生产;最后,用皮保护牛郎追织女。这便是牛郎与牛相依为命的根本原因。②本篇的演变,直接与南阳产丝绸相关。这是一个突出的典型。③从人类科技发展史来看,证明科技民俗"溯源性"的特点在科技发明上总要经过一个神话阶段。因为在原始社会先民的观念里,认为一切文化知识和人类智慧都在天宫神祇那里,然后才传到人间的。这在各国文化史上莫不如此。④本篇别具一格,是牛让牛郎在茶豆架下与织女默认相爱。⑤织女下凡与牛郎结婚,犯天条,属"王母捉织女型"。⑥追织女是七月七日。天帝可怜,才令二人一年见一回面。⑦最后的喜鹊架桥让牛女相会,非因传错话受惩,合情理。⑧牛郎与织女在银河两岸构成星相固定坐标,原始神话思维的特色十分鲜明。

总之,本篇是中原神话中闪耀强光的精品。它是中原神话多元体系构建的典型佐证。

425. 七夕会(牛郎织女与南阳丝绸)[社旗县]

年年七月七,牛郎会织女。牛郎与织女的故事有好多,这儿,说一个流传在宛城乡间的传说。

相传,很早的时候,南阳城西有一片桑林,桑林里有一个村庄,村中有一个叫如意的孩子,聪明、勤劳、忠厚,人们都很爱他。他常望着西北的大山出神。听老人们说山中卧个老黄牛,那山叫伏牛山。家里没有牛,他要进山把那头牛拉回来耕田。他进山了,翻了九十九下道山,过了九十九道涧,找到了那头牛,在一块大平石上卧着,瘦骨丁丁的。他趴下磕了个头,喊声"牛大伯",请老黄牛跟着他走。老黄牛睁了睁眼,没说话,又合上了,他看着老黄牛那没精打采的样子,想着,可能是饿了,就去给老黄牛薅草。他薅着,牛吃着,薅了一捆又一捆,总是供不上吃。就这样,他喂了三天,老黄牛吃饱了,抬起头对他说:"小孩子,我原在天上住,盘古开天辟地的时候,地上没有五谷,我偷了天仓的五谷种撒了下来,惹怒了玉帝,把我踢下天庭,摔坏了腿,不能动弹。我的伤,用百花露水涂洗一百天就会好的。"小如意听了,也不急着下山了,饿了吃些野果,渴了喝些泉水,夜里依偎着老黄牛睡,每天清晨去采百花,用花朵上的露水给老黄牛洗伤。整整一百天,老黄牛的伤好了,站了起来,跟着他回家了。

小如意待老黄牛很亲,白天去放牧,夜里睡在它身边,人们都叫他牛郎。老黄牛待牛郎也很亲,每回牛郎的嫂子在家偷吃巧嘴的时候,老黄牛总是叫牛郎回去吃。一来二去,牛郎的嫂子气了,要和牛郎分家。牛郎不要房子,不要地,只要老黄牛,要辆破车,要只烂皮箱,老黄牛拉着车;牛郎坐在皮箱上,离了村,出了桑林,搭了个草棚棚,住下了。老黄牛从嘴里吐出个茶豆,给牛郎点点头,牛郎把茶豆种在门前,第二天出土了,第三天拖秧了,牛郎搭了个架子,没几天可把架子拖满了。老黄牛说:"如意啦,夜时藏在茶豆架下,能看到天上的姑娘们,天上的姑娘们也能看见你,谁要是向你偷看了七个夜晚,她就想做你的妻子。我拉着车儿带上你,把她娶下凡来,与你婚配。"

夜里,牛郎钻在茶豆架下向天上望,只见一群仙女在玉池里洗澡,临走时,一个仙女向下偷看他一眼。第二天夜里,只见那仙女独个来到玉池边,大着胆子看牛郎。第三天夜里,望着牛郎微微笑,第四天夜里向牛郎点头,第五天夜里端出一篮蚕,第六天夜里,偷出一架织布机,第七天夜里,拿着织布梭向牛郎招手。牛郎织女,一个在地上,一个在天上,眉来眼去七个夜晚,牛郎盼着织女下凡来,织女盼着牛郎快去娶。七月七那天,从天上飞下来只喜鹊,落在了老黄牛的头上,"喳喳喳"

地叫着:"织女差我来,叫你快去娶。快去娶,快去娶。"老黄牛向牛郎点点头,牛郎套上车坐上去。老黄牛四蹄腾空,一会儿来到了玉池。牛郎下车,和织女双双抬起织布机放在车上,织女拐着蚕篮子上了车,牛郎也跳上车和织女坐在一起,老黄牛踏云踩雾,四蹄翻飞,不一会可到了家。

乡亲们知道牛郎成了家,都来贺喜。织女把她带来的天蚕分给姐妹们,教大家养蚕、抽丝、织绸缎。

一传十、十传百,都知道牛郎娶了贤惠妻,能养蚕,会抽丝,织出的绸缎又光又明,好像鳞鳞闪闪的白河水;都说织女的织布机是从天上带来的,织出的绸缎做成衣,冬暖夏凉。这消息传了出去,引来了山南海北的丝绸商人,都来争购南阳绸。这一下轰动了白河两岸,伏牛山区的千家万户,都送自家的姑娘来学织。织女是个善良人,乐心教,来的来,去的去,川流不息,没二年,养蚕抽丝织绸缎,家家户户都会了。

第三年的七月七,织女一胎生了一男一女,男的起名叫金哥,女的起名玉妹。牛郎耕田,织女织布,小日子过得康乐和睦,姑娘小伙都很羡慕,问他们是怎样到一起的。牛郎指着茶豆架,说出了根根底底。茶豆熟了的时候,姑娘们、小伙们争着采摘,种到自家院里,也偷偷地钻到茶豆架下,向天上瞭望,小伙们盼着能见到一个偷看她的仙女,姑娘们盼望着能瞅见一个偷看她的仙童。年轻人一钻到茶豆架下,心里都是甜蜜蜜的。

又过了几年,那天,牛郎正在犁地,晴空响一阵雷,老黄牛站着了,望着牛郎流着泪说:"如意啦,我把织女拉下天,犯了天律。天鼓在响,我难活,我死后,王母娘娘准会来拆散您夫妻。你记着,把我剥剥,肉吃了能脱凡成仙,皮做双靴穿上能腾云登天。"老黄牛说罢,倒下死了。牛郎哭了一阵,就照着老黄牛的话做了。

七月七那天,牛郎正在锄地,金哥玉妹哭着跑来了。对他说,来了个老婆子,把妈妈从织布机上拉跑了。牛郎忙把锄扔下,一手拉金哥,一手拉玉妹,腾空就追。眼看就要追上,王母娘娘拔下头上的金簪照脚下一划,滚滚滔滔的一条大河出现了。牛郎拉着金哥玉妹站在河边哭。金哥玉妹的嚎叫声惊动了玉帝,玉帝看一双孩子怪可怜的,就叫他们一家人每年七月七相会一次。

牛郎一家人不见了,人们觉着蹊跷,晚上就钻到茶豆架下向天上望,看见一条大河,汹浪滚滚,织女站在河那边哭,牛郎拉着金哥玉妹在河这边哭。人们明白了,擦着泪走出茶豆架,向天空望去,发现繁星闪烁的天空多了一条又宽又长的银带,就叫它天河。天河的一边多了一颗星,另一边多了三颗星,就叫织女牛郎星、金哥玉妹星。人们想念牛郎织女,每天晚上总要钻到茶豆架下望一望,望到七月七那夜,突然看见满天喜鹊向天河扑去,互相咬着尾巴,搭起一座鹊桥。牛郎拉着一双儿女上桥了,织女上桥了,在鹊桥的中间一家人相会了。人们也随着欢喜了,互相谈论着七夕会的事。

牛郎织女虽然登天了,可给人们留下了难忘的天蚕、织布机,世世代代养蚕抽丝织绸缎。用织女的织布机织出的南阳绸细密闪光,畅销九州。随着南阳绸的远销,也把这牛郎织女的故事传到各地。每到七月七的晚上,人们都想起了牛郎织女,传说着他们的故事,还有些好奇的男女,藏在茶豆架下望着天,偷看牛郎会织女。

图 17.425.1　南阳牛郎织女传说"桑林"标志碑(大象出版社《中原记忆》)

【文献选录】

七月七日,其夜洒扫于庭,露施几筵,设酒脯时果,散香粉于筵上,以祀河鼓、织女,言此二星神当会。守夜者咸怀私愿,咸云:见天汉中有奕奕白气,有耀五色,有此为征应者便拜而愿,乞富乞寿,无子乞子,唯得乞一,不得兼求,三年乃得言之,颇有受其祚者。

《风土记》

【点评】

此篇为不同的采录者的同一神话而不同名称的文稿。

本篇有明显的作家创作成分。如：①将"牛盗五谷"与牛女神话复合；②环境描述过于细腻；③织女向牛郎一连望了七夜；④牛郎饲养黄牛的细致描述等等。虽然很生动，却与口头讲述方式有差距，有加工的痕迹。渲染南阳丝绸的技巧、授徒、传播、畅销九州等内容，似为多余的尾巴。

其中关于"牛女"遗俗应属附加的印证资料，不宜融入"牛女"神话本体。

426. 牵牛星和织女星［桐柏县］

天河的东南岸上有一个最漂亮的星叫牵牛星。牵牛星两边有两个不太亮的小星，叫儿女星。离牵牛星远的地方有颗比较亮的星叫溜子星。天河西北岸有一颗最亮的星叫织女星。一边还有个梭头星。天上为啥有这几颗星呢？这还要从地上的牛郎织女说起。

牛郎从小就跟着哥嫂放牛，取名牛郎。他的嫂子总是不让牛郎吃饱穿暖。牛郎任凭挨饿，找野果吃，也要把牛放得饱饱的。

一天，牛郎喝罢稀菜汤，刚走到坡脚，老黄牛就挣着回家。牛郎不知为啥，只好依从，回家一看，嫂子正在烙油馍吃哩！嫂子觉得难看，就骂了一顿。牛郎还没弄清咋回事哩，嫂子就把碗摔在他脸上，牛郎拉着老黄牛边走边哭，老黄牛轻轻地舔着牛郎的手臂，还瞪着眼拐回头望着。

有一天，嫂子笑盈盈地端着一碗热气腾腾的鸡蛋花儿面条走进牛屋。她说："兄弟！以前嫂子有对不起你的地方，你别生气。眼看你也大了，我能光对你不好吗！哈！快把这碗饭喝了好去放牛。"牛郎是个老实孩儿，听到嫂子这话，把过去的气消完了，伸手去接。老黄牛挣开笼头，一下子拱掉了面条碗，面条洒了一地。嫂子气得大骂，又在牛槽边取出了一条大棍，想使使厉害，老黄牛瞪着眼朝她扑去，她才放下棍子跑了。牛郎把老黄牛拦住，老黄牛说起话来："牛郎啊！这面条里有毒药！你看！"牛郎一看，两只啄了面条的母鸡，扑棱几下死了。牛郎说："老黄，我的老黄哥呀！"老黄牛说："你嫂子存心害你，你躲过初一，躲不过十五。事情到了这一步，那女人一会儿就来给你分家，她说咋分，你就说中，分家后往南走上一天，晚上就有安家处了。"

过了一会儿,嫂子真给牛郎分家来了。牛郎按老黄牛的话,听嫂子铺摆。嫂子说:"老的(老的:指父母)死的时候也没留下啥财产,俺把你养活这么大,按讲说,你净人出去就行。嫂子咋忍心呢!您哥俩总是一个奶头吊大的嘛!给你头牛总行吧!"其实,她是害怕这头牛,才把它分给牛郎。牛郎二话没说,牵着老黄牛往南走了。

走啊走啊,一直走到太阳落山。他俩来到了一个背靠大山的小村,牛郎前去借宿。村上一位老头说,山那边竹园里有两间新房子是自己看竹竿住的,里面常闹鬼,没人敢住。黄牛点点头,牛郎就谢过老头,牵着牛进去住了。半夜,屋里有一道星光,一个身高头大的人把门踢开了。老黄牛窜上去,把那人抵倒,那人一倒,门前有一堆银子,那个身高头大的人是看银子的山神啊!

牛郎得了银子,一半买了这两间房子,一半置了几亩地,春种秋收,过起了好日子。

一天,老黄牛对牛郎说:"你也不小了,咋不娶一个妻子过日子呀!"牛郎说:"牛大哥咋和我开起玩笑了,咱是个庄稼人,笨手笨脚的,谁跟咱?"老黄牛说:"后山大水潭,有一群仙女在洗澡,你去把潭边的一条红裙子拿在手里。"老黄牛又耳语一阵子,他俩就往山后走去。

来到山后潭边,真见一群年轻漂亮的姑娘在潭里玩水。潭边石板上放着一堆衣裙,牛郎把那件最红最鲜的裙子拿着,躲进树丛里,又用力咳嗽了两声,那群洗澡的姑娘一听有人来,赶忙穿衣系裙,轻飘飘地离开大地,腾云走了。水池边留下一个非常俊美的姑娘,着急得乱叫:"我的裙子呢,我的裙子呢?"牛郎从树林里走出来,说:"大姐,裙子在这里!"这姑娘叫织女,是王母娘娘的仆女,专给老天爷织绣衣裳。织女羞得满脸通红地说:"大哥,我离开了裙子,咋回家呀?"据说仙女离开了裙子,就不能起风驾云。牛郎不管这话,抱着裙子往家跑。织女只好跟在后边。就这样,在黄牛的说合下,牛郎和织女结了婚,成了夫妻。男耕女织,勤勤俭俭,日子非常甜蜜。牛大哥呢,整天掉泪,牛郎给他端来了绿豆汤,它连闻也不闻,牛郎急得问它是咋回事儿,老牛才慢吞吞地说:"我本来是天上的力神,为人间挪了几架山,触犯了天规,被贬成牛。我又让织女你俩成了亲,老天爷非处死我不中。我死后,你把我的肉挂在树上喂喜鹊,它们是我的朋友,你再把我的皮剥下,做一双靴子,里边儿放一把青草,穿上就能腾云驾雾。"黄牛说罢,长出一口气,死了。牛郎和织女痛哭不止,又烧香又烧纸供祭一番,按照牛大哥嘱咐,把牛皮做了靴,把肉挂在树上喂喜鹊。

一晃三年,织女生了两个孩子,一男一女可喜人啦。

一天,牛郎正在地里干活儿,听见"轰隆隆"一阵响雷,接着就是乌云。云越来越低,连房顶上都是昏昏沉沉的,他觉得蹊跷,回家一看,王母娘娘拉着织女往外拽,织女坠着身子不走,两个孩子拽着织女的衣裙哭叫着,牛郎把锄头往地上一捣,说:"干啥呀?"王母说:"我是天上王母!从西天归来,顺路拿她服罪!"牛郎直跺脚:"不行!不行!放下她,放下她!"王母抓起织女,一阵风上天了。

牛郎想起黄牛临死的嘱咐,忙从屋里找出那双靴子穿上,身子轻得像燕子,一步迈到半空云里了。两个孩子见妈妈走了,爹也走了,就哇哇哭得更厉害了,牛郎忙拐回把两个孩子放进两个篓儿里,抽根扁担一挑,脚一蹬,离开了地面,追织女去了。

追啊,追啊,透过云缝儿看见了王母和织女。王母往前拉,织女向后挣,还向后望着。

牛郎牙一咬,步子更大了,王母娘娘见牛郎要追上,忙从发髻上取出一枝金簪一划,一条茫茫大河,拦住了牛郎。牛郎想从河面上跑过去,干蹬起不来劲儿。他走时太慌,没顾得上往靴子里放把青草。牛郎没力气了,游过河吧,又不会游。他一急,见竹篓里放一个牛梭头,拿着就使劲朝织女扔!牛梭头不偏不斜落在织女身边,牛郎大声哭喊:"看见梭头别忘我!"织女忙从袖子里取出织布溜子扔向牛郎。还说:"每月初七来看你!"织女的手不准,织布溜子落在离牛郎很远的地方。牛郎只招呼接织布溜子把每月初七听成了七月初七了。

现在,天上的牵牛星、织女星、牛梭头星和溜子星就是牛郎追赶织女时互相赠的物变成的。牵牛星一边儿还有两个小星星,那是织女的一双儿女呀!

讲述人:黄发美,桐柏县固县镇黄畈村农民
采录人:黄正明
采录整理:薛远增

【点评】

本篇是流传在河南桐柏县的关于"牛女"神话遗存的珍品。它保存的口承形态比较原始。其中除与同类作品大体相近以外,主要有以下特点:①两兄弟之间的经济冲突尖锐,嫂子谋害牛郎无情。②牛保护牛郎,顶撞嫂子,嫂子提出分家,把牛分给弟弟。③牛让牛郎得妻的"天鹅处女"型,取红裙(也有翠绿裙)。④牛让牛郎在它死后,肉喂喜鹊,皮做靴子,里面放青草,可登天。⑤织女恋念丈夫、子女,挣扎不愿离去。⑥牛女二人互投牛梭头、织布溜子,忙中听成七月七相见。⑧星相群体形成。

总之,本篇别具特色,有研究价值。

值得注意的是:①从嫂子害弟,争夺财产的激烈程度来看,应是私有制发展之后的人际观念的反映。②黄牛维护弱弟的利益尽力尽心。③牛郎穿牛皮鞋,里面放青草即可登天的巫术力量,全由神牛的特殊作用。神牛因在人间为百姓搬了几架山,又让织女下凡嫁给牛郎,犯了天规要受惩处。其中王母维护神国尊严,不遗余力;神牛维护人间利益的二元对立观念,也十分明显。社会矛盾发展的规律如此。④决定牛女相会的时间,已看出织女的自主意识已经自觉醒悟。⑤二人投物非恨而是真情,大可注意。

427. 天　河 [桐柏县]

天上有个仙姑叫织女。她想到人间散散心、解解闷,就偷偷儿下凡去了。

从天上跑到地上,找了一个僻静的水潭,洗呀,洗呀! 正洗得痛快哩,冷不防过来一个叫牛郎的小伙子,拿着织女的衣裳就跑,织女可作起难。撵吧,金枝玉叶这样赤皮露肉的怪不好意思;不撵吧,咋好不穿衣裳回天宫呢! 前想想,后想想,没一点儿主意,她捂住脸哭起来了。

这一哭不打紧,牛郎的心软了。他想:自己太不应该了,把一个姑娘逼得直哭,外人知道了会咋说哩! 跑有半里多路又拐了回来。

织女一见牛郎又拐了回来,哭得更痛了。牛郎低着头:"别哭了! 怨我不对。我不是家穷嘛! 想讨你做我老婆啊!"牛郎说罢把衣裳往织女跟前一放就走。

织女看牛郎这人怪实诚,怪善良,长得也怪结实,就擦擦眼泪:"事儿已经这样了,我只有跟你一块回家吧!"

牛郎把织女领回家里,当天拜堂,结为夫妻了。

三年过去了。牛郎织女男耕女织,处得特别好,有了一男一女两个小孩儿了。这一天,牛郎在外边干活,织女正在屋里织布,外边儿起了大风,一块黑云遮住了天,云头上站着一个龇牙咧嘴的天神,说:"织女,老天爷叫你赶快回去,要不,把你们全家人全劈死!"

原来老天爷在天上一连打了三个喷嚏,掐指一算,知道织女偷偷下凡三天了(天宫的一天就是人间的一年)就命电母拿她回去。

电母一说,织女又哭着说:"老母啊,你抬抬手吧,我一走,这俩孩子撇得可怜呀!"电母说:"不行不行! 老天爷怪罪我了咋办! 你再恋他们,耽误了我向老天爷交旨,我就放电,劈他们了!"说着,拉起织女就走。

俩小孩儿舞乍着小手儿,"妈呀,妈呀"地喊起来。

牛郎跑回来一瞅织女要走,慌得把俩孩儿往怀里一搂,咬一咬牙,"蹭"地一声跳上了电母踩的那块儿云彩上。

电母抻手要打牛郎,牛郎说:"老天爷,你别打,我给你磕头拿菜瓜,我抱俩娃娃送她妈!"电母哼一声,拉着织女就走,一气儿到了南天门。

织女知道,要是牛郎进了南天门,老天爷非处死他不可,连孩子也保不住,织女说:"娃他爹,回去吧!好好照看俩娃儿!"

牛郎硬是不拐回去,织女很作难。不叫他们进南天门吧,他不听话;叫他进南天门吧,这一家四口一个也别打算活了。织女一急,从袖子里摸出个织布梭子,往牛郎身边一扔,说:"用这个梭子哄哄孩儿们!"

她故意把梭子扔得老远,趁牛郎转身捡梭子时,拔下头上的金簪,在身后一划,成了一条大河,把牛郎和孩子们隔在了河那边。

就这样,南天门前有一条又宽又长的天河。

讲述人:周贤有,男,桐柏鸿仪河乡仓房村人
采录整理:周君立
采录时间:1985年5月1日

【点评】

本篇是流传在河南桐柏县的关于"牛女"神话遗存的一种异态,有研究价值。

其主要特点:①与黄牛的相助无关。②与"两兄弟型"无关。③牛郎得妻,是因为织女要下凡游玩,在潭里洗澡,属"天鹅处女型"。④织女与牛郎情深。⑤天帝掐指算出织女下凡,派"电母捉织女",牛郎跳上电母的云彩追织女。⑥织女怕牛郎与子女进天门后,都活不成,假借扔织布梭子,让牛郎哄孩子玩。后用簪子划天河。⑦此篇无七月七日相会情节。

总之,本篇属"牛女"神话中少见的异态,有一定研究价值。这是口头传承过程中,结合不同地区,经常出现的现象。当然,其内涵自然也不尽相同。

428. 意儿与仙女[桐柏县]

意儿很小的时候,爹妈就死了,他跟着哥嫂过日子。

哥嫂有一头老黄牛,意儿就成天到山上放牛。他长到十二岁时,嫂子想害死

他,她独霸家产。

一天,老黄牛对意儿说:"意儿啊,你嫂子在屋包饺子哩,我在山上等着,你好回去吃。放到锅台上那一碗你别吃,你嫂子想害你哩。里头包的是扎花针,你端着去把它埋了,你嫂子给你盛第二碗了你再吃。"

意儿说:"中啊。"

意儿到家后,他嫂子就说:"锅台上有碗饺子你先端去吃吧。"

意儿也没吭气,端出去埋了。嫂子给他盛第二碗他才吃。

过了些时间,老黄牛又对意儿说:"意儿啊,你嫂子又在屋里包饺子哩。第一碗包的是毒药,在锅台上放着哩,你端去倒给老黄狗吃。等狗死了,你就叫你舅来分家。分家时,你要我,要绳索犁耙,要屋里的破车和你妈留下的那个老板箱,别的啥也别要。"

意儿说:"中啊。"

意儿一进屋,他嫂子就说:"意儿啊,锅台上有碗饺子,你先端去吃吧。"意儿没吭气,端出去倒给了老黄狗,狗吃完饺子,不一会儿死了。

老黄狗一死,意儿就去把他舅叫来分家。他舅说:"意儿小,让意儿先要吧。"意儿说:"我要老黄牛,要绳索犁耙,要烂破车,还要俺妈的老板箱,别的,啥也不要了。"他哥嫂一听,都是老掉牙的破东西,就同意了。

分完家,老黄牛对意儿说:"意儿啊,你把我套到车上,把绳索犁耙、老板箱也放车上,你坐上,我拉着你走,走到哪儿,哪儿就是你的家。"

意儿照老黄牛说的,把分的东西都放在车上,老黄牛就拉着走。

天快黑了,老黄牛还不停地走。意儿害怕,坐车上哭起来。前头有个小村庄,老黄牛说:"意儿啊!别哭了。咱们到前头去看看有没有闲房子住。"

走到村头一看,正好有间闲房子。老黄牛站在那儿不走了。意儿就把东西拿进屋里。这时,过来一个放牛老头,看意儿在往屋里搬东西,就说:"孩子,你别住这儿,这个房子盖起来,就住不成人,晚上住这儿,第二天早上就没有了。"

老黄牛还是站着不动。意儿一看老黄牛不动,就在屋里铺个床睡了。半夜里,来了一对水狮子要吃意儿,老黄牛跑上去牴氏牴氏糙糙。水狮子不见了。一会儿,又来了一对火狮子要吃意儿,老黄牛跑上去牴氏牴氏糙糙,火狮子不见了。

第二天早上,老黄牛让意儿在地上挖,在水狮子出现的地方挖一缸银子,在火狮子出现的地方挖一缸金子。

放牛老头早晨拾粪,想看看昨晚住这儿的人还在不在。一看,意儿正在挖金子、银子。意儿说:"老大伯,你拣一箩筐去。"

拾粪老头说:"俺不要,这是你的福。"意儿非叫老头拿金银不可,老汉只好拿了一点儿。又对意儿说:"南河滩里有一块荒地,你去犁犁好种粮食,以后就住这儿吧。"

意儿把老黄牛套上,到南河把荒地犁了犁,种上庄稼,在这儿安了家。

意儿长到十八岁的一天,他正犁地,老黄牛说:"意儿啊,你要是想娶媳妇,明天多穿条裤子,晌午别回去。天上的仙女要下来洗澡,裤子都脱到河沿上,你拣一条最红的藏起来。裤子越红越年轻,谁要来问你,你就把你穿的脱一条给她,她就和你成亲了。"

第二天,意儿穿两条裤子往南河去了。正晌午,仙女们真到南河洗澡来了。意儿拣了一条最红的裤子,包个石头,仍到井里了。

仙女们洗完澡,都上天了。剩下一个仙女找不着裤子。她看到意儿在犁地,就上前问:"犁地的大哥,你看见我的裤子没有?"

意儿说:"我没看见你的裤子。我穿的裤子多,脱给你一条,你先穿着吧。"

仙女没办法,只好穿了。意儿对她说:"你别走了,和我过日子吧。"

仙女说:"张铁匠,李铁匠,没有媒人不成当。"

意儿说:"张大哥,李大哥,没有媒人咱自己说。"

仙女就和意儿成了亲。老黄牛老了,快要死了。它对意儿说:"意儿啊,我死了你可别吃我的肉,把肉埋了。皮剥下来做一双靴,剩下的糊到你妈的老板箱上。你媳妇啥时走了。你就穿上靴,骑上老板箱撵她。"

没多长时间,老黄牛就死了。意儿就把肉埋了,皮剥下来做了一双靴,剩下的糊到了老板箱上。

过了几年,仙女生了一双儿女。有一天,意儿去吃酒席,喝醉了。回到屋里叫仙女给他烧茶喝。仙女说:"你先说你把我的裤子弄哪儿了,再给你烧。"

意儿说:"我把它包个石头扔到井里了。你好烧茶,我给你捞去。"

意儿拿根竹竿到井上捞裤子。仙女把茶烧好,也来到井边,见意儿还没捞上来。仙女说:"你回家喝茶去吧,我自己捞。"

仙女把裤子捞上来,裤子沤糟了。她拍成片搭在肩头,上天了。

意儿喝完茶跑到井边一看,仙女上天了。他慌忙穿上皮靴,骑上老板箱,把男孩放到后头,女孩放到前头,上天去撵。眼看快要撵上了,仙女取下头上的金簪划了一条河,把意儿父子仨隔到了河这岸。打那天起,意儿就在河这岸耕地。仙女在河那岸织布,王母娘娘知道后,让他们每年七月七见一次面。

七月七,所有的喜鹊都到天河去搭桥,让意儿和仙女从它们头上走过。七月七以后,人们看到喜鹊头上都没毛,就是意儿和仙女见面时踩掉了。

讲述人:刘英元,女,54岁,文盲,桐柏城关镇南街人
采录整理:张明芝

【点评】

　　本篇是流传在河南桐柏县的关于"牛郎织女"神话遗存中罕见的珍品,它对研究该神话的文化价值极高。

　　其中突出的特色表现为:①它是全省普遍流传的典型牛女神话,可谓家喻户晓。②牛与牛郎的关系,表现中原农业文化中牛的特殊重要地位。牛要牛郎在分家时要牛、犁耙、绳索、破车和破板箱,正是发展农业的必要条件。③牛郎屡受嫂子虐待、谋害,是牛助他战胜对方,是私有制社会兄嫂争夺财产的写照。④牛郎落户的地方复合了"鬼狐精怪"为他看房子,变金银的情节,有保护弱者的社会舆论作用。水狮子变银,火狮子变金,幻想意象优美、神奇。一切由神牛相助。⑤牛郎得妻与"天鹅处女型"复合。这是普遍的贫弱者在故事中的奇遇,代表民意。⑥牛郎虽有了金银,但仍不失农民耕种本色。⑦牛女结婚,织女要媒人,说:"张铁匠、李铁匠,没有媒人不成当。"牛郎说:"张大哥,李大哥,没有媒人自己说。"这是稀见的自主婚姻的典型婚俗,意义深远。⑧织女划银河后,牛郎在河岸这边耕地,织女在河对岸织布,各守本分。王母同情,让二人七月七会面。喜鹊架桥,头掉毛,是牛女踩的。保存了古老的原始情节,更重要的是进一步世俗化了。

429. 牛郎织女的故事 [豫中一带]

　　很久以前,有一家兄弟俩,父母相继去世,家有几十亩田地,房屋、牲口、农具也样样齐全。哥哥心地善良,老实能干;嫂子王氏也很贤惠,料理家务,纺纱织布,样样也都在行。当时,弟弟才九岁,干不了啥农活,就天天牵着家里那头大黄牛,在西山一边放牧,一边割草,到了晚上,就背着草牵着牛回家。为此,村里人见面都叫他"牛郎"。

　　转眼七八年过去了,牛郎渐渐长大,成了个身强力壮的小伙子。他干活非常勤快,又很尊敬哥嫂。王氏这些年来,对牛郎以嫂比母,做吃做穿,照顾哩也很好。这时,她看牛郎已长大成人,就起了多占家产的算盘。心想:"牛郎要娶媳妇了,花钱赔东西让他占光,娶过媳妇又该生孩子,这一来,不几年就会添几张嘴吃饭,折腾穷了再分家,兄弟俩还是各自一半,不如霸拦一些东西趁早分开。"这一想,她就看牛郎不顺眼了。她让牛郎吃剩饭,穿破衣,烂鞋子露着脚趾头,终天比鸡骂狗,给牛郎白眼。牛郎忍气吞声地在地里干活,她就在家和丈夫吵架,说了牛郎很多坏话,逼着丈夫和牛郎分家。哥哥没法,就跟牛郎说:"弟弟,你也长大了,我这一窝子孩子,连累你吃亏干重活。不如咱弟兄俩就此分开锅,你也可以攒点钱娶来弟媳成个家。这都是为你好,你看中不中?"牛郎一听,心里很难受,就说:"哥哥咋说这话呢?我从小靠哥照料长大,嫂子给我做吃做穿,我情愿一辈子跟着哥嫂过活。"说着说着,泪就流下来了。哥哥说:"哎!你没看你嫂子那小心眼!终天给我气生,我看这个家是捆不到一起了,你还是早打算吧,我当哥的对不住你!"说着,哥哥也掉下了眼泪。

牛郎牵着牛到田里耕地,心里想着要和哥哥分家的事,以后吃穿就没人管他了。越想越伤心,不由地哭了起来,哭着说着:"老天爷,我可咋办哩?"话音刚落,只听得有人接着说:"牛郎,别上愁,我有办法。"牛郎吃了一惊,不哭了。他向四周看了看,也没一个人影,心里越发奇怪。正在这时,又听见说:"叫分家你就答应分吧。"牛郎回头一看,是黄牛在给自己说话。他又惊又喜,连忙说:"黄牛,这么多年,咱俩形影不离,我还不知道你会说话哩。你说我该咋办呢?""这没有啥,你分家啥也别要,就要我和咱家那辆破车,再带点干活用的东西。你坐上车,闭上眼,我把你拉到一个好地方去。"牛郎一听,有了主心骨,就说:"中,中。"

这天,牛郎把分家的事给哥嫂说了,嫂子一听,喜欢迷了,心想:"放着田产、地宅不要,一头老牛一辆破车算啥,给他。"天到午时,牛郎套上黄牛,闭上眼睛,坐在车上走了。走着走着,好像上大坡一样,车子离开地面,飞起来了。

牛郎听见黄牛说:"牛郎,睁开眼吧。"他睁眼一看,车子停在一个小山坡前。山上苍松翠柏,果香飘荡,到处是叫不出名的鲜花,一朵比一朵好看。山东是一马平川,黑土肥得流油,五谷和野草杂生。牛郎高兴极了,他选择了一个背风向阳的地方,搬石运土,伐木割草,盖起了一所房子。从此,牛郎和黄牛一起,开荒种地,有吃有喝,生活过得很舒心。

日子一长,牛郎又觉得烦闷起来,黄牛看出他的心思,就对牛郎说:"牛郎,你该娶房媳妇了。"牛郎无精打采地说:"老黄牛,这里就咱俩,向哪娶个媳妇呀?""嗨!你不要愁嘛,山那边有个天湖,今天中午正好玉帝的女儿都到这湖里洗澡,咱俩偷偷到岸边拿一件翠绿色的衣裙,就是七仙子织女的衣服,你往怀里一揣,就赶紧跑回家,藏在我的卧铺墙角。只要不给她衣服,她就永远走不了,你记住了吗?""记住了。"

牛郎和黄牛来到湖边,七个仙女水灵灵的,果然在湖中洗澡,岸边堆着五颜六色的彩裙。牛郎跑上去拿起那件翠绿色的,向怀里一塞,拔脚向家跑去。众仙女吓得慌忙上岸来,穿上衣服跑走了。织女发现偷了她的衣服,也顾不得羞耻,快步向牛郎赶去。牛郎到了家里,赶紧把翠裙藏在牛铺墙角,黄牛脚跟脚也到了屋里,它"噗喇"一声,屙了一脖稀屎,把衣裙盖得严严实实。织女赶到屋里,东找西寻,见不到衣服,上不了天,没奈何,只好和牛郎成了婚。

自从牛郎和织女成家以后，牛郎和黄牛辛勤耕作，粮食大囤满，小囤流，织女手巧心灵，养蚕抽丝，纺线织锦，五年当中，生了一男一女，全家连黄牛算上五口，吃得香，穿得光，日子过得实在舒坦。

到了十年头上，老黄牛病了，草料不搭牙，一天不如一天。这天，牛郎牵它到野外转悠转悠，老黄牛看跟前无人，就对牛郎说："牛郎，我给你交代个事。"牛郎说："你说吧，我听着哩。""我这次得病是不会好了。"牛郎一听，顿时泪流满面，哭了起来，黄牛安慰他说："不要哭了，这是天数。我死了以后，你把我剥成筒皮，晒干安置起来，遇到急事，照样可以拖着你跑。"牛郎哭着点了点头。

黄牛死了以后，牛郎就按它的嘱托，剥了牛皮，把尸骨埋在房前左侧，天天祭祀祷告。不知不觉又三年过去了。织女别家也已经十三年了，她非常想念王母娘娘，但又回不了家，就对牛郎说："我的衣服你到底给藏哪啦？给我拿出来吧。"牛郎一听是要衣服，就说："你织的锦缎五颜六色，还要那件衣服干啥？""那是父王封赠的神仙裳，别的再好也比不上。再说，你也不必多心，孩子都这么大了，我还能跑吗？"牛郎一听，心想，男孩十一岁，女孩九岁了，她能忍心走了吗？就说："在牛铺墙角里，牛粪盖着哩。"织女听了，赶忙跑到牛铺一看，果真墙角一堆牛粪，她心疼极了，说："哎呀！你怎么这样糟践仙衣呢？八成沤坏了。"说着，伸手拨开牛粪，把衣服掂起来一抖，嗬，还是干干净净，鲜艳夺目。织女高兴透了，把衣服穿在身上，左看右看。织女想回天宫，明说了又怕牛郎不让她走。她不动声色，仍然上机织布。牛郎看织女又去织布了，也就放心地干活去了。

牛郎正在锄地，忽听一双儿女哭着喊妈妈，赶忙跑回家一看，见织女一人向天飞去。他心想：坏了！织女得了仙衣，要跑走了。他忽然想起黄牛临死前的嘱托，就马上用筐挑着两个孩子，骑上老牛皮追去。这黄牛皮驮着三口人飞了起来。追着追着，眼看赶上织女了，牛郎一时性急，取下三角牛索，向织女掷去，这一下正好打在织女的左脚上，痛得她走不动了。现在织女星旁边，有三颗小星，正好是三角牛索形。织女挺生气，就用织布梭子向牛郎扔过去，她没有准头儿，没有打着牛郎。现在天上牛郎星附近有一组梭子星。织布梭子没有打着牛郎，牛郎继续猛追，眼看追到跟前，织女一急，就又拔下头上玉簪划去，这一划顿时成了一条波浪翻滚的天河，牛郎骑着牛皮下水，牛皮一见水变软瘫了，从此，牛郎和织女就被隔在天河两岸。天河这边，牛郎星一边一颗小星，就是牛郎的一儿一女。

事后，王母娘娘来了，她责备牛郎说："织女被你抢亲成婚，十几年也算有情味了，可你总该让来看我一趟呀！你用牛索把她砸伤，也太过分了！这样吧，事已至此，今后你们每七天见一次面吧。"牛郎没听清楚，误为每年七月七这天见面。

据说，每年七月七这天，下界凡间的鸟类，都飞到天河搭桥，让牛郎织女走上去见面。两人想起十几年的恩爱，一见面抱头痛哭起来，只哭得天昏地暗，日月无光。

所以人间每逢七月七这天,总是乌云密布,淫雨绵绵,传说,那是牛郎织女的相思泪。

讲述人:蔡玉花,71岁,农民
采录整理:李新明

【点评】

本篇是流传在河南中部,关于"牛郎织女"神话遗存的珍品。它是此类神话中的重要代表类型之一,对研究远古社会和中原农耕文化及社会制度有重要价值。

其中涉及的问题:①原始的星相传说接近原始形态。②原始社会晚期,社会上已出现私有财产观念及为争夺财产而发生争斗的兄弟分家的事情。本篇是最早的"两兄弟型"故事的源头。③牛在农耕文化中起举足轻重的作用。它是农民的重要财富、支持者、家庭的组织者和安全的保卫者。④与"天鹅处女型"复合结构。⑤其中的"人神之间不共处"的观念很突出。牛郎是人,织女是神,始终织女不愿与牛郎结合。唯一的制约作用是她的衣服被牛和牛郎掌握,不能飞回天宫。即使二人结婚十三年后,生了子女,一旦得到仙衣,仍要飞回天宫。等牛郎快追上她时,她也要划银河隔断牛郎与孩子的追路。经王母同意二人相会,织女的夫妻、母子之情,才进入合理心态。⑥二人在银河两岸互掷的器物和孩子的身影才形成了星相的合理解释。这比文献记载已完整、复杂得多了。这应该是在长期演变中的规律所决定的。因此,它的时限应早些。⑦王母责备牛郎抢亲,十几年已该有亲情,不该投牛梭头砸伤织女。最后答应二人每七天见一次面,牛郎听成每年七月七见一次面。王母已极富于世俗同情心。⑧当时仍有"抢婚制"婚俗,值得注意。

430. 牛郎织女的来历[唐河县]

牛郎名印,年代不可考,是个父母早亡的孤儿,靠着兄嫂过活。他的兄嫂对他很刻薄,终日叫他在田间放牛。他放牛出去了,他们便在家做好东西吃,给他的只是粗茶淡饭。

牛郎放的是头老黄牛。这牛委实精灵,不独能说人话,且有"未卜先知"之能。它一算到牛郎的哥嫂在家做"巧嘴"(指特别好吃的饭或点心),便说:

"印呀!你嫂子在家吃鸡,你快回去吃点。"或说:

"卬呀！你嫂子在家包饺子呢，快回去吃！"牛郎依从它的忠告，总没落过空。

他的嫂子因为屡次失败，遂决计同他分家。老黄牛闻此消息，又偷偷地告诉牛郎说：

"他们要同你分家时，你什么都不用要，只要我同那辆破车。"

牛郎遵命，对他兄嫂提出分家的条件，他夫妇觉得这两件东西所值无多，都慨然允许了。

牛郎得到老黄牛和破车之后，便赶着车漫游各处。因为他的祖传的房产都被他哥嫂所得了。走来走去，走到一个地方，老黄牛忽然对他说：

"卬呀！离这里不远，有个池塘。那里有七个大闺女在洗澡。你快去，不论谁的衣服抱一套来。"

牛郎跑到池边，果见有七个大姑娘在池中洗澡。便照老牛的吩咐做了，并且将抱来的衣服藏在井中。

牛郎抱走这套衣服的主人，便是织女，她因失去衣服，不能回家，遂跟了牛郎来，同他结为夫妇。

年复一年，织女已生了两个儿子，老黄牛也死了。但在将死的时候，叮嘱牛郎说："她虽然已生了两个儿子，但她还没有和你一心，她若要她的衣服时候，可不要给她。再说我死后，你可用我的皮给你的孩子们和你自己各做双鞋。她要走时，你们可穿上皮鞋赶她。"

牛郎因为老黄牛的嘱咐在先，无论她怎样要衣服，总不给她，而且用老黄牛的皮做了三双鞋。一次，两次，牛郎被她缠不过，又想着她已有了两个儿子，总不至于一去不归，就将井中藏的衣服取出还她。她接到衣服，抖了抖披在身上，渐渐地离开地面。牛郎见此，知道不妙，忙取出黄牛皮鞋，父子三人穿上，拉着两个儿子赶将上去。一人前面走，三个后面赶，看看快赶上了，织女情急生智，忙取下簪子在地下一划，波浪汹涌，鱼龙出没，一水之间，竟隔断了这夫妻母子四人。

(选自《冯沅君文集》，申光亚供稿)

讲述人：吴清芝
采录人：冯沅君

【点评】

本篇是流传在唐河同题神话遗存的异文。情节基本相同，由于记录的语言有时夹带文言语词，与口承风格有一定距离，可作采录经验、教训的参考。

其中值得注意有以下几点：①牛郎分家只要牛和破车，与其他记录不同。②牛女婚后生了两个男孩，而不是一男一女。③黄牛嘱咐牛郎：织女有二心，不能把衣服给她。牛郎因她纠缠不休，以为有了孩子，不会走了，才把衣服给她，她穿上走了。属"织女飞逸型"。④没有七夕相会及星相出现情节。

431. 牛二九女的传说［内乡县］

从前，内乡城东二十里的灌张铺有兄弟俩，老二七岁时爹妈都死了，老大成了家。老二就整天放那头老黄牛，牛一边啃着，他一边薅着，夜里打完夜草，老牛卧下倒沫，眨着眼，扑扇着耳朵，呼呼直喷长气。老二摸摸牛角，拔拉拔拉牛脖子上的毛，弄着弄着就睡觉了。

就这样，老二和老牛黑夜白起在一堆儿，伴着它长大了，人们就叫他牛二，年年的犁耙耕种都是他俩的事儿。老大在铺上做了小生意，嫂子好吃懒做，不让牛二穿好的，也不让牛二吃好的，心里暗暗打着一个老算盘：不给老二娶媳妇，叫他一辈子给我大门当伙计，和老牛一样，到死为止。

有一天，犁地犁了半晌，老牛冷不丁地躺到地里，张着两眼直瞪瞪地看着牛二。牛二心里一软，眼泪就滴滴答答直往下掉，"牛大哥，你歇吧！你要有啥话就尽管说吧！""嗯，牛二"，老牛真的说话了，"我是天牛星被罚下凡，投胎到你们家。你嫂子心狠手辣，想独门霸产，你还不知道，你想成家吗？""想。""那你就跟他们分家，光要我就行。"

他嫂子一听说要分家，就慌了：按理来自己一半家产就没了！她就撒赖："牛二，别想鸡尿喝，除了那头牛，这家没你的！"牛二说："我就只要那头牛。"

牛二就和老牛一起到了里河边，老牛从嘴里吐出几颗蚕豆，他们就在那儿开始搭庵儿住下。有一天，老牛说："天帝的闺女们常下界在菊潭里洗澡，老是最后才走的那个是九女，粉红色裙衣是她的，你偷偷地把它拿走，让她做你老婆。"

牛二这样做了。一直玩到最后的九仙女发现自家的衣服没影了，就着急了：这光身子咋回去呀？这时牛二捧着衣服走到九女跟前说："你做我的老婆，我就把衣服给你。"九女羞答答地只好说："行。"

从此，牛二和九女就结成了夫妻。牛二耕地种田，九女纺花织布，自由自在，快快活活，九女也不想回天宫了。不知不觉两年过去了，他们有了一男一女，小家庭幸福美满着哩。

可有一天，老牛流着眼泪对牛二说："我的凡体快死了。我死后，你把我的皮晒干藏好，如遇到危难时，你把它披上。"话一落拍，老牛就伸腿了。

第三年,一天牛二正在干活,忽听俩娃直哭:"妈妈叫人抢走了。"轰轰隆隆,天像要塌一样,裂开了大缝,啊,九女被两天神驾着,就要入云了。他赶紧披上牛皮,担着俩娃,说,"牛大哥,你帮我一把呀"。"呼"地一下牛二也飘飘忽忽飞起来了,眼看就要追上,忽然一道金光划过,霎时,天河汹汹流过,牛二眼睁睁看着被隔开了……原来,王母娘娘发现九女一天没影,就让人去寻,原来是偷渡人间,就用金簪划开天河把牛二分开,只准一年的七月七于鹊桥相会。

在七月七夕,看天河,你看,岸边由四个星组成的像梭子样的跟起的那一明两暗的三颗星就是牛二和他们的俩娃,河对岸由三颗星组成的像牛索头似的跟前那一个亮闪闪的星是九女。据说,那梭子和牛索头是他们平时互相抛扔的情物。

讲述人:郑英贤,86岁,农民
采录人:罗荣显,河南大学中文系1986级2班学生
采录时间:1988年2月
流传地区:内乡县庙岗一带

【点评】

本篇是流传在河南内乡县的关于"牛女"的神话传说。它没有明显特色,与同类记录基本相同。

其中主要特点是:①牛郎嫂子对他灭门霸产的手段,描述具体。②分家时,牛提出要它就够了。③得九仙女在村里菊潭边。地点就在内乡。④织女被天将抓走时,天上裂了缝,有雷声。王母划河。⑤最后,牛女互掷情物(牛索头、织布梭子)及儿子都变成银河两岸星相,很完整。⑥喜鹊搭桥乃自然聚合,民意所归。

432. 银河的来历[邓州市]

放牛娃儿牛郎在家排行老小,爹、娘死的早,上面只有一个性情怯弱的哥哥和又恶又狠的嫂子。

嫂子对牛郎很不好,常常无端挑剔这,挑剔那,牛郎忍气吞声,呆呆地望着心爱的伙伴老牛直流泪。

牛郎一天天长大了。一天,牛郎又受了嫂子的气,站在老牛身边抚摸老牛的头流泪,老牛突然说话了:"牛娃儿,你想成家吗?"牛郎叹道:"上哪儿成呢。"老牛说:

"上天!"牛郎说:"咋上哩?"老牛说:"我不行了,我死了之后,你把我的肉埋了,用我的皮做成鞋子,你就可以上天。天上有个大坑,每天晚上王母娘娘的七个仙女都在那里洗澡,等她们下去洗时,你拿起一套衣服就走,她就是你将来的老婆。成了家后,你就和你哥们分开过。噢,你要记住,把她在天上的衣服藏在后院的井里,不要告诉她。"说罢,老牛大出两口气,死了。牛郎很是哭了一场。之后,按老牛说的法准备去了。

鞋子穿上了,等到天黑。牛郎脚往下一蹬,只觉得脚下生风,一会儿就到了天上。牛郎在天上走了没多大会儿,就在一个坑边驻了步,他正想是不是老牛所指的坑,只听远处有叽叽喳喳的说笑声,他回头一望,六七个仙女正朝这边过来,牛郎赶紧藏起来,等她们说笑着下到水里,牛郎拿起一件衣裳就走,仙女们顿时乱了起来,六个都上岸穿衣,一溜烟不见了。牛郎又往回走,脱下自己的衣服叫剩下的七仙女穿上,背上她下凡了。

话说牛郎与七仙女成家之后,把七仙女的衣裳藏在老井里,替她换上一般的衣服,就遵照老牛的吩咐另立了门户。

一转眼两年过去,牛郎已经有了一男一女,七仙女织布,牛郎种地,日子过得蛮不错。

再说王母娘娘自从丢掉自己的女儿之后,一直在打听和探视,这天终于看到自己的女儿,抓住她就走。牛郎在屋后地里干活儿,一看不妙,就赶紧跑回去,穿上牛皮鞋,弄个扁担,两头绑两个筐,把一男一女放进筐里,直追赶她们。一男一女一边哭,牛郎一边叫,七仙女一边挣扎,眼看快要追上,王母娘娘赶紧从头上拔下金簪子在脚下一划,滚滚滔滔的大河出现了。

现在,你从地上还能看到这条河呢。这就是现在的银河。

讲述人:闻林青,78岁,农民
采录整理:闻达
采录时间:1989年春节
采录地点:邓州市罗庄马岗村

【点评】

本篇是流传在邓县的关于"牛女"的神话遗存。它比较接近口承原形。
其中,主要特点是:①从全篇看,与同类记录大致相同。②牛郎嫂子施虐不具体。牛让牛郎先在它死后,穿上牛皮鞋去天上背下王母的小女儿成了亲,然后与哥嫂分家。这一情节是所有"牛女"神话中所没有的。③织女与牛郎情真,不愿离去。王母抓她时,仍挣扎回头望牛郎。属"王母抓织女型"。④牛郎追妻是二次登天,都与其他记录不同。⑤无七月七日相会及星相形成的说法。

总之,本篇是独具特色的口头传说,有地方特色。

433. 井星为啥有缺口[镇平县]

晴天的夜里,一抬头就会看到头顶的天空有一圈星星。这个星圈,有个缺口,在星圈中间还有颗星星,这就是井星。为啥井星有个缺口,里边有颗星星呢?这里还有个动人的传说哩!

相传,王母娘娘的外孙女织女,私自下凡同牛郎结婚,王母娘娘认为织女败坏门风,大逆不道,派天神把织女抓回天宫。这件事让织女的妹妹小二姐知道了,觉得外婆是狗咬耗子——多管闲事,拆散姐姐好姻缘,使姐姐夫妻不能相聚,母子难以团圆,害得姐姐整日泪水洗面,真真可恶之极!小二姐越想越气,越气越恼。

这天,王母娘娘正在瑶池大会群神,小二姐风风火火地冲进城池,找外婆辩理。王母娘娘见外孙女竟敢当着众神顶撞自己,觉得有失尊严,把个老太婆气得七魂出窍,即传旨:小二姐触犯天规,罚其今后每日担水百担浇花——少担一担水,打她两百钢鞭。尽管太上老君、太白金星等诸神替小二姐讲情,王母娘娘一点也不心软。

小二姐性情刚烈,麦秸火性儿——一燃就着,在天上是位出名的辣姑娘。她被王母娘娘这样刁难,只气得柳眉倒竖,杏眼圆睁,心想:外婆无情,休怪外孙女无义——嘿嘿,我叫你哭都哭不出眼泪。

原来小二姐自幼舞剑弄棒,且又天资聪慧,托塔李天王夫妇非常喜欢她,就认她作了干女儿。小二姐跟着干爹用心习武,长进很快。李天王曾给小二姐传授一手绝技:跺脚山倒,伸腿地摇。

第二天早上,小二姐担起水桶,来到十二块金砖砌成的井边,只见她"咚"的一声,一脚把井口的一块金砖蹬到井里。护井神见此情景,跟头流水地跑去向王母娘娘禀报。王母娘娘这才想起小二姐不像织女那样好欺侮。正在左右为难,这时和事佬太白金星出来打了圆场:"请娘娘速速收回成命,惹恼了辣姑娘,别想安宁——她能使天宫梁倾柱折,神仰仙翻。"王母娘娘只得收回成命,小二姐不再担水了。

从此,天上井星就有了缺口。每当人们看到这颗井星,老奶奶就会向孙孙讲起小二姐担水的故事。

讲述人:马宗芳

采录人：刘筱芬
采录时间：1986年10月
采录地点：镇平县王岗乡姑坡村

【点评】

本篇是流传在河南镇平县的关于"牛女"神话衍化的星相传闻，而非"牛女"神话本体。王母外孙小二姐，为替织女姐姐打抱不平，凭一腔正义激情和身上的武艺，终于在和王母的辩理和受罚担水时，踏掉井口一块金砖，使之掉入井中，从此折服了王母。

此类作品对研究神话演变规律，有一定参考价值。

434．牛郎织女后传［遂平县］

传说，王母娘娘把牛郎和织女分居在河两岸，但是，没过多久，牛郎和织女就又居住在一起生活。这事时隔不久，就让王母娘娘知道了。于是，便把织女又弄到天河另一岸，让她变成一座山，也把牛郎变做一座山，并且叫来一个老猴子说：

"你在这看守好他们。如果他们再在一起生活，我把你杀了。"王母娘娘恶狠狠地说完就走了。

再说这个老猴子心地善良。他不愿把这对夫妇分居在银河两岸。但是，又不能把银河水挡住。这个心地善良的老猴子想了几天，最后，他终于想出了一个好办法。

有一天晚上，他对织女说："从今往后，你们夫妇在夜晚相会。但在天亮之前，一定回到原来的位置。"织女听了非常感动。她说："老爹，我们一见面，就会把银河水挡住，水一上涨。让巡官知道了，报给王母娘娘该怎么办呢？"

老猴子说："不要紧，我已经想好了。快去告知牛郎说，每天晚上见面，天亮必须回到原来的地方。"

"那就谢谢您了，老爹！"织女说完，立即向牛郎奔去。

两座大山慢慢地合拢了，挡住了银河，水往上涨。这时，只见老猴子站在水边，吸了满满一肚子水，翻到山那边再把水吐出来，又赶紧翻过去吸水，再翻过来把水吐出。就这样，保证了银河水的流淌。

这样，一年过去了，无事。俗话说，没有不透风的墙，这件事还是让王母娘娘知道了。

这天,她领了一帮文臣武将来到银河岸边,随之叫来老猴子说:"为什么夜间你让牛郎、织女在一起,这件事已经有人告知我了。"

老猴子也不还嘴,站着一动不动。

"来呀!把老猴子给我杀了。再用两根铁锁链把牛郎、织女分别定在河的两岸。"武将们"嗷"了一声,照王母娘娘的吩咐去办。但是,经过织女的抗争,王母娘娘拗不过她,就规定他们每月初七晚上见面。可是,织女太激动了,把每月初七错听成了七月七日晚上相会。于是,从那往后,每年的七月七日,很少见到鸟。它们都去为牛郎、织女搭鹊桥去了,你若站在葡萄架下,还能听到他们在窃窃私语、亲密的谈话呢。

讲述人:李文志,男,47岁,汉族,初中毕业,和兴乡钟庄村医生
采录人:李春生,和兴高中学生
采录时间:1987年10月
采录地点:和兴乡钟庄
流传地区:遂平西部、北部、东部一带

【点评】

本篇是流传在河南遂平县的关于"牛女"神话演义式的传说,已非原神话本体,可作研究参考。

其中主要通过天宫老猴子的协助,让牛女每天夜间相会。王母要杀老猴子,但猴子不语。王母终无法拗过外孙女织女,只好让每月的七日相会。织女太激动,听错了,才七月七日相会。

总之,此类作品的价值有限,但却在一定程度上反映了人心不可侮的真理。

435. 牛郎医生[桐柏县]

古时候,淮河岸边,住着一个姓牛的牛医,老牛医六十得子,孩子刚十二岁,老两口双双归天。这孩子打小跟老爷子出诊,学会了老爷子的本事。老爷子死后,这孩子也成了牛医,大伙儿也叫他牛郎。

牛郎整天在外面给牛治病。他人到三十,还没有娶媳妇,不管谁给提亲做媒,他总是憨憨地一笑,说:"俺家穷,不委屈人家的姑娘,就让俺给乡亲们看一辈子牛

病吧。"

这年冬天,发了牛瘟,一天里头也不晓得有多少人来求牛郎。"牛是口粮神,少了饿死人。"牛郎治了这家的又治那家的,走了东村又去西村,一连三天三夜没打一个盹,救了九百九十九条牛,眼看再差一条就够一千了,可他累得这眼皮抬也抬不动啦,倒在路上昏死了过去。

恰好这天观音菩萨下凡,碰到牛郎,掐指一算,牛郎再救一条牛,玉皇大帝就能封他成仙。他有心成全牛郎,把他喊醒,说自己一条牛病了,请他医治。牛郎一看是个白胡子老头,站起来要跟他走,一下子又摔倒了,再站起来,又摔倒了,一连摔了三三九个跟头。老头要背他,他不让,硬跟着老头爬了一天一夜到了老头家,救活了一条牛。老头管他吃了一顿饭。他吃了这顿饭,要劲有劲,要力有力,高高兴兴又给别家治牛去了。

观音菩萨回天上给玉皇大帝一说,玉皇大帝很感动,就把牛郎传到了天上。满天的神仙都来看牛郎,特别是玉皇大帝和王母娘娘最喜欢的小女儿织女,一看见牛郎憨实实的样子,就打心眼里喜欢上了他。她就给玉皇大帝说,先别封他为神仙,让他多自在几天,玉皇大帝心想迟早都一样,他也跑不了,就答应了。谁知这织女对牛郎说:"当神仙不好,光吃不干活。你回人间当牛医,自由自在,还可以多干好事!"牛郎一听有理,就求玉皇大帝放他回到人间。

牛郎头天回家,第二天织女就赶来了,要和他结成夫妻。牛郎不肯。织女说,她不当神仙了,没家了,只有以后跟他劳动过日子。牛郎这才没话可说,只得同意了。

第二年,织女生了个双胞胎,一儿一女,儿叫牛小郎,女叫牛织女。夫妻俩喜欢得不行,牛郎手艺巧,给孩子一人做一小摇窝①,用扁担挑着闪悠闪悠的。孩子两月会笑,五月会叫妈,七月会走,牛郎每次出诊回家都要先亲亲儿女,两口子的日子越过越甜。

孩子一岁多了,七月七日这天,织女正在给孩子讲天上的故事,天上忽地下来两个神把她抓走了,连给孩子说句话也来不及,她只把一双鞋脱掉了。原来天上一天,地上一年,玉皇大帝和王母娘娘两三天没见织女了,怪想的,叫人去叫,没了,用镜子一照,见她在人间与牛郎成了亲,生儿育女了。他们很有气,认为是牛郎把织女拐走了。王母娘娘觉得生米已做成熟饭了,由她去吧,等牛郎死后,她自己就会上天来的。可玉皇大帝非要把她抓回不可,同时还要治治牛郎。

这天,牛郎出去给牛治病,眼皮老跳,生怕家里出事,半晌就回来了,哪晓得只见两个孩子在门口趴在摇窝上望着天大哭。不见织女,只见离门口不远的地方,有

---

① 摇窝:方言,即摇篮。

织女的一双绣花鞋。他吓得又喊又叫,连织女的影也找不到。两个孩子哭哑了嗓子,说不出一句话,光用手指着天。牛郎望着天,伤心地喊呀,喊呀。天上飞下来一群喜鹊。喜鹊说:"牛郎牛郎,织女遭殃,天兵天将把她抓回天堂。我们在天上乘凉,正好碰上织女,她叫你别悲伤,带上孩子,把绣花鞋穿上。牛郎牛郎我们帮忙,带你到天上相会!"

牛郎挑上孩子,穿上绣花鞋,一下子升到空中。不一会儿,牛郎就望见了织女。

眼看就要追上了,猛地出现了玉皇大帝和王母娘娘。玉皇大帝使个定身法,把牛郎定住。王母娘娘从头上拔下金簪子,在牛郎和织女中间划出一条滚滚的大河,把他们隔开了。

牛郎的两个孩子都哭成了泪人,眼泪像珠子一样掉进河里。王母娘娘看了看实在心酸,就叫玉皇大帝成全他们。可玉皇大帝只准他俩每年见一次面,但不给修桥。在一旁的喜鹊自告奋勇地说:"玉皇大帝,以后每年七月七,我们来为牛郎和织女搭桥。"

后来,每到夏天,人们看到银河两边有颗大星星,一边还有两颗小星星,这就是牛郎和他的两个孩子。他们对面一颗大星星,那就是织女。至于那银河中的大小星星,是他们四人的泪珠。

地上七月七为啥见不到喜鹊了呢?它们全飞上天给牛郎织女搭鹊桥去了。

讲述人:杨子杰,65岁;刘大奶,83岁
采录整理:杨主泽

【点评】

本篇为流传在河南桐柏县的关于"牛郎织女"神话派生的"异体",它对研究此类神话有参考价值。

其中的文化特色有:①将农民牛郎置换为牛医的牛郎,比较少见,很可能与桐柏山一带的林牧业经济有一定联系。②牛郎医好一千头牛的病,便可成仙。观音菩萨让受伤牛郎上天成仙,并与王母女儿织女成婚。佛、道化痕迹明显。③牛郎织女回人间过普通生活,便被天帝视为大逆不道,立即抓回。④帮助牛郎追织女的是织女的绣花鞋产生的魔力,与同类故事不同。⑤玉帝只让牛女一年见一次面,又不给修桥。众鹊相助,七月七飞天上修桥,让二人相会。⑥星相形成具体、生动、感人。⑦王母的二元对立观念、情感,未能实现。玉帝占主导地位。

436. 淮水浸月［桐柏县］

桐柏城有句话："站在犁铧尖（桐柏城东北角，淮河与小南河交汇处）上，能见两个月亮。"人们称这奇景为"淮水浸月"。

先前，老天爷有十个儿子，十个女儿。十个儿子都是太阳神，十个女儿都是月亮神。太阳神住火宫，月亮神住冷宫，冷宫就是月宫。那十个太阳常常捣乱，他们一捣乱，地上的人可受不了哇。庄稼晒焦了，人和牲口也晒死了。后来出了个后羿把太阳射下了九个，只留了一个，叫他一天到大地一趟。老天爷只剩下一个儿子，心里很不得劲，他怕闺女们再走哥哥的路，就下旨让她们不准出月宫一步，月亮们也很听话。

有一年，织女星下凡配了牛郎，生了一儿一女。这件事被王母娘娘知道了，把织女抓回去关在牢里。月亮们平时喜欢叫织女织丝绢、绣手绢。她们听说织女被王母娘娘关在牢里，就偷偷儿跑去看她。织女就给他讲些人间的事儿。一来二去，月亮中的老五老六动心了，也想到人间去。可一想织女的下场，她们不敢轻易动啊！

又一年，后羿的老婆嫦娥偷吃了神药，跑到月宫。月亮们知道是嫦娥的男人射死了哥哥，很恼恨她，罚她到桂花树下推药，还派最小的老十看管她。这小幺妮心很好，看管嫦娥不打她，也不骂她，有时还帮她干活，慢慢地跟嫦娥玩熟了，说话也不论啥了。一天，小幺月亮问嫦娥："我哥哥们也没得罪你丈夫，你丈夫为啥要把他们射死。"嫦娥说："你父王让太阳们好好照料人间，可他们不听话，常常带着火跑出来聚到一起，把地上的人、庄稼、牲口都晒死了。羿劝他们，他们不听，才射他们。这是羿为人间做的好事。你父王没责怪他，你也不应该埋怨他。"小幺妮又问："人间好玩吗？"嫦娥说："只要神鬼不捣乱，人间最美呀，山清水秀，男耕女织，年丰人和。织女就偷偷下凡了嘛！"小幺妮又说："人间恁好，你为啥还要上天呢？"嫦娥说："逢蒙存下害羿的坏心，他趁羿不在家，来抢不死药，我怕护不住不死药，把药吞下啦。一吞下，就飘到月宫上来了。我现在还想回到人间，可惜已经不能了。"小幺妮说："我替你想想办法，咱们一块到人间去。"

从这以后，小幺妮就东打听，西打听，想帮帮嫦娥。一天，王母娘娘过生日，十个月亮都去给王母娘娘拜寿。她们围在王母娘娘身边，问这问那。小幺妮问："妈！咱们这不死药，服下后还能有啥解药吗？"王母正高兴着哩，也没细想，就说："有啊，桐柏山淮河头上有一种三瓣草药，吃下它，药就能解啦。"小幺妮把这话记住了。

回到月宫后，小幺妮把这些话告诉嫦娥，嫦娥说："有办法也不行啊，我下不去，你又不敢下。"小幺妮也为难了。

这天,小幺妮正在花园里想着下凡的办法,猛听桂花林里有人说话。一听,是六姐的声音。只听六姐说:"哎呀,织女说人间恁好,咱咋不想法到人间去呢?"小幺妮听这,跑上前去,把老六吓一跳,小幺赶紧说:"姐姐别怕,我也是想到人间玩玩,咱们一起想个主意吧。"老六这才定下心,她俩想啊,想啊。小幺妮说:"有了,咱们下去,叫嫦娥守在桂花树下,有事给咱们摆摆手,咱们赶快回来。"老六说:"嫦娥正恨咱们,她不告密?"小幺妮说:"不会。"她把嫦娥给她讲的话竹筒子倒豆——全说了出来。

俩月亮跑去找嫦娥,商量来商量去,她们说:"只要王母娘娘不知道就没事。"约定有事嫦娥摆摆手。

俩月亮下去了,她们玩呀玩呀,人间太美啦,她们到处都想玩,到处都想看。小幺妮记着给嫦娥办事,就催她到淮河。她们来到桐柏城东北角淮河的犁铧尖上,站在桥头一看,淮河水清极了,水里的鱼摇头摆尾很招人喜欢。小幺妮想着下水给嫦娥找三瓣草,就对六姐说:"咱们洗个澡吧!"老六同意了。俩月亮仙女就脱衣下水了。

真不凑巧,俩月亮下凡时,王母娘娘恰好到月宫来。她没从桂花树下走,嫦娥也没看见。几个闺女围到她跟前。她看不见老六和小幺妮,掐指一算,知道下凡了。她往人间一看,正看见俩月亮下了淮河。王母气得很,一甩手,把她们脱的衣裳收上天了。王母娘娘收衣裳哩,惊飞了河边桐树林里的凤凰。这个地方就叫"凤凰台"。

衣裳没有了,俩月亮回不去了,也出不了水啦。淮河里就清清楚楚地显出俩月亮的影子,后来人们经常到城东北的小南河和淮河的交口处的犁铧尖上看望月亮仙女,在一搂粗的柳树下讲"淮水浸月"的故事。这里还被称为"望月台"。

讲述人:王子鉴,男,42岁,桐柏县鸿仪河乡人
采录整理:柳丹

【点评】

本篇因织女下人间与牛郎结婚一事,受到王母惩处关进大牢。这是一风物传说。月宫中十个月亮,最小的从织女处得知人间美丽,便和六姐下界游玩,在淮水与小河交汇处的犁铧尖处下水。老六和小玄月亮偷下人间的事被王母知道后,王母抓去了她们的衣服。从此两月亮永在人间淮水之中。

此为织女神话派生的风物传说。

十八、后羿　嫦娥

437. 前羿和后羿 [桐柏县]

远古的时候,遍地出现了可大可大的水怪。妖魔和恶龙,各显神通。有的喷烈火,有的吐毒气,有的卷狂风,有的掀恶浪,把大地糟蹋得不像样子。

人们为了防避妖怪的侵害,差不多都躲在山洞里。只有饿极了,才出洞找点食儿吃。稍不防备,还会被妖魔吃掉。不知过了多少年,世上出现一个带翅膀的英雄。据说他是老天爷派下来的,神通大,武艺高,神箭一射出去,直闪光,还带响。妖魔们可怕他了。

一天,这位大英雄带领山洞里的人们出来找东西吃,刚出洞,就碰到一个叫"九婴"的妖怪。这个妖怪有九个头,叫起来像婴儿哭一样。平常,人们只要一听见它的叫声,就腰软腿酸,头晕眼花,挪都挪不动步,成了妖怪的食儿。英雄一见九婴怪,扇扇翅膀飞了过去,张弓搭箭,"嗖嗖嗖……"一连九箭。九箭刚好射中九婴怪的九个头,人们抢着上去撕它的肉吃。肉又腥又臭,没法吃,只好搬些石头把它埋了。时间一长,成了个石头山,人们称这座山叫"九化山"。后来,山上长出很多很美的草,人们就把这山叫成了"九华山"。

又一天,这个英雄碰到一条叫"七角"的大恶龙。这条龙长有七只角,能吞云吐露,吐的雾带毒,人们只要一闻到,就会软瘫在地上,恶龙赎吃啦。这天,也该这条恶龙遭殃,还没来得及吐毒雾,大英雄就扇扇翅膀飞起来,张弓搭箭,"嗖嗖嗖嗖嗖嗖嗖",一连七箭,箭箭都射中恶龙。那恶龙身子一疙卷,落地了,变成了一条河。后来人们把这条河称为"七垄河"。

从这以后,这个大英雄带领人们走出山洞,在山坡上搭些茅庵,住了下来,平常就在山上摘些野果吃。为了让人们过得安生些,这位大英雄又在人们中挑了些身强力壮的小伙子,跟他一起降妖捉怪。他们杀死一个妖怪,地上就多了一座山;他们杀死一条大恶龙,地上就多一条河。又过了好多年,他们射杀了许许多多的妖怪恶龙,地上就有了许许多多的高山和大河。人们说,山河就是这样形成的。后来,天下太平了,人们为了纪念这位带翅膀的英雄,把"羽"字放到"廾"①字的上面,称他为"羿"。为啥这个字的发音念"yì"呢?就是说"羿"是天下第一个大英雄。

后来,世上又出现了一位用神箭射太阳的勇士。人们也称他为"羿"。为了区别这两位英雄,就把射怪的英雄叫"前羿",叫射太阳的英雄为"后羿"。

讲述人:李长春,39岁,桐柏县城关镇人
采录整理:刘剑
采录时间:1982年3月10日

【点评】

本篇从中原中部传至豫南桐柏县,是关于古帝羿的不同起源的神话遗存,对研究羿神话有重要参考价值。

其中透露如下信息:①羿原为神话人物。他背生双翅,能以高超射技,降妖除魔。这一点与古文献(如《淮南子·真训》)相符。②羿曾为尧臣,为射官,除十日之害。此亦与文献记载相同。③羿杀九婴、恶龙,地上有了山河,人得安居。④"羽"下有"廾",解释合理。⑤"九华山"原为射死的妖怪变山,尸体化了,故称"九华山",射死的恶龙,变"七垄河",都与羿除害有关,故称羿为天下第一带翅的,由天帝派下来的善射除妖的英雄。⑥为了与以后出现的射日英雄的羿相区别,故叫此羿为前羿,以射日的羿为"后羿"。

值得注意的是:①文献上并无"前羿"与"后羿"之分。只是一为天帝派一英雄来人间除水怪、恶龙灾害;一为以除十日为主要功绩的英雄。后者是人间英雄之善射者。②文献上所说的尧时十日并出为害,尧让羿(射官)射十日,均为神话英雄。③文献上的夏有穷后羿,属历史篡夏政的野心家,不可与后羿同日而语。二者不可相混。④文献所载羿为诸侯之一,曾受西王母送不死药。说明古时确有以狩猎时期善射的部落酋长,此部落绵衍很久。因此,有从神话羿到历史人物羿的过程。羿也不止一个,功业和事迹也不相同。远自黄帝时代,后羿就曾射日并受赠药于西王母,下至夏代有穷之后羿参与政变的活动,终被铲除。

438. 师徒比武[桐柏县]

传说,上古的时候,有两个最出名的"箭王"。一个叫羿,一个叫逄蒙。羿那是

---

① 廾:拱音;勇士意。

逢蒙的师父。

逢蒙原来是"神射"甘绳的徒弟。甘绳死后，逢蒙又投奔羿。好话说了几箩筐，羿才收下了他。羿苦心教了他三年，逢蒙也成天下有名的射手了。

朝里有一个奸臣，叫孔壬，最嫉妒羿。一天，他找到逢蒙说："你的射术早已天下第一了。唉！真可惜呀！要不是羿还活着，我早保举你掌管全国的兵权了。"心眼儿不正的逢蒙一听这话，真像娶媳妇一样高兴，觉得孔壬能为自己操心，真是个大好人。从这儿起，他和孔壬越来越亲热了，就对羿越来越疏远了。

有一天，帝尧带领文武百官去教场看羿练兵。孔壬不操好心地对帝尧说："羿和逢蒙的箭法都是千古难遇的绝射，请你下令让他俩比试比试，好叫小臣们也开开眼界。"帝尧一时高兴，就下了令。孔壬把逢蒙拉到一边，小声说："今天你一准要把羿比败，我好在帝尧面前保举你做大官。杀了羿，出事儿我给你顶着。"逢蒙点点头，带上弓箭，进了教场。

第一项是比远。尧命士兵在靶子上画一鸟，用红颜色抹上双眼，抬到八百步开外的地方儿，说是谁射中鸟眼算胜。谁知羿和逢蒙都射中了鸟眼。

第二项是比力。把一百个铜板合起来，平放在二百步开外的桌子上，讲明谁的箭能穿透铜板算胜。一比，二人都射透了。

第三项是比巧。尧命人在一根竹竿上挂一个鸡蛋，鸡蛋上放一块小石头。射落石头算胜，射鸡蛋算败。羿和逢蒙都把小石头射掉了。

尧和文武官员都夸他俩是"箭王"。逢蒙想起孔壬交代的话，一心想比败羿。正巧，天上飞过一行大雁。逢蒙暗说："比败羿的时候到了。"他拔出三支箭，"嗖"的一声射向雁群。飞在前面的三只雁，一下子落了下来。众人都夸逢蒙的箭法超过了师父。原来，这个射法是逢蒙的先师甘绳教给他的。

羿见众人为逢蒙喝彩，顺手拔出五支箭，并排放在弓上，"嗖"的一声飞上天去。刚才逢蒙射了三只雁，受惊的雁往四面八方乱飞，弹射上去的箭向东、南、西、北、中飞去；一眨眼，五只雁落到了地上。尧和大臣们有的说好，有的点头，都说嫩姜还没老姜辣。

逢蒙一看羿用乱箭射下五只雁，就想，师父有意灭自己的威风，恨不得当场一箭，把羿射死。可是教场人山人海，就是杀了羿，自己也逃脱不了啊！想到这儿，逢蒙趁人们不注意，偷偷地溜走了。

讲述人：释海良
采录人：刘剑
采录时间：1985年7月
采录地点：桐柏县西十里村

【点评】

本篇是关于尧时射官后羿与其弟子逢蒙关系的神话遗存珍品。它接近口承原始形态,对研究上古弓箭射术,有一定参考价值。

其中反映:①后羿作为帝尧的射官,自然要受命射九日,除民害,正与史籍所载吻合。②帝尧时,尽管国家体制初创不久,但也已出现君臣权力之争。佞臣孔壬欲借逢蒙之手害羿夺兵权,起篡逆之心。③逢蒙确是历史人物。他除谋射后羿之外,就是欲霸占后羿妻子嫦娥,从而引出嫦娥奔月,后羿家庭悲剧产生。本篇已见事件产生的苗头。④当时,后羿已有"箭王"美称。奸诈逢蒙正是为了私利,想夺取"箭王"桂冠,才被孔壬利用图谋射死后羿的。权力、地位、名利之争,尧时已经出现,后来的历史上自然不绝于书了。

439. 羿喉中箭 [桐柏县]

羿的箭法高,百姓们个个夸好。有好些小伙子都向羿学得一手好箭法。一个叫逢蒙的小伙子学得最好,羿就叫他为徒弟,教他学箭法,还教他学管事。

逢蒙为了学箭法,还管事,搁劲儿①讨好羿,让羿多教他,把一身的本事都教给他。

时间长了,逢蒙觉得自己啥都比别人强了,连羿也不如自己了。总在想法儿把"天下第一箭"的名声归自己。

一天,羿出门在前边走,逢蒙在后边偷偷跟着。逢蒙左右看看,一圈儿没人,就朝羿的后脑射一箭。羿正走着,听见背后"嗖"的飞箭声,忙转脸看。这一转脸呀,朝后脑射的这一箭正好射向他的喉咙,羿倒在草窝儿里了。

逢蒙一见,高兴透了,忙跑到羿倒的地方,对着羿说:"看来,青出于蓝总要胜于蓝啊!羿呀羿,'箭王'的位总算归我了吧!"他大笑了一阵,又说:"待我取下箭走哇!"

逢蒙弯腰取羿喉咙里的那只箭时,羿又站了起来,嘴唇张开,咬住牙说:"看,你射的这一支箭我用牙咬住了!"

逢蒙脸一下子变了色,说:"用牙接箭的绝招儿你咋没教给我呀?"

羿说:"还有一手哩!招呼接箭!"羿把嘴里噙着的箭杆颠倒个头儿,头往后一用劲儿,牙一松,只听"嗖"一声,箭朝逢蒙飞去。逢蒙接着箭,忙跪在地上,连声向羿求饶,说:"师父,饶了我吧,我再也不敢坏良心了!"

---

① 搁劲儿:方言。下功夫。

讲述人：孙建英
采录人：马卉欣
采录时间：1986年12月
采录地点：桐柏县文联

【点评】

本篇是接近口承原始形态的记录，对研究古代箭术有重要参考价值。

其中反映如下问题：①逢蒙欲夺"天下第一箭"的美名，不惜产生"灭师杀师"的歹心，富有教训意义。它已形成系列口承神话，与《师徒比武》同属一个类型。②羿的"天下第一箭"的取得，是长期刻苦锻炼的结果，决非图谋灭师杀人的逢蒙投机所能取得的。③后羿在产生地区问题上，不属于豫南桐柏山区，而是产生在豫中巩义、新密、登封一带。因为后羿作为一个部落的诸侯的活动地区在北方中原，而不在接近楚地的桐柏。

440. 第十个太阳［开封市］

在很久很久以前，天上共有十个太阳，他们是上帝的十个调皮的孙子。每天一早，他们就出来玩耍。这下，地上的人可遭殃啦，庄稼枯了，河流涸了。

后羿为地上的人除害，一连射杀了九个太阳。当他正要射第十个太阳时，太阳不见了，天一下子变得黑暗，什么都看不见。

一天，后羿听到一个细微的声音在叫唤，他走近去。原来，是蚯蚓在说话呢，它说："勇敢的弓箭天神啊，你还没有射除所有的太阳呀，第十个太阳正在地上藏着呢。"后羿一听很生气，他找来找去，可就是看不到。世界上一片昏暗，到哪儿去找呢？

后来，人们实在生活不下去啦，后羿也后悔不该射第十个太阳。他们请求天帝，唤第十个太阳出来，让人类万物繁衍下去。

一天早上，红彤彤的太阳，又从东方走出来。开始，他还有些害怕呢，可他用温暖的眼睛偷偷一看，人们都在欢迎他呢。从这以后，黑暗的世界变得明亮了，万物开始生长，大地又有了生机。

那么，第十个太阳究竟藏在哪儿呢。原来，当后羿第十次拉起弓箭的时候，马齿苋用自己稠茂的枝蔓遮住了他，后羿才没找到他。

太阳重回到天上以后，为报答马齿苋的救命之恩，从来没晒死过一棵马齿苋，而蚯蚓一爬到地面上,就立即被太阳烧死。

讲述人:林小群　杨文彪
采录整理:李延平

图 18.440.1　南阳汉画像石中的射日图(程健君供稿)

图 18.440.2　郑州汉画像砖中的后羿射日(程健君供稿)

图 18.440.3　汉画像石刻日中三足乌(孟宪明供稿)

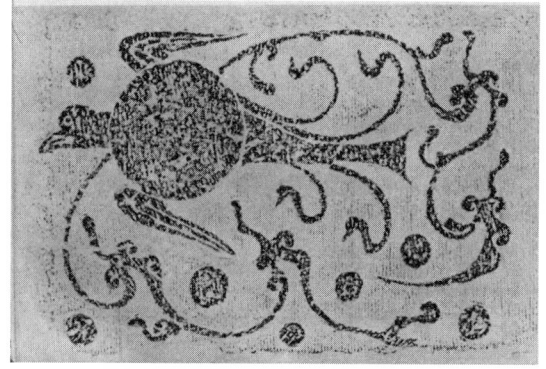

图 18.440.4　南阳汉石刻金乌是日之运载工具(孟宪明供稿)

【文献选录】

帝俊赐羿彤弓素矰，以扶下国。

（《山海经·海内经》）

逮至尧之时，十日并出。焦禾稼，杀草木，而民无所食。猰貐、凿齿、九婴、大风、封豨、修蛇皆为民害。尧乃使羿诛凿齿于畴华之野，杀九婴于凶水之上，缴大风于青邱之泽，上射十日，而下杀猰貐，断修蛇于洞庭，禽封豨于桑林，万民皆喜，置尧以为天子。于是天下广狭、险易、远近，始有道里。

（《淮南子·本经训》）

是故虽有羿之知，而无所用之。高诱注："羿，尧时羿也，善射，能一日落九鸟，缴大风，杀猰貐，斩九婴，射河伯，故曰知也。"

（《淮南子·俶真训》）

【点评】

本篇是流传在中原开封的关于后羿射日的原始形态，它是反映原始居民与自然斗争的巨大力量的神话遗存。

其中的原始文化信息有：①古朴、单一的解释原始居民战胜太阳为害的神话意识突出，尚未涉及人与天神之间的矛盾关系的社会意识。②后羿射日，尚未意识到太阳对人类的重要，无意间在第十个太阳不见时，始认识到太阳是人类所必需的，产生后悔的心情。③蚯蚓指点要后羿找第十个太阳，却被马齿菜把这个太阳保护起来，使人类有了光明。对两种动植物人格化，表现出智慧与愚昧的矛盾，也是人间善与恶的曲折反映。太阳对蚯蚓的惩罚，和对马齿菜的报恩，正是人间世相的升华。④天帝是主宰天上、人间的权威，让太阳重出，给人类以光明，正是最早原始居民的"天人合一"观念的原始意识形态的再现。⑤十个太阳为天帝的孙子。

441. 羿射九日 [项城市]

盘古开天地后，天上没有日头，地上不分白天黑夜，整天混混沌沌的。有一天，一下子出来十个日头，地上的花草、树木呀都晒干了，河里坑里的水都快晒滚了，人热得顶不住了，十个日头一出来人都跑到山洞里去，等它们落到西天边才出来找点吃的东西。眼看就活不成了，大家都去找黄帝想办法，黄帝能有啥法哩？就天天跪在热地上向天上祷告。

原来这十个日头是玉皇大帝的十个闺女。她们从小娇生惯养,天上的规矩一点也不遵守。清早起来,不梳洗打扮,每个人踩个火轮圈从东到西去玩。她们只知道玩,地上的人可就撑不了啦。黄帝天天祷告,玉皇大帝知道了这事儿,就把十个闺女叫到跟前训了一顿。她们真是不听话,第二天照样踩着火轮去玩。可把玉皇大帝气死了,就叫来一个叫羿的天神去把她们叫回来,还安排羿说,她们要是不回来就吓唬吓唬她们。

羿很正直,神通很大,拉弓射箭,百发百中。他背着神弓,带十支神箭,出了天宫向东去找,到天东边一看,十个日头跑到南天去了。羿想走近路到西边天截住她们的头,就来到了地上。到地上一看毁的那个样儿,他真心疼,就大声吆喝十姐妹赶快回天宫。谁知她们听见羿吆喝连理也不理。羿就拉开弓,搭上箭说:"你要不回去我就把你们射下来!"这些娇小姐以为自己是玉皇大帝的闺女,哪把羿放在眼里,嘻嘻哈哈的,还用火轮的光芒直射羿的眼睛。可把羿气坏了,心想:别说你是玉皇的闺女,谁作恶也不中,看我惩治你们!他使足劲,拉满弓,对准最前边的那个日头射去,只听"轰"的一声,那个日头炸开了!火花乱飞,人们看看天上真的少了一个日头,觉得凉快了好些,大家喜欢得直拍手。羿见人们那高兴劲儿,自己的勇气更足了,向着天上东一个西一个逃散的日头继续射去,每射出一支箭天上便发出"轰"的一声,一个就炸开了。

眼看天上的日头就要被羿射完了,在旁边看热闹的一个老头猛然想起,要是没有一个日头,天不还是混混沌沌的吗?就让一个小孩偷偷从羿箭袋里抽出了一支箭。羿以为十支箭都射完了,就停了下来,从那以后,天上就只剩一个日头,直到现在还是这样。

讲述人:王宏玲,女,24岁,汉族,王明口乡王明口中学教师,中专毕业
采录人:苏国苏,男,38岁,汉族,贾岭乡文化站干部,初中毕业
采录整理:孔祥谦,男,50岁,汉族,项城县文化馆干部,中专毕业

图 18.441.1 明小说《列国前编十二朝》（孟宪明供稿）

【文献选录】

三峻山，俗传以为羿射九乌之所，遂以山神为后羿。夫射乌已近误矣。羿，尧射官也。乃遂以为有穷之后羿，岂不更谬哉！今制止称三峻之神，可破千古之惑。

（《古今图书集成·方舆汇编·职方典》第336卷）

羿，古之善射者也。调和其弓矢而坚守之。其操弓也，审其高下，有必中之道，故能多发而多中。

（《管子·形势解》）

【点评】

本篇是流传在河南项城的关于羿射九日的神话遗存珍品。它虽有道教神玉帝及其十个女儿(有的是十个男孩)出现，致十个太阳为害，但其仍属原始神话本体意识，有重要参考价值。

其中透露的文化价值意识：①此篇说明后羿部落在黄帝时代已经出现(早于尧时)。黄帝对天帝只能祷告求助。他是人间帝王，人神不交往。②羿是善射的天神，受玉帝派遣，吓唬一下十个女儿太阳。因玉帝女儿依势逞强，羿只好射下九个太阳。③第十个太阳被保留下来，是人间一老人的提醒，让一小孩偷了羿的最后一支箭,才实现的。此神话中有出现世俗化的倾向,但后羿的天神身份却最早显示出来。因此,它的神国主宰宇宙秩序的权力正是原始神话的标志之一。

442. 公鸡和太阳[范县]

在远古的时候,公鸡是天上掌管天地的神仙。他有十个儿子,轮流驾着火龙,拉着太阳车,由东向西巡视,人们称他们是太阳。

有天,公鸡到玉帝那里去赴宴,弟兄十个没人管了,驾着太阳车,往天上跑来跑去,"呀!"他们看到,天底下的人畜万物受不了啦,河水晒干了,庄稼枯死了,给人们带来巨大的痛苦。

玉帝知道了,派了一名叫后羿的神仙,带着太上老君八卦炉炼成的一张宝弓和十支硬箭,去惩治这十兄弟,一连射了九个太阳,刚要射第十个,忽然不见了。这老十最机灵不过,他见哥哥被射死,就一个跟头扑到地下,钻进马蓬叶子底下去了。后羿没有打到,就回天宫交旨。

公鸡教子不严,使百姓遭难,玉帝把他贬到人间,永世不准返回天宫。公鸡想儿子,每天三更说:"我儿……我……儿"召唤他的儿子。起初,老十不敢出来,直到公鸡叫三遍,十儿才推着太阳车从东山马蓬叶下爬出来见父亲。

讲述人:崔金钊,男,60岁,汉族,大专毕业,干部,范县人
采录人:荆耕田,干部,大专毕业
采录时间:1990年4月10日
采录地点:范县文化馆

【点评】

本篇是流传在河南濮阳地区范县的关于"后羿射日"的神话遗存,其中有道教徒篡改的成分。天宫是道教神殿。

其中反映以下问题和信息:①太阳的族系为天上管天地的神——公鸡的儿子。②后羿是天宫的射神,射日后,重归天宫神位。③后羿用的弓箭是老君在八卦炉里炼的神弓宝箭。④保护第十个太阳的是马蓬叶子。⑤第十个太阳不敢出来,当公鸡被贬人间后,因思念儿子,早晨叫三遍,太阳始升上地面,从而成了解释鸡叫习俗的传说。⑥原来的后羿射日神话,已转化为动物习俗神话,这在神话学中是常见的

现象。

值得注意的是：①本篇的单纯原始口承神话意识，已经逐渐成为道教神国诸神之间斗争的宗教传说（道教化）。由人间英雄反抗和抵御自然灾害的神话，演变为天宫太阳神之父——公鸡的失职，引出玉帝派天神惩罚管天地之神的斗争。宇宙秩序只能由玉帝及其臣下主宰，主旨已有转移。②宇宙神话转化为动物神话后，有文化价值。

443. 鸡叫明的传说［豫中一带］

很早很早以前，天上有十个日头，这个还没下去另一个又出来了，只有白天没有夜晚，人们都在地里劳动，没有休息时间，都累得腿酸腰痛；地里的庄稼也被晒成半死的样子，人们简直就没法活下去。他们想，要是有人能把日头打掉才好呢！可是谁又有那么大的本事呢？

有一天，一个身背弓箭的巨人来到这里，农人们很好地招待了他。这个巨人十分感激，他问农人们有没有什么事情让他帮忙。农人们就告诉他十个日头把他们晒得够呛了，要是能把它射掉才好哩。巨人听罢说："放心吧，看我把它射下来。"

巨人拿了根一丈多长的箭，箭头金光闪闪，他把箭搭在弦上，用力一拉，对准一个日头射去。人们看见这一箭正射中一个日头，日头被射得"轰"的一声再也看不见了。其他九个日头一见不好，就四下逃命。巨人拿着弓箭，一边追一边射，又射下了八个日头，剩下的一个不知藏在哪儿去了。

射了之后，巨人就走了，这时大地一片漆黑，只有几个星星在天上闪烁，农人们看不见庄稼，也没法劳动，如果这样下去，他们又生活不成。有个人忽然想起巨人只射死了九个日头，还有一个日头不知藏在哪儿不敢出来，要是把它找来不就又有白天了吗？于是，他们就派人四处寻找，可怎么也找不到，他们动员了各种家畜轮流呼喊日头，驴、骡、牛、鸡、鸭、狗都被动员起来了。

原来，这个日头正当混乱之际，一头钻在马齿菜下面，哀求说："马齿菜兄弟，你救救我吧，日后我一定报答你。"马齿菜看见可怜，就用它的叶子盖住了日头，使日头免于一死。过了一些时候，它忽然听见人们在呼喊它，但它还是不敢出去。后来鸡鸭驴狗都呼喊起来，其中一只大公鸡站在墙头上，面对东方伸长脖子用力地喊："出来吧！出来吧！"那声音既婉转动听，又带有哀求之意，凄切感人，日头不禁心动，又见巨人已经远去，也不必再躲藏了。于是它就应着公鸡的喊声，慢慢地从马齿菜下面钻了出来。天又亮了。这就是鸡叫明的传说，据说后来日头报恩，永远不晒死马齿菜。

讲述人：郭张氏，女，50岁，农民
采录人：郭祥振

【点评】

本篇是流传在中原腹地的关于"后羿射日"神话遗存的罕见珍品。它朴素、生动，属民间口头传承的原始形态，对研究中原神话有十分重要的价值。

其中蕴含的原始神话信息有：①它以古朴、流畅的语言，单纯简明的情节，奇妙的幻想形式，传达了中原人抗御自然灾害的伟大主题。②后羿不是天上来的神，而是原始部族善射的巨人。他生活在群众之中，随时为民解难，完成任务，悄然离去。③此篇神话意识单一，没有"人为宗教"思想渗透的痕迹。④有"非宗教化"的可贵文化价值。这正是农村妇女讲述故事的极宝贵之处。⑤由于"射日"符合人民愿望，人们尊敬；也由于把第十个太阳找到符合人民的要求，所以人格化了的牲畜世界一同喊叫太阳，就显得特别富有魅力。这个太阳躲在马齿菜下面被保护起来，直到公鸡动听的叫声，才把它喊出来，人间又有了光明，有了白天黑夜。这不仅使后羿射日具有了稳定宇宙秩序和抗御灾害的功绩，而且也具有动植物神话的特征。实际，本篇也有对马齿菜、公鸡特征解释性的文化内涵，这正是原始文化功能性的体现。

值得特别提出的是：本篇以新颖独特的古典神话在民间遗存的光彩，出现在中原大地，实属珍品之最。

444. 马 齿 菜 [浚县]

谁都着①，太阳晒不死马齿菜。据说是在古时候，天上一下出来十二个太阳，晒咧地上寸草不生，大小河儿都干了，整个大地全是火辣辣、明晃晃一片。

百姓们到处求神拜佛，要求除掉这十二个太阳。可是哪个神仙也不能办到。有位叫后羿的仙人来对百姓说："不用到处求了，叫我来处置它们。"说罢，他据弓拿箭去射太阳了。他爬过一道山，又一道山，上到一个最高的山上。这时他只觉得头顶发麻，四肢发酸，脊梁上叫晒咧比针扎还难受。他"嗖"一声抽出一支箭，往弦上一搭，使劲一拉，一丢手，那箭直奔太阳而去。一小会儿，只见一个大火球从天上掉

---

① 着：中原方言，"知道"的合音，意为知道。

了下来。后羿一瞧射中了,心里怪高兴,接着又连射下两个。这十二个太阳被连射下来三个,剩下九个了。这九个太阳觉得自己难保,它们就挤到一堆,把热都聚到后羿身上。后羿可就难支了,他一狠心,咬着牙,一回发两支箭,向太阳射去,一会儿工夫,又射下来七个,剩下那俩可不护群儿了,东跑西窜。后羿瞄准西边的一个"嗖"一声就把它射下来了。再往东看,剩下的那个没影儿了。这时,天下忽一下就凉了,漆黑一团,后羿不知道它藏在啥地方儿了,找半天也没找着。他想:没有太阳真黑,咋叫人过时光咧?于是,他大声对那个太阳说:"你出来吧,我饶你一命,不过你得依我两样儿事儿。一、你要报答为你遮身的那东西;二、以后必须早上从东方出,晚上从西方落,不然,我把你也射下来。"太阳听了,就慢慢儿从东边儿露出半个脸,越升越高。

原来,那太阳跑到东海边上,藏在了一棵大马齿菜叶儿底下了。太阳听从后羿的吩咐,就给了马齿菜一个特殊的本领——晒不死。

讲述人:邢朝军,男,28岁,汉族,浚县善堂乡人
采录整理:张俊生,男,30岁,汉族,浚县文化馆工作人员
采录时间:1998年12月
流传地区:浚县

【点评】

本篇是流传在河南黄河北岸浚县的关于"后羿射日"神话遗存异文之一。它接近民间口承神话形态,属"反抗英雄"型,与《公鸡与太阳》同类。

其中的特色在于:①原来天上有十二个太阳(有的九个,有的十个)为害。②十二个太阳为兄弟(天神之子)。③人民到处求神拜佛,请除太阳之害。后羿不让百姓求神,自愿射下太阳。爬到高山上,射太阳的过程紧张,射下三个太阳时,九个太阳一起用强光照后羿。最后剩下一个太阳躲山后一马齿菜下。④后羿喊出太阳要它按时起落。这个太阳听命后,百姓欢快。人间英雄主宰天体运行,题旨独特。⑤解释植物特性神话。

445. 太阳为啥不晒马齿菜[淇县]

不论天多旱,太阳多毒,马齿菜是晒不死的,这是咋说的,马齿菜是太阳的救命

恩人,太阳不晒它,别的草、菜都能晒死,马齿菜晒不死。

　　据说,很早很早以前,天上有九个太阳,它们是弟兄九个,都是玉皇大帝的孩子,按照玉帝的天规,它们每天出来一个在天上走一趟。天底下的万物生长得到了充分的阳光,长得很好。后来,它们弟兄九个,不按天规来了,胡来开了,每天九个太阳一下都出来,在天上打打闹闹,好长时间也不回去。这下可把天底的百姓害苦了。原先是一个太阳,现在,是九个太阳,整天都比三伏天还热哩,地晒卷了,树晒干了,庄稼都晒着了,收不了粮食,百姓可都遭灾了。

　　后来,有个叫后羿的年轻人,他决心给百姓除害,他做了一张大弓和恁些利箭,背上,到一座最高的山上,朝着太阳它们弟兄九个,一连射了八箭,射下八个太阳,剩下最后一个,后羿还要射死它;这个太阳吓哩狠跑咧,从天上跑到地上,后羿在后边直追,那太阳跑到个山后边,山后边有棵大马齿菜,看到太阳实在没地方跑了,就说:"你藏这儿吧!"太阳就藏到马齿菜棵底下了。这时候,后羿赶来了,到处瞧不见太阳在哪儿哩,只有一棵马齿菜,就问:"你瞧见个太阳没有?"马齿菜说:"都射死了,天底下还咋长庄稼?"后羿一听,提起弓回家了。

　　后来,那个太阳又回天上了,每天它都出来,它啥时候都不忘马齿菜的救命之恩,它不光在天上照射万物生长,还每时每刻都瞧着它的救命恩人长得咋样,不能狠晒着了,所以,马齿菜晒不死。

　　讲述人:郭老愚,男,93 岁,淇县阁南村农民
　　采录整理:于德伦,男,30 岁,汉族,淇县文化馆工作人员
　　采录时间:1997 年 5 月
　　流传地区:淇县

【点评】

　　本篇是流传在河南淇县的关于"后羿射日"的神话遗存,它属"英雄抗御"灾害型神话,与《马齿菜》[浚县]相近,有研究价值。

　　其中透露如下原始神话信息:①天上九个太阳的父亲是玉帝,按"天规"升落。②九个太阳不听,一齐出来打闹,为害人间生活。③后羿是人间一青年,善射,自愿登山射日。在射下八个太阳后,第九个太阳藏一马齿菜叶下。④马齿菜问后羿:"都射死,庄稼怎么生长?"马齿菜主动代替百姓求饶第九个太阳。稳定宇宙秩序的主宰者是后羿,人力胜过天神。⑤本篇主旨:人力可以胜天,有唯物主义思想萌芽。⑥虽有玉帝的天规,但制度破坏者是玉帝的儿子,却被人间英雄所降服。因此,玉

帝未起决定作用,虽有道教神的影子,但反道教倾向鲜明,很可贵。

446. 马齿菜救日 [淮阳县]

很早很早以前,马齿菜可没现在顶旱。

那时候,天上的十个日头,就是老天爷张玉帝的十个儿子。他们十个轮流坐庄,一替一个出来。

有一天,地上的人庆节,又唱又跳。太阳觉得奇怪,十兄弟一下子都出来了。这一出不大紧,地上真像着火一样。地上的庄稼一下都枯了。

这事叫后羿知道了,后羿就找十个太阳算账。后羿说:"老天爷叫你十个轮流出来,你几个为啥一齐出来?"

十个太阳很凶,后羿恼了,就使箭射太阳。他射啊射啊,一下射落了九个。

最后一个太阳吓坏了,他急中生智,一看地上有棵马齿菜,赶紧藏到了马齿菜底下。后羿一连找了几遍也没找到。最后,就不找了。

后羿走后,剩下的那个太阳从马齿菜底下钻出来,对马齿菜说:"往后你啥时候也晒不死了。"

到现在,马齿菜就是旱不死。

讲述人:李庆福,男,55 岁,农民
采录人:张田生,男,23 岁;李奇,男,22 岁

【点评】

本篇是流传在河南淮阳县的关于"后羿射日"神话遗存,属同类作品的异文。

其中的明显特点:①天上十个太阳的父亲是玉皇大帝。②十个太阳并出是因为见地上人们节庆很热闹,都出来观看。③后羿找十个太阳质问,太阳不听。后羿一怒,射下九个太阳。最后一个藏马齿菜下,后羿找不到太阳就回家了。属人间"抗御灾害英雄"型,说明人可胜天。他与天神无关。④马齿菜对保护太阳并不主动。它不会被晒死,只是人格化太阳的报恩思想的表现。⑤本篇也衍化为植物神话传说。

447. 马蹄救日［济源市］

开天辟地,天上有十个太阳,晒得大地很热很热。热得后羿着急了,用箭一口气射死九个。剩下一个太阳,麻利躲藏到马齿菜心里。被蛐蟮看见了,它向后羿翻嘴,太阳马上又躲藏到马蹄下。后羿看见了,去马前蹄射,太阳急忙转移到马后蹄。后羿射马后左蹄,太阳又躲进马右蹄,就这样射前藏后,射左藏右,转圆圈射不住太阳,太阳得救了。

马立功了。太阳为了报答它的恩情,就是到了五黄六月天气,也只送给马温暖,不肯晒坏马的皮肉,民间有"五黄六月淋牛晒马"说。马为了忠于太阳,闲站时总把一只蹄抬起来,生怕蹄踩着太阳。马齿菜也立功了,它撅起屁股在太阳底下晒半个月,太阳也不会把它晒死。蛐蟮翻嘴了,太阳一见它,马上发出针一样的亮光将它刺死。至今蛐蟮一直钻在阴沟里,一次也不敢见太阳。

讲述人:马起凤,女,78岁,济源市下冶乡中吴彦村农民
采录人:翟作正

【点评】

本篇是流传在河南济源的关于"后羿射日"神话遗存的珍品。它是民间口承神话原始形态,对研究中原神话多元体系构建问题有作用。

其中所透露的神话信息包括:①与天帝族系无关。②质朴,生动,属农村妇女口头讲述形体,从中可以看出民间保存神话的独特风格。③重点在于赞扬马齿菜和马保护太阳的动人情景,从而体现了人民的意愿。④后羿的除恶务尽可贵,但走向极端,则又违反民意。因此,当太阳因蛐鳝翻嘴告密时,马就来保护太阳。后羿围着马蹄转,终于射不住最后一个太阳。情节极有情趣:民心不可违,实际完全是想象中表达民意的巧妙安排。⑤与其他同类异文相同,太阳的恩怨报应分明,这是寄托社会世相于幻想的动物故事之中的独特表现方式。⑥此类神话在中原曾大量置换到刘秀传说中。

448. 后羿射日（一）[温县]

很古很古的时候，有一天，天上忽然出了十个太阳，一齐儿照在大地上。庄稼、树都烧焦了，地上都裂开了口子，人连个地方都没处去。

有一个叫后羿的人，膀大腰圆，力大无穷。他不光力气大，射箭也射得很准，他看着人们让日头晒得简直没法活了，就拿上弓搭上箭，一箭一个，一口气射下了九个太阳。正搭上箭准备射下第十个太阳，咦，胳肢被人拽了一下，回头一看，是嫦娥。原来嫦娥看见后羿把多余的太阳射掉了，很高兴，可是天上还得剩下太阳，好给月宫里当灯点，就赶紧拦住了他。后来嫦娥看见后羿长得结实，就爱上了他，把他带到天上了，他们结成两口后，后羿就改名叫吴刚了。

讲述人：刘林其，72岁，温县杨磊乡东城外村农民
采录人：刘建中

【点评】

本篇是流传在河南黄河北岸温县的关于"后羿射日"神话遗存的珍品。它朴实，简明，近于口承形态，是后羿与嫦娥夫妻关系最原始的记录。

其中反映以下情况：①十个太阳为害与天帝族系无关。②后羿射日，是人间"抗御灾害"英雄，与天帝派遣与否无关。神话意识比较淳朴、单一：他为征服自然灾害而主动射日。③第十个太阳的被留下，是月宫嫦娥怕没灯点，才拦住后羿的。④后羿与嫦娥相爱，被拉进月宫成了夫妻，改名吴刚。此一说法似与传统不符。但可备一说：嫦娥先已在月宫，可见其为天神。这与她吃不死药升入月宫之说不符，当在她与后羿先成为夫妻，后吃不死药升入月宫，较为合理。⑤此篇与《嫦娥下凡》相近，亦可作中原神话多元体系的例证。⑥此篇亦有"天人合一"的观念：人神可交往互通。与其他后羿只作世间英雄已有转化。

449. 后羿射日（二）[南阳市]

从前，天上共有十个太阳，他们都是天帝顽皮的孙子。

那时候,人间地面上十分繁华,树木葱茏,百草茂密,繁花似锦,人们在地面上辛勤耕耘,鸟儿在天空中唱歌,鱼龙在河水中腾跃,猪马牛羊成群成片,这可比寂寞清冷的天宫好多了。

那十个太阳都争着看人间景致,常常争吵打架,天帝就命令他们,每天只准出来一个看一天,老大头一天,老二第二天,老三第三天,依次类推。这几个太阳开始十分守规矩,人间也就安居乐业。每到早晨,该谁看景致,谁就早早爬起来,傍晚才依依不舍地离去。

后来有一天,他们又搞恶作剧了,一齐都跑了出来,树木花草都晒焦了,猪马牛羊都晒死了。人们也都被晒得半死不活地没处躲藏。于是,人们就找到了神箭手后羿,请求他把十个太阳射掉。

后羿就张弓搭箭,一个一个地射,那太阳就咕咕噜噜地掉到东海去了。

后羿一连射杀九日,第十个吓得半死,他看见地上有一堆茂密的植物,就钻了进去,吓得不敢露头了。

人间没了太阳,又黑又冷,万物也不能复苏,人们实在生活不下去了,就请求天帝,让再派个太阳。

第十个太阳知道了,就偷偷钻出来,人们热烈欢呼,黑暗的世界有了光亮,百草树木又萌生了,飞禽走兽又繁殖了,人们也安居乐业了。这个太阳再也不敢顽皮了,每天按时起床、休息,给人们带来光明和温暖。

那第十个太阳藏身的一堆植物,是马齿菜,它是太阳的恩人,至此,太阳连一棵马齿菜也没晒死过。

讲述人:潘富荣,71岁
采录人:李凤云,21岁,河南大学中文系1986级5班学生
采录时间:1989年12月
采录地点:南阳县新店乡贾庄村人边庄

【点评】

本篇是流传在河南南阳市的"后羿射日"神话遗存。它简明、古朴,接近民间口承神话形态。

其中的特点为:①十个太阳是天帝的孙子。②十日并出的原因是,都想看人间的繁华生活和美好景物。③天帝规定一个太阳出来看一天,轮流出来。后来,又争着看,闹起来,危害世人。④后羿射掉九日后,人间黑暗,人民要求天帝另派太阳。

第十个太阳听到后,偷偷钻了出来。

值得注意的是:①涉及天宫神人很少。②从神话思维特点要求,太阳完全被世俗化了。③天帝亦可直接与人世间对话,天人之际,亦无需沟通,可见其属于比较原始的特点。④不涉及天宫诸神之间的纠葛。

450. 后羿登月 [西峡县]

很古很古的时候,天上有十个太阳,一齐照在大地上。庄稼树木都烧焦了,大地裂着口子,人们真是没有法儿活了。

有一个叫后羿的人,腰圆胳膊粗,力大无比。后羿不光是力大,还是个射箭的神手。他看着人们被那毒日头晒得皮焦骨酥的,就搭上箭,一箭一个,一口气射下了九个太阳。要不是有人拦着,兴许剩下的那个日头也被射落了呢!

是谁拦着后羿没让他把剩下的那个太阳射落呢?是嫦娥。原来,嫦娥从月宫里看见后羿魁伟壮实,心里无限爱慕。当后羿搭箭准备射第十个太阳时,嫦娥忽然想起月宫里还指望留下个日头当灯点呢,就连忙从天上下来,拦住了后羿,还把他带上了月宫,和他结成了恩爱夫妻。后来,后羿才改名叫吴刚了。

后羿射日的事被当时的史官记在书上,流传了下来,不过那史官不是别人,却是嫦娥原来的丈夫。他恨透了嫦娥,所以,在史书上昧着良心抹去了嫦娥的功劳。那史官还编造瞎话,说嫦娥当初上月宫是偷吃了仙药。其实,人家嫦娥是看到他又懒又馋,写史记事也不公正;整天跟一班奸臣小人混在一起,想法子拍那昏头昏脑的皇帝的马屁,才独自跑到天上去的。后人不知道内情,以为嫦娥真的是好吃嘴才撇下丈夫,跑到了天上呢。

讲述人:马富贵
采录人:刘志伟
采录整理:张振犁　王定翔

图 18.450.1　明小说《列国前编十二朝》版画（孟宪明供稿）

图 18.450.2　明小说《七十二朝人物演义》版画（孟宪明供稿）

【点评】

本篇是流传在河南西南部西峡县的关于"后羿射日"神话遗存珍品。它与温县流传的同题神话记录相近。其中讲述人的议论不是异文的记录,恐是推测和后人评述的意见,与本体无关。

其中的文化信息与温县的《后羿射日》评语相同(此处从略)。史官与嫦娥的关系,他处似有相同的地方,可以参考。(如天宫史官想娶嫦娥未成,恨在心中,也有侮蔑嫦娥的地方)

451. 后羿追日 [南阳市]

上古时,地球分东、西、南、北、中和东南、西南、东北、西北,为之九州。每州里有一个太阳,一共九个。这九个太阳,有时候同时出来,放射出曝光烈火,把大地烤得焦灼滚烫,河井干涸,草木枯焦,禾苗死亡,人禽飞兽都难以生存;有时又一个接着一个,轮换出进,不留间歇,一直白天,没有夜晚,人们只有无休止地劳动,没有安睡歇息的时间,把人类折腾苦了。可是,谁有啥法哩!"人皇生九子,各居在一方,分为九州地,九州九太阳,太阳轮流出,累杀众儿郎,太阳同时出,众生无处藏。"这首民谣就是最好的写照。

后来,人们实在熬不下去,就不约而同,纷纷去天宫中东王父那里告状。东王父是主管日月星斗的,听了苦诉,勃然大怒,下令捉拿九颗太阳治罪。可是,派张三张三说有病,派李四李四说有事,派来派去谁都不愿前去。为啥?因为这九个太阳不仅力大无穷,行如闪电走如飞,而且浑身上下都是火,稍稍近身,就有被烧焦化成灰烬的可能,谁个不怕?所以,都怕捉拿不成,反伤了自己,便都借口不去。东王父看无人出战,火性骤起,正待发作,"父王在上,儿愿一往!"随着一声高喊,殿前闪出一人。此人二十出头,身躯凛凛,相貌堂堂,一双虎目似寒星,两条剑眉如刷漆。胸脯横阔,有万夫难敌之威风;意气轩昂,有千丈凌云之壮志;心雄胆大,似撼天狮子下云端;骨健筋强,如摇地貔貅临座上。东王父一看,不是别人,正是自己的少子后羿。后羿是东王父的宝贝蛋儿。大凡做父母的,都有亲溺少子之心,何况这后羿又是生得这样英俊无双!东王父想:让少子前去,若有个闪差……想到这里,不由得犹豫了一下。又一想:不对呀,除害救生关紧,再说,在众人面前怎能顾亲舍义呢?只好应允。

后羿谢过父王,来到后庭。头戴冲天冠,上镶无光珠;身穿抱金衫,胸披耀日镜;腰挂斩日剑,脚蹬追日鞋;左手拿提山锤,右手戴按日掌,还背上雕宝弓和射日箭。披挂一毕,准备停当,辞别父母,直奔中岳而去。

后羿为啥直奔中岳而来？中岳是九个太阳每次出来的必经之路,再者,中岳半山腰间有个大洞,可以隐身藏体。

后羿驾起祥云,来到中岳上空,然后按下云头,收着阵脚,着落在中岳山巅,藏身于半山腰的大洞之中。这时,太阳过来了。一、二、三……一个个喷着烈火,射着强光,奔驰而来。后羿伏在洞口,屏着呼吸,两眼紧紧盯着。等到第一个太阳来到洞口,他就忽地窜上去,抡起砸日锤,"通!"砸了下去。那太阳正得意忘形,冷不防挨了一锤,只觉得头晕目眩,眼冒金花,眼前一黑,栽倒在地上。后羿乘势赶上去,右手一把紧紧抓着,左手将中岳一提,提了起来,把太阳往下边一放,压到了中岳山下。其余八个太阳见老大被擒,压到山下,顿时恼羞成怒,一齐围上来替老大报仇,把后羿紧紧围在中央,往身上喷火,往眼里射光。但是,不管他们咋喷、咋射,后羿却毫无惧色,一点不怕,并且越战越强。太阳一看不是对手,不敢恋战。心想:三十六计,走为上策,还是赶快逃命为好,便虚晃几枪,纷纷逃去。后羿杀得性起,哪肯罢休,他抡锤舞剑,紧紧追杀,一鼓劲打倒砍伤了七个,并把他们分别压到了昆仑山、五台山、太行山以及东、西、南、北四岳之下。剩余那一个后羿看它逃得远了,难以追上,就取下雕宝弓,搭上射日箭,"嗖"的一下,不偏不倚,射在日头的中心。只听一声惨叫,日头栽到了地上,鲜血直流。正待追上去杀掉,东王父下命令,让留下一个,和月亮昼夜轮换出来,为地上的众生造福。从此,地球上就剩了一个太阳。而这一个太阳,因为被后羿射了一箭,落了一个伤疤,经常流着鲜血,后世人看到,中午时太阳中有块黑斑,早上和傍晚太阳总是鲜红鲜红的,也就是这个缘故。而那八个太阳被压到三山五岳下之后,继续散发热量。时间久了,把山下的石头和泥沙都熔化成了炽热的水,把泉水也烧成了热的,酿成了火山爆发和温泉。

讲述人:邱海观,70岁,农民
采录整理:李明才
流传地区:豫西南南阳地区

【点评】

本篇是流传在河南南阳市的关于"后羿射日"神话遗存的"异体"珍品,它对研究中原神话多元体系构建问题,有重要价值。

其中透露的中原神话文化信息有:①盘古开天时,地分九州,每个州有一个太阳。②日月星辰运行,由东王父管。③地上九州,由人皇的九个儿子掌管。因九日为害,人们找东王父。东王父派人斩太阳,都畏难不去,只有第九子后羿愿往。④后羿斗日,必须到中岳嵩山,因为太阳出来都必须经过中岳。后羿藏在嵩山半腰的山洞里,迎战九日。这说明后羿追日在中原。⑤后羿捉住九个太阳中的八个,分别压在昆仑山、五台山、太行山及五岳山下。最后剩一个,后羿仍要提时,东王父让留下一个照明。八座山下有温泉,就因为下面压着太阳。

值得注意的问题和本篇的意义:①后羿射日神话,只有在中原普遍流传,而且都在登封中岳周围(巩义、登封等),说明后羿神话在汉画像石中出现绝非偶然。②本篇的讲述者是河南南阳有名的"开放型"的民间故事家。他阅历广,经历丰富,知识渊博。语言生动,虽然地区性语言显得不够纯,但却有风采。其中有些是中原神话多元体系的重要标志之一。

452. 十二个太阳 [正阳县]

传说在很早很早以前,天上共有十二个太阳,他们都是玉皇大帝的儿子。按规定,十二个太阳轮流值班,一个太阳管一个月。可由于玉皇大帝惯坏了他们,要么都一齐出来,要么一个也不出来。不出来时,一连几天甚至几十天人间黑暗一片,寒冷得要命,人们什么活也干不成。出来时,大地顿时热气升腾,照得人们睁不开眼睛,热得喘不过气来,庄稼被烤得卷了叶,树木勾了头。凡人们受够了太阳的折磨,便推选一个弓箭射得又远又准的勇士去把太阳射落下来。

这个勇士背着干粮,带着弓箭出发了。他走了九九八十一天,终于爬上了一座人间最高的山头,因为这儿离太阳最近。可是等他射箭时,太阳们又都不见了。于是他就在山头上等。一直等到把随身带的干粮吃光了,太阳也没出来。就在他抵不住饥饿准备下山时,十二个太阳都出来了。十二个太阳一露面,这个勇士马上感到浑身像火烧着了一样难受,他咬紧牙关,拿出弓箭射了起来。一个、两个、三个……当这个勇士把最后一个太阳射落时,他也倒下再起不来了。

人们恨透了这些作恶多端的太阳,他们落到哪里,人们就赶到哪里将他们一个个打碎埋掉,当打完第十一个时,人们怎么也找不到最后一个了。原来,最后一个太阳落下时,正好滚到一颗很大很大的马食菜下边,被马食菜秧遮得无影无踪。人们东找西找,就是看不到。

这时玉皇大帝得知了这件事,马上派天神下凡向人们道歉,并传话让凡间饶了这最后一个太阳。人们想到世间也离不开太阳,便也不再找了。于是这最后一个太阳重又回到了天上,再也不敢胡闹了。每天早出晚归,按季南移北撤。从此,人间有了白天黑夜,一年分为春夏秋冬。人们日出而作,日落而息,春种秋收,平平安安过着日子。

太阳为了报答马食菜的救命之恩,对马食菜非常关心照顾,阳光不论多毒,都不令损伤马食菜。如果你不相信,可以挖一棵马食菜放在太阳下,就是晒上三天五天也不会把它晒死。

讲述人:艾连香,女,30岁,小学毕业,工人
采录整理:艾守斌,男,34岁,初中毕业,干部
采录时间:1987年10月
流传地区:正阳县

【点评】

本篇是流传在河南正阳县的关于"后羿射日"的神话。

其中透露出:①天上十二个太阳,每月出来一个。因为是玉帝儿子,不遵天规,为害人民。②人们推举一个会射箭的勇士除日。他在最高山上射日,因等时间太久,又饿又累,射掉十二个太阳,就累死了。③群众把射下的太阳砸碎埋在地下。因有一个太阳藏在马食菜下,躲过了群众的搜寻。④玉帝让留一个太阳。这个太阳因马食菜相救,得以保存下来。⑤太阳报恩不晒死马食菜,与同类记录相近。

453. 羿和妻子[南阳市]

羿的妻子叫嫦娥,长得很漂亮。她整天不干活儿,还闹着丈夫给弄好的吃。羿很爱嫦娥,经常四处打猎,取美味让她吃。时间长了,圆圈儿①一百多里的飞禽走兽被嫦娥吃光了。

一天,嫦娥闹着非吃金乌肉不可(金乌肉就是老鸹肉)。要弄不到金乌肉,她就不活了。羿看妻子哭闹得厉害,就答应出去猎找金乌去。

羿穿过林子,跨过山崖,走了三天三夜,没见一只金乌。第四天的黄昏,羿见村边地里落了一只黑鸡,他眼疾手快,"嗖"的一箭,那只黑鸡拍下翅膀,伸腿了。羿高兴极了,心想:妻子总该有笑脸了吧!他正要去捡哩,走过来一个老太太不愿意了,

---

① 圆圈儿:方言。方圆的意思。

说他不该把叼食儿吃的黑老母鸡射死。后羿向老太太说了自己的难处,又说黄昏时,人也累了,眼也花了,求老太太原谅他。

老太太是个明白人,听后羿这一说,也不再不依①他了。后羿说:"老太太,黑老母鸡也死了,我也没找着金乌,我想拿你们老母鸡当乌鸦,回家哄哄妻子算了。你要愿意,我把随身带的干粮放下,再给你一张虎皮,行吗?"

老太太答应后,后羿连夜赶回家,给妻子做了碗"金乌汤"。

嫦娥喝金乌汤喝得多了,一品味就知道是假的。她把碗一摔,哭闹着说:"你后羿不是真心爱我,你拿这假金乌汤哄我!"

后羿为了不让嫦娥生气,又起五更找金乌去了。

后羿一走,嫦娥就把后羿的箱子撬开,这箱子里放有两粒仙丹。这两粒仙丹是后羿一次在深山打猎时,被下凡游玩的王母娘娘看中,赐给他,让服下,脱去凡体,到天宫。后羿得到了仙丹,回去想告别妻子嫦娥后再服仙丹升天。谁知,一见妻子,又舍不得走了。嫦娥长得很美嘛!想着俩人都喝吧,一人只喝一粒,上不了天。后羿就把这事儿给嫦娥说了说,就把两粒仙丹锁在了箱子里。

嫦娥喝了假金乌汤后,觉得丈夫不是真心爱她了,越想越生气,就趁后羿不在家,偷偷儿喝了两粒仙丹。

后羿打回了真金乌,嫦娥抱着小白兔飘到天上了。

讲述人:孙建英
采录整理:马卉欣

【点评】

本篇是流传中原地区的关于"后羿嫦娥"神话的珍品。它接近民间口承形态,对研究中原神话多元体系有参考价值。

其中透露如下的信息:①后羿和妻子嫦娥的感情很好。②嫦娥有好吃的习惯,丈夫后羿每天射猎金乌,满足妻子的要求。③后羿得不到金乌时,偶然用一老太太的母鸡顶替。嫦娥发现后,疑心丈夫对她不是真心。④嫦娥与丈夫的生活纠葛,引出吃仙丹(王母所赠),升入月宫。

值得注意的是:①王母赐后羿仙丹,说明人神之间可以交往的原始观念。②平常人吃仙丹,亦可超脱凡尘,进入神仙境界。③后羿与嫦娥之间恩爱,虽因生活中

---

① 不依:方言,不答应的意思。

的小误会,终弃后羿而去。这和有的人的诬蔑不可同日而语,也不必为此责怪嫦娥对丈夫不忠,甚至丑化、谩骂嫦娥,更属别有用心之说。

454. 嫦娥下凡[桐柏县]

传说,天上有个大将叫后羿,箭法超群,百发百中,他专门守护在天宫外边儿,不让怪物打扰神的安歇。

有一年,天上出现了十个太阳,晒得大地像火燎一样,人们对天叫喊,请苍天睁睁眼。喊声吵得老天爷连觉都睡不着。他就派大将后羿去说一下这十个太阳,说说大话吓吓它们,别一起跑出来就行了。

后羿问太阳:"喂,你们为啥整天一起照射大地!"

太阳回答:"有两个天神,放了两只神鹰,要下凡当天下的主人。"

后羿插话:"鹰好当人的家?"

太阳回答:"越是癞八叉,越要争着当家呀!"

后羿接着又问:"它俩争它俩的,与你们啥相干?"

太阳说:"俺看热闹,看看谁能斗赢?"

后羿说:"要看它俩斗的话,一个个儿地看吧!"

"不中!一起看才痛快呢!"

后羿一恼,把两只鹰射死了,落在了地上,他说:"我叫它俩没法争着当家,小太阳们也没法看热闹。"

后羿射死了鹰,太阳们还不收场,大地还不安宁。一天又一天,太阳还不回家。太阳们说:"后羿让咱看不成热闹,咱还在这儿玩,自己给自己凑热闹。"

后羿是个强脖子,一看十个太阳还不回家,就骑上神马,搭上弓,瞄准那个太阳就是一箭。只听"哇"的一声,那个太阳落下地了。后羿一看,这个被射死的太阳是一只三条腿的乌鸦。后羿接着又发了几箭,又落下了几只乌鸦。太阳老九一见,冲向后羿,晒焦了后羿神马的毛,晒焦了后羿的帽子和衣裳。后羿为了天下能太平,心想:我要使尽力儿,鼓足劲儿,非争个赢不可。他又射了一箭,第九个太阳变成了一只死乌鸦。

眼见后羿体力支不住了,还要搭弓射第十个太阳,一个老农拦住了他。那老农说:"后羿呀,天神爷!留一个太阳吧,别让大地变成黑洞洞的了。"

后羿听了这话,留下了最后一个太阳。老农一说"谢谢!"羿的身子"唿塌"软了,别说登云回天宫了,连站起来的力气也没有了。

本来后羿没有回天的力了,再加上老天爷又不叫他回天宫了。老天爷怕得罪太阳神,对王母娘娘说:"后羿是办了点儿好事,要是再赐给他点仙力,还能回到天宫。他一回来,咋向太阳神交代小太阳被杀的事儿呢!"

王母娘娘平时很喜欢后羿,这个时候又没法对老天爷讲情让他上天,就想了个好法儿。她对老天爷说:"这样吧!人家办好了那事儿,又躺在下边上不来了,干脆让嫦娥下凡配后羿,安个家吧!"

老天爷说:"嫦娥?"

王母娘娘说:"从前他俩就眉来眼去的呀!这回咱行个好,算啦!"

老天爷扭扭脸没说话。

王母娘娘说:"我知道你喜欢嫦娥这个妮片子。不会儿等太阳神消了气儿,我再想法让她回天上来。"

就这样,嫦娥下凡配了后羿,成了夫妻。

讲述人:邓鹏

【点评】

本篇是流传在河南桐柏县的关于"后羿嫦娥"神话遗存的珍品。它接近民间口承形态,对研究中原神话流变有重要价值。

其中反映的文化价值为:①后羿和嫦娥都是道教神国的神。②太阳神的十个儿子为害百姓。天帝派天国卫士后羿吓唬十个太阳,制止作恶。③后羿见劝告无效,乃射掉九日。④天帝怕太阳神得罪不起,影响神国安定,又不能惩罚后羿。为难中,王母让后羿下凡居住,劝天帝派嫦娥下凡配与后羿为妻。可见,神界与人间的界限可以转化,这是原始社会人神互通观念的典型。

值得注意的是:①神国恩怨之争及人际纠纷的出现,当是地上有了部落联盟制度的折射。与其他传说比起来,时间要晚。②本篇道教化明显,这是中原神话的普遍现象。

455. 嫦娥与后羿[豫中一带]

从前,嫦娥并不是一个神仙,而是凡人,由于她长得美丽出众,被河神看中了,想娶她为妾。嫦娥不从,触怒了河神,他就使起魔法,霎时飞沙走石,刮起了一阵妖风,将嫦娥刮得晕头转向,昏倒在地上。

河神想趁机将嫦娥抢走,这时走过来一个小伙子,名叫后羿,他年轻力壮,很有正义感,看到河神欺负民女,就取出了自己的箭,朝河神射击,正射中河神的一只眼,河神痛得哇哇乱叫,赶忙逃走了。

嫦娥醒来,看到后羿搭救了她,非常感激,她又看到后羿长得非常英俊,就与他成了亲,小两口非常恩爱,日子过得挺幸福。

再说河神回到龙宫,非常气恨,想狠狠报复一下人间百姓,他突然看到龙宫中树上的九只亮光光的金翅鸟,就决定将这九只金翅鸟放到人间。

这九只金翅鸟可是龙宫中的传家宝,它们遍体透亮,发出强烈的光,所以才把龙宫照得金碧辉煌。河神将这九只金翅鸟放出后,它们就飞到天上,成了九个太阳,加上原来的一个共是十个太阳,这十个太阳一个接一个地轮番挂在天空,于是人间没有了黑夜,天天烈日当空,地干了,河枯了,庄稼也干死了,许多人被饿死、晒死,人间陷于悲惨的境地。

后羿看到这种情况,知道是河神搞的鬼,他决心出去学艺,制服河神,拯救百姓。于是后羿就外出求艺,一边访一边学。一天,他遇到了南海法师,就把自己的想法告诉了他。南海法师说:"你学艺是好事,可是即使你学好了武艺也奈何不得它们呀,这样吧,我给你一粒药丸,到六月六这天的正午,你就将它吞下,这样你就会飞到月宫,那儿有个将军叫吴刚,你向他要一副箭,就可把天上的那九个太阳射下来。"后羿感谢了南海法师,带着药丸回了家。

到家后,后羿将遇到南海法师的事向嫦娥说了,两个都很高兴,心想百姓快有出路了。

可是由于后羿劳累过度,回家不几天就病倒了,昏迷不醒。到了六月六这天正午,嫦娥叫他不应,推他也推不醒,急得不得了。她想如果延误了时辰,药丸就会失去效用,百姓就永远没有活路了。于是就自己吞下了药丸,一会儿,她就感到身子轻飘飘地,飞了起来,一会儿就到了月宫。

月宫中的仙女都出来迎接嫦娥,嫦娥向她们诉说了事情原委,提出要箭的事,仙女们于是就采集流星作箭头,送给嫦娥,并领她见了把守月宫的将军吴刚,吴刚从月宫中的桂树上采下桂枝做成箭杆送给嫦娥。

当后羿醒来时,发现嫦娥拿着管神箭站在他面前,知道嫦娥吃了药丸后变成了神仙,人神不能长久住在一起,他们不久将要分离,于是就非常伤心地哭了起来。但他又想到救百姓要紧,就赶紧从嫦娥手中取过神箭,飞上天空,将那九个金翅鸟变成的太阳全射了下来,只剩下原来的那个。于是,人间恢复了原来的样了,百姓们得救了。

不久,嫦娥不得不又飞回了月宫,他们夫妻不得不永远分离了。可是嫦娥经常想念她亲爱的丈夫,每当月亮圆的时候,如果你仔细看,就会发现,月亮中有一棵桂树,旁边倚着一个人,那就是嫦娥,她在向人间眺望她的丈夫呢。

讲述人:李卫华之祖母
采录整理:李卫华
采录时间:1989 年 12 月 10 日

【点评】

本篇是流传在河南中部的关于"后羿嫦娥"神话遗存的珍品。它是农村老太太讲述的原始神话形态。其中虽有南海法师道教神在起作用,但就神话本体而论,神话意识仍是主体意识。对研究中原神话受道教影响的问题,有参考价值。

其中透露如下的信息:①后羿、嫦娥原是人间恩爱夫妻的结合,也是后羿救了被河神抢走并吓昏的嫦娥的结果。②十日为害,是河神被后羿射伤后,心存报复,把龙宫金翅鸟放出变成九个太阳为害百姓。③后羿要学艺,遇见南海法师赠仙丹,去取神箭,方可射日。后羿因劳累昏迷,嫦娥吃仙丹后,升入月宫取回神箭,后羿醒后射下九日。但二人再不能相处,悲痛欲绝。嫦娥升入月宫后,因思念丈夫,常倚桂树旁,向人间张望。

值得注意的是:①此篇与巩义的《嫦娥奔月》属同一类型。②南海法师送仙丹的情节,是道教初起的"方仙道"时期的观念。这说明此篇产生甚早。③后羿射河神,见于文献(《洛神宓妃》)。④此处与天帝王母无甚纠葛,比较单纯。⑤后羿与嫦娥都是凡人,不愿离开人世。服仙丹也不是求长生,而是为救百姓,除烈日,题旨境界极高。嫦娥和后羿为救百姓之难,作出了夫妻分离的极大牺牲。这是所有同类神话中最有意义的珍品,对某些文人对嫦娥的攻击和诋毁,都是有力的回击。⑥本篇在类型学上,属于"抗恶英雄"神话,后羿嫦娥夫妻均系典型。因此,它对建构中原神话多元体系有重要意义。⑦所谓"嫦娥应悔偷灵药,碧海青天夜夜心"的诗句,从反面证明了嫦娥的圣洁、后羿的可敬。

456. 嫦娥奔月(一)[濮阳县]

古时候,有一个漂亮善良的姑娘,名叫嫦娥。这个姑娘很能干,她的心眼也好着哩!在黑间她好看天上的星星。嫦娥的爹和娘都是老百姓,不知道在哪儿,她家弄来很多草药。有一种药,她爹老是不叫嫦娥看,也不叫她吃,嫦娥姑娘最好打破沙锅问到底了。有一天,她趁着家里的人不在家,就偷偷地打开了药罐。哦,这药真好吃,她想着爹娘留着好东西不给她呢,嫦娥就越吃越想吃。

不好了,嫦娥吃罢药,肚子里就觉得不得劲,身子像是越来越轻,嫦娥飞起来了。嫦娥飞呀飞呀,她也不知道到哪儿了,就见脚底下有圆球。嫦娥就在月亮上住下了。她后悔了,在这又冷又黑的广寒宫里边真不好受,她有多想家呀!姑娘也没法,咋着也不能回家,她哭了。姑娘的哭声最后感动了老天爷。玉皇大帝显了灵,派玉兔降到月亮上边,陪着嫦娥,哄哄她,给她做个伴。上帝还派了另一个男子吴刚跟了她。从此,我们就能在月亮上看到玉兔和吴刚伐树了。

讲述人:陈蓝天,男,50岁,男,大学毕业,农民
采录人:陈印景,河南大学中文系1986级1班学生
采录时间:1989年11月
采录地点:濮阳县习城

【点评】

　　本篇是流传在河南濮阳地区的关于"嫦娥奔月"神话的"别体"异文,对研究后羿嫦娥神话有一定参考价值。

　　其中的特点为:①嫦娥与后羿无夫妻关系。②得仙药不是西王母给后羿的不死药,而是嫦娥的父亲在采药时,得到的中草药。③嫦娥飞入月宫,完全出于无知,自然飘入,而非受神人指点。因此,在月宫里,她悲伤痛哭。④月宫中的玉兔是玉帝送给她做伴的,吴刚进入月宫,是玉帝送去与嫦娥成夫妻的。此说亦见于他处说嫦娥把后羿带入月宫,变作吴刚的。⑤玉帝介入,显然受方仙道的影响。

　　值得注意的是:①本篇似为最原始嫦娥奔月神话之一。②本篇可作中原神话多元体系建构的例证之一。

457. 嫦娥奔月(二)[巩义市]

　　回郭镇的刘村,位于洛水两岸。这里有一座庙,叫宓妃庙。庙里供奉的宓妃,是伏羲氏的女儿,也就是人们常说的"洛神"。

　　相传在盘古的时候,华夏族的祖先伏羲就住在洛河南岸一带。为了祭河图、洛书,他在洛口筑了个八卦台。伏羲往来于黄河、洛水之间,坐的是一只独木小舟。

宓妃既美丽又聪明,伏羲外出时常常把她带在身边。有一次,伏羲忙于神事,很晚很晚还没回来。宓妃觉得独木舟挺好玩,就独自一人驾起小舟,在洛河上下游玩起来。划啊,划啊,划到斟鄩郊外的訾殿、刘村之间时,突然狂风大作,阴云密布,波涛汹涌,浊浪千丈,随着电闪雷鸣,一条青白凶龙窜出河面,直向小舟扑来。宓妃早已魂飞胆丧,惊叫一声,跌落水中溺死了。

伏羲失去了爱女,十分忧伤,日日夜夜守在洛河岸边哭泣,边哭边呼唤"宓妃"的名字。他的哭声感动了玉皇大帝,玉皇大帝便封宓妃为"洛水之神",执掌洛河。洛河上空经常云雾飘游,那就是洛神在河面巡视往返呢。

把宓妃惊吓落水的凶龙,原来是执掌黄河之神河伯。河伯性情放荡,喜怒无常,心胸狭窄,盛气凌人。宓妃生前在洛水荡舟已使他顿生妒恨,谁料死后又被封为掌管洛水之神,更加怒火中烧。心想把宓妃从洛水驱走,又慑于玉皇大帝的威严,不敢鲁莽行事,思前想后,他终于想出一条妙计,摇身一变,化为一个英俊后生,去向伏羲求婚。河伯嘴上说早对宓妃有爱慕之意,心里却暗想,只要你答应了这门亲事,我既可占有美丽的洛神,又能继续在洛河逞威,岂不两全其美!伏羲见河伯面目文雅清秀,求婚之意真切,也就答应下来。河伯走后,伏羲便来到宓妃溺水的地方,设下香案,祭祷洛神,告知已将她许配河伯,要她尽速打点嫁妆,迎候新郎。宓妃是被河伯害死的,如今旧仇未报,又添新恨,死活不肯应允。但是,父亲既已应诺,想必也是天意。无奈,只得强忍怨恨,嫁给了河伯。

宓妃出嫁以后,终日以黄河的滔天巨浪为伴,这情景常常使她产生痛苦的回忆。况且这里距离伏羲居处路途遥远,思乡心切。于是决意仍旧住在洛河,河伯也勉强不得。从此,河伯只得来往于河洛之间。每当河伯来洛河时,总是挟风带雨,泛滥的洛水,淹没一片片农田。而当河伯离开洛河时,这里又酷热难当,大地龟裂,庄稼旱得又枯又焦。

有一年,河伯一去黄河不归,天上出现了十个太阳,大地旱成一片火海,庄稼、树木全晒死了,人也被晒死大半。这时有个射箭的英雄叫后羿,请求伏羲让他把太阳都射下来。伏羲十分高兴,并把后羿请到八卦台上射日。后羿登台迢迢一望,挽起射日弓,搭上穿天箭,速发九箭,无一虚发,九颗太阳一个个从天上滚落下来。当后羿挽弓搭箭,欲射最后一颗太阳时,伏羲拦住了他,说是留下一个太阳普照万物,不然天下永远黑洞洞,那还了得。天下还有许多巨兽残害生灵,你留下一支箭射杀它们吧。

后羿按照伏羲的指点,越崇山,跨峻岭,四处追射吞噬活人的巨兽。那时的野猪大得像山冈,蟒蛇有几百里长,黑熊的掌子比麦场还大。但是,能射下太阳的利箭,还能射杀不了这些野兽?后羿瞄准一个,撂倒一个;瞄准一个,撂倒一个。终于把它们全都射死了。那条长几百里的蟒蛇被射死后,横卧在黄河与洛河之间,变成了现在的邙岭;那头像山冈一样大的野猪被射死变成了褚岭;掌子比麦场还大的黑熊,化为黑石山,它的嘴巴被射日箭穿成大洞,那就是"黑石关"。从此以后,天下太平,四时接序,五谷丰登,百姓安居乐业。

一天,后羿骑马来到洛河岸边散心。在明镜一般的洛河下游,有一股浊浪自黄河逆流而上。后羿觉得好生奇怪。等到那浊浪到了眼前,定眼一看,才发现水里有一头凶龙。后羿一眼认出它就是在洛河两岸吞云吐雾、酿造旱涝灾害的祸首。于是拈弓搭箭,"嗖"的一声,正中恶龙右眼。那恶龙怒吼一声,腾空而去。

原来那天河伯是来找宓妃的。正在河中得意游弋,不防被射瞎了眼睛。但他也知道后羿那张射日弓的厉害,不敢与后羿争斗,便来到天庭,向玉皇大帝告状,说后羿射伤河神,罪不容赦。玉帝有心袒护功绩卓著的后羿,便一边问河伯详情,一边在寻找口实。当河伯说到他当时是变作一条龙向洛河游去,玉帝截断他的话说:"龙乃虫也。后羿射的是虫,何罪之有?你河伯随意化成大虫,有辱神格,本当重责。但念你已负伤,不加治罪。去吧!"河伯只好悻悻地回到河府。

却说宓妃见河伯眼被射瞎,而且更加丑陋,十分恼怒,便跃出水面,厉声责问:"是谁如此大胆,竟敢射伤河神?"

后羿答道:"天上天下,谁不知道我后羿这张射日弓?一条恶龙,兴风作浪,害得天下民不聊生。为民除害,理所当然。"

几句话说得宓妃无言以对。接着,后羿又把自己如何射日、射封豕、射修蛇的经过讲给她听。宓妃越听越感动,越听越对这位射日英雄产生仰慕之情。心想,若能把河伯换成后羿,那该多么幸福。于是,她就把自己的不幸遭遇讲给后羿听。后羿正缺一个能给自己缝缝洗洗的女人,他当即表示要娶宓妃为妻。二人越说越投机,最后,宓妃走上岸来,和后羿一块骑马回到了斟鄩,也就是现在的罗庄。后羿深深地爱着宓妃,并给她改了一个很好听的名字叫嫦娥。

从此以后,嫦娥终日在家,后羿照常出去打猎。后羿的箭法极好,没有几日,附近的野兽就全被他打光了。以后,每再出去打一次猎,就得一连数日不归。再往后,一出去就是半个月,再往后就得半年才能回来。年长日久,嫦娥渐渐觉得寂寞难熬,心情郁闷不乐。这天晚上,后羿终于回来了,看上去好像喝了酒,神采飞扬。他兴冲冲地对嫦娥说,这次打猎,摸到了昆仑山,见到了西天王母。西天王母赐给他一包仙丹,吃了这药以后就可升天。还说,他要再出一趟远门,给嫦娥备足够下半辈子吃的野兽。然后,他就要升天成仙了。

粗心的后羿,第二天一大早就又走了。嫦娥望着他远去的背影,不觉潸然泪下。她哀叹自己命苦:先嫁河伯,少情寡义;后嫁给后羿,本想有个寄托,不料这人不久也要弃她而去。嫦娥不禁暗自伤神,终日在家长吁短叹。她曾想到去寻短见,但她是神,神是死不了的。可是这样苦苦地活着,比死还难受,往后这日子怎么打发啊!

这天晚上,嫦娥来到院中。只见一轮明月挂在中天。那月亮上影影绰绰,似有亭台楼阁。仔细看时,却又是一片冰轮,洁净无瑕。她想,那上边一定是个纯洁美妙的世界。于是她想到那天后羿的仙丹。主意拿定之后,她回到茅屋,打开箱子,从首饰匣中取出了那包升仙之药,也来不及倒水,便将仙丹吞了下去。霎时,只觉得头晕目眩,飘飘欲仙,身不由己,升向天空。嫦娥舒展衣袖,天空立刻出现一团五彩缤纷的天花。那团天花越升越高,终于消逝在月亮四周那片清辉里。嫦娥奔到月宫里去了。

过了很久很久,后羿才从远方回来。当他发现嫦娥吃了仙丹,奔向月宫之后,没有悲伤,没有眼泪,又骑上马找西天王母去了。他希望再讨来一副仙丹。仙丹讨到了没有,人们不得而知。但是后羿再也没有回来。

嫦娥真的奔月而去了。后来,曹植到洛水时写了一篇著名的《洛神赋》。那不过是借题发挥,想念自己的心上人罢了。洛神哪里还在人间呢!

采录整理:丁永鉴 赵现民
流传地区:巩县洛河沿岸地区

【文献选录】

羿除天下之害,死而为宗布,此鬼神之所以立。高诱注:羿,古之诸侯。河伯溺杀人,羿射其左目;风伯坏人屋室,羿射中其膝。又诛九婴、窫窳之属。有功于天下,故死托于祀宗布。祭田为宗布,谓出也。一曰:今人室中所祀之宗布是也,或曰司命傍布也。

(《淮南子·泛论训》)

帝降夷羿,革孽夏民,胡射夫河伯,而妻彼雒嫔。王逸注:雒嫔,水神,谓宓妃也。传曰:河伯化为白龙游于水旁,羿见射之,眇其左目。河伯上诉天帝,曰:"为我杀羿。"帝曰:"尔何故得见射?"河伯曰:"我时化为白龙出游。"天帝曰:"使汝深守神灵,羿何从得犯汝?今为虫兽,当为人所射,固其宜也。羿何罪欤!"

羿又梦与雒水神宓妃交接也。

(《楚辞·天问》)

《汉书音义》曰:宓妃宓牺氏之女,溺死洛水,为神。

(曹植《洛神赋》李善注)

【点评】

本篇是流传在河南巩义市洛河两岸的关于"嫦娥奔月"神话遗存罕见的珍品。

它产生流传的地域地望清晰,神话思维鲜明,与我国远古神话关系密切,与文献印证清楚。因此,它是至今在中原乃至全国最珍贵、最有权威性的神话遗存。

其中透露的我国远古文化信息有:①中原河洛地区的文化,是我国上古原始文化发祥地之一。这里远古神话集中,意义重大。②作为中原上古原始善射部族首领的后羿,是该部族首领的代称符号,时代久远。上下有伏羲、黄帝、尧,直至夏禹,都有活动的神奇英雄的传说流传。但作为神话人物,不应与夏代有穷后羿相混淆。③后羿射日,斩修蛇,擒封豨,杀九婴等勋业,文献上有记载,在巩义也都可找到遗迹。后羿作为"抗御英雄"的业绩,应是从该地区活的民间口承神话采录的。这是羿最原始的珍贵资料的来源。④本篇从当地实际情况出发,证之以伏羲时代河洛地区的"河图洛书",画八卦等圣迹,理出后羿最早的"射日"壮举在尧之前的伏羲时代的传说,就探寻到了射日神话产生的最早时间。这是一大奇迹。⑤后羿射河伯,救洛神宓妃,古今传为美谈。尤其宓妃与后羿婚后改名嫦娥,追本溯源,后羿也成了伏羲的女婿,尤其珍贵。⑥后羿与嫦娥婚后亲爱,因经常打猎不归,嫦娥感到寂寞又向往月宫的幻境,服仙药后而升入月宫,与此神话记录类同。文献亦多有记载。本篇的主要价值追溯到了原始诞生地,廓清了许多疑团。值得注意的是:①宓妃的生地,活动经历在巩义洛河两岸,后羿的部族国都斟鄩就在巩义罗庄。这些足以证明,此篇的权威佐证作用。②其他地区的此类神话,多系从这里的神话派生或传播过去的(如桐柏),其主要产地在巩义、登封、新密一带。这是科学的结论。

458. 中秋节的由来[安阳市]

如今,每逢月至中秋,人们都要吃月饼,喝好酒,在外地的人也要赶回家来和亲人团聚,共度这样一个团圆节。可关于这中秋节的由来,还有着一段美丽的传说呢。

相传,很早很早的时候,地上有一对夫妻,男的叫后羿,是位力大无穷的勇士,女的叫嫦娥,是位美貌的贤良女子。后羿整日打猎,种田,为百姓做了许多好事,受到百姓的拥戴,他自己也以此为荣,可嫦娥却不是这样,她总是幻想着能过上天堂的生活,可两个人都是肉体凡胎怎么上天呢?嫦娥就对后羿说:"你出去一直向西走,到昆仑山去,听说那里是王母娘娘住的地方,到了那里向王母讨点仙药我们俩就可以上天了。"后羿心里不高兴,可还是照办了,他背上弓箭,挎上宝刀,跨着千里马出发了。

一路上他过了七七四十九座山,过了七七四十九条河,经历七七四十九重难关,终于到了昆仑山,向西王母讨到了仙药。后羿回来以后,嫦娥更加殷勤地照顾丈夫,后羿对她说:"我带的药不多,要是一个人吃了会升天,要是两个人吃了会长生不老,你看我们怎么办呢?"嫦娥想了想说:"我愿意与你一起长生不老。"后羿说:"好吧,那咱们到八月十五,等人们收了庄稼,庆祝丰收的时候再喝仙药吧。"

以后,后羿忙着干活,可嫦娥总惦着仙药的事。说着说着八月十五到了,人们拿出自己的劳动成果分享,庆祝一年劳动换来的丰收的欢乐,家家户户都是喜气洋洋的。这天晚上月亮又大又圆,嫦娥等着后羿回来好两人一块吃仙药,可左等右等不见人回来,她就独自一个人把药拿出来先把自己的那份吞了下去,马上她觉得自己全身清爽,舒服极了。"可人飞上天究竟是什么样子呢?"嫦娥经不住好奇心的诱惑,把她丈夫的那一份也吃下去了。过了一会儿,她发现自己全身轻飘飘地,脚离了地,要飞起来了。这个时候,后羿刚刚回到家,见妻子这个情形就知道坏了,想上前拉住她,可哪里拉得住,只扯下一片裙子。

嫦娥飞到了天上,又冷,又饿,凄凄清清,哪有人间欢乐。可是已经没有办法挽回了,她看见月亮大大圆圆的就飞了进去。后羿在地上顿足不已,后悔自己不该寻什么仙药来。

从此以后,他们天各一方,每当八月十五月亮高高挂在天上的时间,嫦娥都会从天上遥望人间,想念她的丈夫。后羿也会对月酌酒,怀恋妻子。时间一长,人们都把八月十五这天当做团圆节了,告诉人们不要忘记亲人和故乡,即使是客属的游子也会努力回乡与家人团聚。

据说八月十五的酒是月中嫦娥洒下的眼泪,人们吃的月饼是照月亮的样子做的,为的是让人们吃进肚里,记在心里。这件事对人们的影响可大了,难怪至今还听人常说"每逢佳节倍思亲"呢!

讲述人:胡阅,50岁,安阳郊区农民
采录人:翟宏为,河南大学中文系1986级2班学生
流传地区:安阳地区

【点评】

本篇是流传在河南安阳地区的关于"嫦娥奔月"神话遗存的珍贵异文。它接近口承形态,对研究后羿、嫦娥神话有重要参考价值。

其中的主要特点表现为:①后羿、嫦娥为人间一对恩爱夫妻。②嫦娥幻想过天堂生活,要丈夫去昆仑山向西王母讨不死药。后羿虽不乐意,仍然照办了。③后羿与嫦娥愿服仙丹各自的一份,长生不老。④中秋夜嫦娥等丈夫未归时,吃了仙药,飞入月宫。后羿归来,只抓下一片裙子。只好对月中妻子饮酒,嫦娥望人间恋念后

羿,洒眼泪,令人心酸。

值得注意:①嫦娥只是由于好奇心驱使,才酿成家庭悲剧的。②中秋习俗敬月,源自此神话。人们无责怪嫦娥之意,同情心形成团圆节习俗。③"嫦娥不忠说"虚妄不实。

459. 中秋节的来历[社旗县]

相传远古时候,天上一共有十个太阳,晒得大地冒烟,庄稼枯焦。百姓们难活下去,那时有个英雄叫羿,力大无穷,能开万斤宝弓,能射巨蛇猛兽。他同情受难百姓,就弯宝弓,搭神箭,一气儿射下九个太阳。

从此,羿的名字传遍天下,人人敬仰。后来,他娶了个妻子嫦娥,嫦娥能歌善舞,非常美丽,夫妻二人相亲相爱,生活美满幸福。嫦娥心地善良,常把丈夫射来的猎物接济乡亲们。乡亲们都夸羿娶了个好媳妇。

一天,羿在射猎途中,碰见一个老道士。他佩服羿的神力,赞赏羿为民造福的功劳,赠羿一包不死药,说吃了可以成仙升天。可羿舍不得心爱的妻子,更舍不得父老乡亲们,不愿自己一人升天,回家把药交给了嫦娥,叫她藏起来。

羿射日出了名,有不少人慕名赶来拜师学艺。有个叫逢蒙的人,也做了羿的徒弟。这个逢蒙,貌似忠厚,内藏奸诈。他看嫦娥长得漂亮,就起了歹心;他听说羿藏着不死药,就想把药偷吃掉,升天成仙。

这一年的八月十五日,羿又带领徒弟们去射猎。天傍晚,逢蒙偷偷溜回来,闯进了羿的卧室。他嬉皮笑脸地调戏嫦娥,威逼她交出那包不死药。嫦娥身单力薄,呼唤丈夫吧,丈夫打猎还没回来,拼着一死吧,不死药就会落到强盗手里,万般无奈,嫦娥就乘逢蒙不防备,取出不死药,自己全部吃了下去。顷刻,身子轻得像燕子一样,飞出窗口,飘飘荡荡升了天,来到了月宫。

羿回来听说了,冲出门外,只见天上的月亮,好像比以往啥时候都亮都圆,好像心爱的妻子在望着自己,他力气虽大,却上不了天,悲痛万分。乡亲们说,嫦娥能飞上月宫,她还会飞回来的,劝羿耐心等着。

第二年八月十五晚上,是嫦娥奔月的日子,羿和乡亲们怀念嫦娥,盼她回来,就拿来各种圆的水果,还做圆饼饼,摆在当院,向嫦娥表明团圆的心意。就这样等了一年又一年,嫦娥没有回来,人间却成了习惯。因这天时值中秋,便称为中秋节。

讲述人:赵光华,男,干部
采录整理:徐东

【点评】

本篇是流传在河南社旗县的关于"嫦娥奔月"神话遗存的珍品。它古朴、简明，接近口承民间神话形态，对研究评价嫦娥有重要价值。

其中的神话信息有：①后羿射日，与天帝神国无关。②后羿、嫦娥夫妻恩爱。③后羿的仙丹不死药来自方仙道士，非来自西王母。④嫦娥服仙丹，是后羿的恶徒逢蒙所逼，更说明嫦娥品格高尚。一些文人笔下的诋毁、诽谤、攻击，在本篇印证中可谓枉费心机。不是"嫦娥应悔偷灵药"，而是诽谤者应悔恶意可悲。⑤人们在八月十五中秋敬月、拜月都是由此而形成的良好习俗。说这一天饮的酒是嫦娥掉的泪，月饼以嫦娥所在的月亮形状做的纪念饼。

460. 中秋节的传说［社旗县］

传说很早很早的远古时候，天上有十只金鸟，每天飞出来一个变成日头，从东天边飞到西天边。剩下那九只就在东天边一个大山洞里睡觉。谁知有一天，十只金鸟闹着玩哩，一起都飞了出来，变成了十个日头。那还得了！地叫晒哩直冒烟儿，庄稼都晒焦了。就这样一连闹了几天，老百姓们眼看都快叫晒死完了。那时候有个打猎的英雄叫羿，羿的力气大哩很，一万多斤的宝弓都能拉开。他见金鸟这瞎胡闹，叫老百姓受恁大的罪，很生气，就拉开宝弓，搭上神箭，向金鸟射去。金鸟们吓哩满天乱飞，羿就在下边撵着射，一气儿射下了九只金鸟，剩下那一只苦苦求饶。羿想着要是没有一个日头也不中，就叫那只金鸟每天按时出来，按时落山，为老百姓照亮儿。

从那儿以后，羿的名字传遍天下，人人都敬仰他。后来，他娶了个妻子叫嫦娥，嫦娥是天下最美的姑娘。过门以后，夫妻二人相亲相爱，生活美满幸福。嫦娥心地善良，常常把丈夫打来的猎物接济乡亲们。乡亲们都夸羿娶了个好媳妇。

一天，羿在打猎的路上，碰见了一个老道士，老道士很佩服羿的神力，赞赏羿为民造福的功劳，就赠给羿一包不死药，说吃了就能飞上天成仙。羿舍不得心爱的妻子，更舍不得父老乡亲们，不愿意自己一个人飞天成仙，回家后就把那包不死药交给了嫦娥，叫她藏起来。

羿射日出了名儿，好多人都来找他拜师学艺。有个叫逢蒙的人，也做了羿的徒弟。这逢蒙外貌看着怪忠厚，实际却是个奸猾小人。他见嫦娥长得漂亮，就起了歹心。他听说嫦娥藏着羿的不死药，就想把药偷偷吃掉，自己上天成仙。

这一年的八月十五日,羿又带着徒弟们打猎去了。走到半路上,逢蒙偷偷溜了回来,闯进嫦娥住的房子,嬉皮笑脸地调戏嫦娥,威逼嫦娥交出那包不死药。嫦娥身单力薄,跟逢蒙拼打吧,打不过,呼喊丈夫吧,丈夫打猎还没回来,就是拼着一死,不死药还会落到强盗手里。万般无奈,就乘逢蒙不防备,取出不死药,自己全部吃了下去。霎时,身子轻得像燕子一样,飞出了窗口,飘飘荡荡升了天,飞到了月宫里。

羿回到家里,不见了妻子嫦娥。听乡亲们说了这事儿,他悲痛万分,跑到门外,只见天上的月亮比以往啥时候都亮都圆,好像心爱的妻子在望着自己。他力气虽然很大,却上不了天,不由得对着月亮,高声呼喊着妻子的名字,喉咙都喊哑了。乡亲们说,嫦娥能飞上月宫,一定还会飞回来的,劝羿耐心等着。

第二年八月十五晚上,是嫦娥奔月整整一年的日子。羿和乡亲们怀念嫦娥,盼她回来,就拿出各种圆的水果,还做了好多圆饼饼,摆在当院里,向嫦娥表明团圆的心意。就这样等了一年又一年,嫦娥没有回来,人间却形成了习惯,因为这天正是中秋,就称为中秋节。

讲述人:赵光华,男,53岁,汉族,高中毕业,干部
采录人:徐东,男,37岁,汉族,高中毕业,文化馆干部
采录时间:1980年2月
采录地点:社旗县文化馆

【点评】

本篇是在社旗流传的《中秋节的来历》的同一采录者的整理文本。它们的内容相同。评语不在这里重复。

此篇的神话更完善,语言更口语化,生动、流畅,更见民间口承语言的光彩。这样的记录稿才能真正看到民间口头神话的原始形态的精华所在。

461. 中秋节祭月[社旗县]

很早很早以前,天上有十个太阳,只晒得大地冒烟,海水干枯,天下百姓很难活下去。这时,有个人叫后羿,力大无穷,能开万斤宝弓,能射巨蛇猛兽。他心疼百姓,就弯宝弓、搭神箭,一气儿射下了九个太阳。最后一个太阳求饶,后羿才收弓息

怒,命令太阳按时起落,为民造福。

从此,后羿的名字传遍天下,人人尊敬。后来,他娶了个妻子叫嫦娥,这嫦娥温柔贤惠,非常美丽,夫妻二人相亲相爱,日子很美满。嫦娥心地善良,常把丈夫射来的猎物接济乡亲们,乡亲们都夸后羿取了个好媳妇。

有一天,后羿出外打猎,碰见一个老道士。这老道佩服后羿的神力和人品,就赠给他一包不死药。吃了这药,就能长生,成仙升天,可是后羿舍不得自己心爱的妻子,也舍不得父老乡亲。他不能自己一人上天,回家后,他就把不死药交给了妻子。嫦娥把药藏在了床头的首饰匣里。

那时候,不少人因为仰慕后羿的名气,跟他拜师学艺。其中有个人叫逢蒙,是个奸佞小人,他想偷吃后羿的不死药,自己成仙。

这一年的八月十五日,后羿又带着徒弟们出门射猎去了。天近傍晚,逢蒙却偷偷提前溜了回来,闯进嫦娥的住室,逼嫦娥交出那包不死药。嫦娥就把不死药拿出来全部吃了下去。立时,身轻如燕,冲出窗口,飞上天空去了。可是,她又一心恋着后羿,不得已,就飞到离地面最近的月亮上安身。

后羿回家后,不见了妻子,他向侍女一打听,才知道事情的经过。他焦急地冲出门外,只见天上的月亮比往日格外亮,格外圆,就像心爱的妻子在看着自己。他心似刀绞,拼命朝月亮追去。可是,他追三步,月亮退三步,他退三步,月亮进三步,咋也到不了跟前。后羿思念嫦娥,心痛流泪,没办法只得叫侍女在院内月下摆上供桌,上面供放上嫦娥最爱吃的各种水果,遥祭远去的妻子。乡亲们听说以后,也都在自己院里摆上供桌水果,遥祭善良的嫦娥。

第二年,因八月十五时值中秋,所以就把这一天定为中秋节。

嫦娥飞入月宫以后,每日思念丈夫,思念乡亲,每年的八月十五日晚上,她都要走出宫门。这时,天清气爽,下界景象现在眼前。她那美丽的容颜也使得月亮格外明,格外圆。

采录整理:章林

【点评】

本篇是采录者根据社旗一带流传在口头上的"后羿、嫦娥"传说,润色、加工,并参考部分文献资料,整理的通俗文本。

其中的文化价值:①像其他同类作品一样,证明后羿、嫦娥是人间的一对美好夫妻。②嫦娥奔月宫,是逢蒙逼她交出不死药的情况下的不得已行动。③后羿追妻子:一为仙女,一为凡人,二人永远到不了一起的悲剧就此产生。最动人处在于互相进退却到不了一起。夫妻的坚贞爱情冰清玉洁,坚贞不移。这是对于一些封建文人和别有用心者的有力批驳。④原稿内吸收"唐明皇游月宫"戏曲故事,已属画蛇添足多余之举,从中可以看出口承民间神话风格保存的重要意义。

462. 八月十五敬月亮[南召县]

传说,很久以前天上有十个太阳,大地热得像着了火。神箭手后羿射下了九个,为人民解除了痛苦。那太阳本是玉帝的十个儿子,后羿杀死了太阳公子,便犯了天条,被玉帝赶下了天。

后羿来到人间,与嫦娥结为夫妻。每天一早,后羿带弓箭出去打猎,晚上回来,嫦娥在家织布做饭。夫妻俩和睦相处,小日子过得挺幸福。

一天,嫦娥问后羿:"你说天上美,还是地上美?"后羿说:"地上的一切都比天上好。""唉!"嫦娥叹了口气说:"可惜我们不能永远住在地上呀!"后羿想了想说:"我在天上的时候,听说王母娘娘那里有长生不老药,我去讨点回来。"说完,告别嫦娥,上天去了。后羿到了王母娘娘那里,先拜见王母娘娘,问她有没有长生不老药。王母说:"幸好还有一包,你要是来晚了就没有了。"后羿谢过王母,便回家了。后羿回到家时,正是八月十五的晚上。后羿对嫦娥说:"今天晚上我们吃一点,吃多了要上天的。以后我们每年这个时候吃一点。"嫦娥点了点头,把药放在床头箱子里。

不久,后羿家有长生不老药的事让一个无赖知道了,他很想把药偷来自己吃,但一直没有机会。

第二年八月十五一早,后羿照常去打猎了,临走,他对嫦娥说:"你一定要等我回来。"已经很晚了,嫦娥还不见后羿回来,心里很着急。过了一会儿,院门"呀"的一声开了,嫦娥以为后羿回来了,急忙出来,一看,只见一个人手拿一把利斧向她奔来,嫦娥赶紧关屋门,已来不及了。嫦娥认出是本村的无赖,问道:"你来干什么?"那人说:"后羿在山上摔死了,你快把长生不老药交出来,免你一死,要是不拿出来,别怪我不客气。"那人恶狠狠地说着,举起利斧,把桌子砍为两半。嫦娥心想:他虽死了,但长生不老药决不能落到无赖手里。嫦娥强忍悲痛,对那无赖说:"你先到院子里等着,我去拿。"无赖以为嫦娥真的害怕了,就到院里去了。嫦娥哭着打开箱子,拿出了那包药,对着天说:"郎君呀,你在天有灵,我这是被逼得无奈了,才这样做的。"说完把药全吃了。刚吃完,她就慢慢向上飘,她飞出屋门,越升越高,那个无赖见嫦娥飞上天了,知道她把药全吃了,便急忙跑走了。嫦娥越升越高,最后飞到月宫里去了。月宫里清清凉凉,没有人,也没有树木庄稼,很凄凉。她想家乡,想亲人,可是,她再也不能回到人间了。

在嫦娥刚刚离开地上之后,后羿就回来了。原来,后羿为追赶野兽,跑到了深山里,所以回来晚了。他进到屋里,看到放在桌上的包药纸,知道嫦娥已不在人间了。后羿大声喊道:"嫦娥,嫦娥,你在哪里呀?为什么要离开我?"邻居们听到喊声都来了。那无赖对后羿说:"晚上,我来看你,你不在家,我看见嫦娥吃点药,飞上天去了。"后羿听了,便向邻居借了张桌子,放上亲手做的饼子,叫嫦娥吃。

后来人们把这种饼叫"月饼",后人为了纪念嫦娥,每年八月十五这天晚上,在院子当中放张桌子,在桌子上放些月饼敬月亮。这事慢慢大家知道了,这天就成了传统节日了。

讲述人:褚虎臣,男,78岁,汉族,读过四年私塾,太山庙乡朱沙铺村农民
采录人:张春平
采录时间:1986年6月
流传地区:南召县一带

图18.462.1　南阳汉画像石中的嫦娥奔月图(程健君供稿)

图18.462.2　南阳汉画像石中的"嫦娥拜玄武"图(田晓供稿)

【文献选录】

《三余帖》记:嫦娥奔月之后,羿昼夜思维成疾。正月十四夜,忽有童子诣宫求见,曰:"臣,夫人之使也。夫人知君怀思,无从得降。明日乃月圆之候,君宜用米粉作丸,团团如月,置室西北方,呼夫人之名,三夕可降耳。"如期果降,复为夫妇如初。

(元·伊士珍《琅嬛记》)

【点评】

本篇是流传在河南南召县的关于"后羿、嫦娥"神话遗存的珍品。它对研究后羿神话有重要价值。

其中反映了如下的问题:①南阳地区普遍流传后羿与嫦娥的神话,基本情节一致,形成了此类神话集群这一可贵现象。②本篇中的后羿原为天神,因射了太阳神的九个儿子,玉帝认为犯了"天条",贬向人间。他叛离神国,是为了替民除害。③后羿、嫦娥都是民间凡人。后羿从王母处得来不死药,可长生成仙。④嫦娥受村里一无赖(而非逢蒙)所逼,才升入月宫,与后羿诀别,造成悲剧。⑤后羿与嫦娥情笃,于八月十五敬月宫中的妻子,从而形成当地习俗。⑥从大量口承神话资料中就可以彻底为嫦娥平去冤案。

463. 伏 牛 山 [许昌市]

八百里伏牛山的东头——南召县境内,有座"铁牛庙"。庙前有个铁橛子,上细下粗,从地下伸上来,谁也不知道它有多长。传说山底下有一头头在河南、尾巴在陕西、身长八百里的大铁牛,这是它的一只角。这么大的一头铁牛,咋会藏山底下呢?故事还得从嫦娥飞上月宫以前说起。

嫦娥飞上月宫以前,她家养了一头大黑牛,浑身黑黝黝的,没有一根杂毛。这牛长着一对阴阳角,一只向上伸,指着天;一只向下弯,指着地。这头牛力气大,套拉得好,又听话,嫦娥特别喜欢它,使到老的时候,不忍心杀掉,便把它放进了山中。谁知这大黑牛在山中长生不死,千年以后有了神通,能变小变大,成了"黑牛精"。

这一年,有个神仙去赴王母的蟠桃寿宴,想献一件稀奇东西讨王母的欢心,便把大黑牛骗住,带进了瑶池宫里。

蟠桃宴上,这位神仙把大黑牛献给王母,满以为会得个笑脸,想不到王母却皱起了眉头:"它会歌?会舞?模样儿好看?有出色的本领?"一连串的发问,这位神仙都答不上来,窘得他脸上发烧,身上直冒冷汗。他见玉案上放着蟠桃,灵机一动,有了主意:"它力气大,会犁地,您那蟠桃园里不是用得着嘛!"王母最爱占便宜,一听这东西对她有用,马上换了笑容:"是呀,是呀,我那蟠桃园需要犁耙。这头牛黑是黑,黑得好看,我收下啦!"

大黑牛进了蟠桃园,得不到关心照料,整天犁地耙地,累得满身大汗。这时候,它特别怀念嫦娥。它知道嫦娥上了月宫,常常眼巴巴地望着月亮。

再说嫦娥,自从来到月宫,发现桂花是人间没有的香花,便年年采籽往人间撒。为了让桂花香遍天下,她要栽更多的桂树,采更多的种子往人间撒,又年年刨地育苗。当她听说蟠桃园里有牛时,非常高兴,心想把牛借来用用,便可多犁些地,多育些苗苗。但她不知道王母有交代,牛只让园内使用,不准外借,到那里说了许多好话,也没把牛借来。

上山擒虎易,开口求人难哪!嫦娥扫兴地回到月宫,只得又用镢头去刨地。走进挂花园,猛然看见一头大牛立在她的面前:全身上下黑黝黝的,长着一对阴阳角;对她摇头摆尾,"哞哞"欢叫。原来,嫦娥去蟠桃园时,大黑牛认出了她,变得如大拇指那么大小,偷偷用嘴咬住嫦娥衣裙上的飘带,被带到了月宫。大黑牛虽然在蟠桃园里累瘦了,但瘦了牛瘦不了角,两只阴阳角还和过去一样,毛色也没有变。嫦娥一眼就认出来是她当年养的那头牛,忙上前抚摸着,像见了亲人一样亲热。她见大黑牛还是生龙活虎的有力气,高兴极啦!便做了犁耙,耕起地来,响鼓不用重槌,好牛不用鞭催。大黑牛拉犁拉耙,疾走如飞,没多大工夫,犁耙出好大一片土地。

歇息的时候,嫦娥正奇怪地揣摩着大黑牛咋会没死,又咋会来到月宫,忽然来了两名天将,说王母有旨,黑牛私自逃出蟠桃园,违犯天条,立即打入东海里受苦。说罢,押着大黑牛离开了月宫。

嫦娥疼爱大黑牛,更为它受到的惩罚不平。当天夜里,她派一只大蟾蜍下凡,去搭救大黑牛出海。

蟾蜍到东海找到大黑牛,往背上一驮,向岸边游去。谁知被打入苦海的大黑牛,王母还命龙王派有鳌精龟将看守着。它们发现大黑牛被救走了,就兴风作浪追赶。蟾蜍望着后面的狂风巨浪,像山头一样压来,知道在海边登岸不行,从一条大河的入海口进入了河中。这就是现在的黄河。黄河越往上游地势越高,蟾蜍想:我们直往高处游,看你们能撑多远?约行了几千里地,只听一声大喝,又有神兵拦住了去路。原来这是王母听了龙王的禀报,派来捉拿大黑牛的两名天将。前边截,后边追,进也不行,退也不行,蟾蜍便让大黑牛上岸躲藏。

大黑牛登上河的南岸,这里是一马平川,无处藏身,就拼命奔跑,两名天将风驰电掣般地紧紧追赶。大黑牛眼看要被天将追上,见前面有个地穴,斜着通往地下,便钻了进去。它本想暂避一时,不料一钻进去,天将立即把洞口死死地封住了。大黑牛顺着地穴往前走了八百里,到了尽头,竟不见出口。它想:别的没有办法,只有自己变得大大的,用力把地皮撑破,才能钻出去。说变就变。大黑牛在地穴里越变越大,压在它身上的地层被撑了起来,一个劲地往上升。转眼间,平地突起一道八百里长的大山。

两名天将想:被逼到死地的黑牛发怒啦!它有这样大的神力,钻出来可不是好惹的!他们立在地上,地面越升越高,他们越想越怕,竟给吓走了魂,变成了两根大石柱子。至今,石柱还在山上立着,人们叫它"将军石"。

只恨地穴太深,地层太厚,大黑牛没有把它撑破,已使尽了力气。

蟾蜍见这情景,连忙返回月宫禀告嫦娥。嫦娥闻听,便找王母讲情,恳求把黑牛救出来。王母冷冷一笑:"听说是你把它放回山中,千年不死,才养成这个不能驯服的黑牛精。我把它打入苦海,你又私自派蟾蜍去救,你想让它翻天吗?幸亏它进入地穴没有再出来,钻出来谁能制服得了?"嫦娥还要为大黑牛辩解。王母不准她讲。糊涂的老婆子不但没有准情,还要把嫦娥治罪呢。

大黑牛深深地伏在地下,再不能出来了。人们就叫它"伏牛"。这条八百里的山,也因伏牛得名,叫"伏牛山"。

后来,大黑牛变成铁牛。那只向上伸的长角,在地上露出个尖尖,被人们发现了,就在那里建庙祭祀。

讲述人:史友仁
采录整理:张楚北
采录时间:1982年
采录地点:许昌市

【点评】

本篇是流传在豫南的关于嫦娥神话遗存的珍品。它古朴,简明,具有民间口承神话的风格特色,对研究"嫦娥神话系列"具有重要文化史价值。它也是中原神话多元体系建构的力证。

其中的文化价值包括以下几点:①嫦娥与神牛的关系,体现了中原早期农业文化的内涵。牛是农民的重要畜力生产资源。农民与牛相依为命,是生产和生活的重要依托。②道教神国与人世间的对立关系,凡不驯服者(包括牛),就要以违犯"天条"罪名予以惩处。这正是道教成为封建统治者统治、压迫人民的舆论工具的原因。王母派天将追神牛的目的就在于此。③嫦娥原是普通农民,即使被迫服不死药升入月宫后,仍系念家乡,要让桂花香遍天下。对牛百般保护,也是出于对牛的喜爱。这是农业文化的核心。④此篇说明:嫦娥上月宫前已有蟾蜍,她何变蟾蜍之有?⑤伏牛山因此神话得名,有权威佐证作用。

464. 赏　月 [登封市]

每年中秋节的时候,人们都要赏月。这种习惯是怎样形成的呢?

古时候,有个国君后羿,娶了个美貌的妻子,名唤嫦娥。一天,后羿从西王母那里求得长生不老药。嫦娥听说后,半信半疑,就在当天夜里,偷了一些吃了。吃罢,她觉得身子渐渐轻得像一张纸,一阵风刮来,就飘上了天,一直飘到月亮上。

天上一位神仙见了嫦娥,说:"宝药不该你吃,偷吃更是罪过。"接着问道:"你是愿意赎罪呢,还是愿意受罚?"

嫦娥眼里噙着泪,说:"咋个赎罪,咋个受罚?"

神仙说:"赎罪,就是要你日日月月为神仙制造桂花酒;受罚,就是将你打入嵩山下的冰井里受冻。"

嫦娥想了想,说:"我愿意做酒。"

神仙说:"好吧,只是你要注意一条。"

嫦娥问:"哪一条?"

神仙说:"桂花酒乃是金桂之花酿成的,只许仙人享用,不可向凡间有半点滴漏。如让凡人尝到酒或闻到酒气,他们就都变得漂亮起来,那时善恶美丑就难以分辨了。"

嫦娥听了,点头答应。从此,她起早搭黑,勤恳造酒。不知过了多少年月,嫦娥渐渐思念起人间来。就在一年八月十五日的夜里,私下舀下一瓢酒,遥向凡间洒来。那天夜里,大部分男人睡了,没有碰上运气,女人们在月光下忙着纺花、干活,大都闻到了酒香。她们第二天就变了样:好看的更漂亮了,丑陋的也俊俏起来。以后,每年八月十五,嫦娥都要洒一次酒,时间久了,人们看出了门道。八月十五坐夜赏月的人都多起来了。

现在漂亮的女人比漂亮的男人要多得多,就是因为很久很久以前,女人们闻到了桂花酒香的缘故。

嵩山下确实有一口冰井,一年四季冰冷,伏天也不例外,又叫"伏冰井"。见到这口井,人们就想起这个故事来。

采录整理:辛毅

图 18.464.1　登封汉阙中的月中玉兔（2008年程健君摄）

【点评】

本篇是流传在河南登封市的关于"嫦娥奔月"神话的珍品。它对研究"嫦娥神话系列"有重要意义。

其中的主要信息为：①后羿是当时的诸侯国首领之一。②不死药是西王母所赠，人间不能享用。嫦娥好奇，吃了不死药，升入月宫后，天神要惩罚她：或住中岳山下水井受冰冻，或在月宫造桂花酒。③嫦娥善良，思念家乡，八月十五深夜，她向人间洒酒，闻到酒气，可美容。

值得注意的是：①神国是道教徒的虚构，其"天规"为制服人间百姓之用。此乃方仙道时期的道教神话，主要是为了严格区别神人不相交融的愚民目的。②嫦娥是劳动妇女，热爱家乡，品德高尚。

465. 药 奶 奶 [方城县]

早先，东山脚下住着一户人家，老夫妇年过半百勤劳忠厚，女儿嫦娥聪明伶俐。一家人男耕女织，日子倒也欢乐。

这年夏季，从南方过来一阵瘴气，传来一种病症，眼看着好端端的人都被夺走了生命，嫦娥父母也先后病倒。嫦娥日夜思虑寻找解救办法，她想起平常头疼脑热时，爹爹采些金银花、荷叶之类，熬成水一喝就好了，想着一定也要有能治父母亲疾病的草药。她就不顾风吹雨打，翻了七七四十九座山，越了九九八十一道岭，不管苦甜酸辣，温热寒凉，采了一百多样草，腿跑肿了，眼熬烂了，身体瘦弱了，也没有找着治病的药。虽是这样，她采药尽孝的诚心仍然不减。

常言说，精诚所至，金石为开。她的真诚感动了上天。这天晚上嫦娥拖着疲惫的身子，刚一睡着，朦胧中见一位慈眉善目的婆婆来到她的面前，叫着她的名字说："嫦娥姑娘，你这一片真心，出于至诚，很是难得。可仙丹妙药没有现成的，必须经过一番采集的辛苦。不过造物主在造化这些草药的时候，是给整个生灵的，你如果只为父母采药，怕是不易得到的。"嫦娥听到这里，急忙顿首下拜说："只要能治好病，我就是赴汤蹈火也万死不辞！"那老婆又说："那好，南山有七十二峰，在这七十二峰中间，有三十六种药在山南边，可以治男子的病，有三十六种药在山北边，可以治女子的病。采集到的药要分别放好，不要混杂。"嫦娥一听，不由着急地说："老婆婆，那荒山上草丛树林到处都是，我咋知道哪些是药呀？"那婆婆又说："这不难，有一个小白兔在前边给你引路，只要小白兔用爪子抓住的东西，不管是花草树皮、石头虫毛，你都把它采集起来。草药采全以后，小白兔就会跳到你怀里，你可以把她带回来。记下了吗？"嫦娥点头答应："记下了。"说完这话，一眨眼，老婆婆就不见了。

嫦娥心中惊疑，心想着可能是神仙来授药法哩，父母有救了，普天下凡是得病的人都有救了。她高兴极了，望空叩了一个头，起来拜见父母，把刚才的事原原本本说个明白。她父母都认为是梦中之事，哪里能信得真。嫦娥说："虽是梦中，言犹在耳，岂能忘记，再说，孩儿与长者约，只能信其有，不能信其无啊！"二老说她身小力薄，去深山老林采药，实在叫人放心不下。嫦娥说："孩儿现在身体强壮，再带一把护身利刃，料也无妨。俗话说，不入虎穴，焉得虎子，请二老放心吧！"她父母见她决心已定，也只好由她。

嫦娥随即着手准备东西，做了两个大布袋，上边又做好标记，随身带点干粮和一把匕首。一切停当，就告别父母进山了。

嫦娥进得南山，顿觉耳目一新，只见青草漫山，野花遍地，丛林茂密，奇峰陡峭，隐隐若仙家出没之所，与东山相比强似百倍。她四处张望，到处寻找小白兔，寻啊，找啊，有几次看到白一点的东西都当成小白兔了，等跑到跟前一看，却总是扑了空。她心中有点不安起来。正在这时，前边山崖上"哗啦啦"一阵响声，从上面掉下一些碎石子儿。她抬头向上一看，天哪，在高高的悬崖顶上，有一只比雪还白的小白兔，正在用爪抚摸着一棵开黄花的小草。那白兔瞪着血红的眼望着她。嫦娥喜出望外，陡地添了精神，不顾一切向上攀登，费了九牛二虎之力，终于到了小白兔跟前。她先拔掉白兔抚着的那棵草，按照布袋上山前山后的标志，放进了布袋，她用手去抓小白兔，只见小白兔后腿一蹬，窜到又一个地方去了。嫦娥连忙赶过去，见小白兔正抓着一个茶杯口那么粗的空蛇皮，嫦娥又把蛇皮放起来。白兔漫山架岭地跑，嫦娥在后边拼命地追，衣服划破了，鞋子跑掉了，手脚磨烂流血了，她全不顾。虽说拿的有干粮,也顾不上啃一口,只是跑啊,采啊。她想着只要能采来救活父母和乡亲们的药,就是抛出自己一条命也是值得的。在白兔摸蝎子、蜈蚣、土谷蛇时,她也毫不害怕。嫦娥奔波了几天几夜,采来的药终于把两个布袋装满了,里面有鲜花、绿叶、草根、树皮、石头、鸟粪等。凡白兔摸过的东西,她都采集回来了,就和小白兔一起回到了家里。父母正在为女儿着急哩,一见女儿回来了,采回许多药,又领回一只小白兔,立即转忧为喜,不住嘴地念起佛来。

嫦娥不顾数天的劳累,把山南山北的草药又清理查点一遍,分别给父母熬了一些,服侍二老喝下。她这才疲乏得像散了架一样,抱起小白兔和衣躺在了床上。

一声鸡叫,惊醒了嫦娥,她睁开困涩的眼睛,见怀中没了小白兔,就连忙坐起,强撑着身子下了床,去到父母房中。见二老服药以后真如吃了仙丹一般,病已经好了,嫦娥满心欢喜,转身去找白兔。她正焦急地找着,小白兔从外面回来了嘴里噙着异香扑鼻的一枝花。小白兔忙把花枝送到嫦娥嘴边。嫦娥张嘴噙着一个花朵,只觉一股清香,直透肺腑,疲乏顿消,神清气爽,身体也竟然轻飘飘,从地面上起来。她连忙喊叫父母,父母听见喊声就出来,见女儿已飘有树梢高了。嫦娥说:"爹妈,我采的草药已经调配好,来不及给乡亲们分了,我要是下不去了,请您给大家分吃了,尽快治好疾病,并给大伙说,我就是到天上也要继续采药,从天上撒下来,为大家治病。"嫦娥说着说着就飘到了半空中了,一直飘到月宫,见月宫中真个好一派明亮的水银世界。她来到一棵桂树下,见那里有一个石臼石杵。她心想在这个地方放这个东西有啥用哩,冷不防白兔"噌"地从她怀里挣跑了。本来,在这个新的世界里,嫦娥把白兔当做自己的伙伴,现在白兔跑了,她感到一阵孤独。谁知不一会白兔回来了,背上背的,怀里抱的,嘴里噙的,都是草药。白兔把药全部放在石臼里,望着嫦娥点点头,又走了。嫦娥明白了,哦!这是让我舂药呀,我要抓紧时间,多舂一些,等太阳出来以前,把药撒到人间。就这样白兔不住地采,嫦娥不住地舂,他们两个合作,干得很有劲。

再说嫦娥的父母,自己刚好了身子,却走了女儿,真是又喜又急。他俩跑到村上,喊醒大家,说明了情况。大家一见嫦娥的父母病全好了,又听说嫦娥到天上还要往下撒药,就到河里洗脸洗澡,薅野草煮煮喝。嫦娥升天,还要往下撒药的消息一传十,十传百,不到天明就传了很远很远。这一天就是农历五月初五端午节。以后每年的五月五日早上人们还要到河里洗澡,到田里采药,成了一种风俗,一直传到现在。人们很怀念嫦娥,感谢嫦娥,月亮里影影绰绰可以看见树影下一个人影在舂药,都说那就是嫦娥,并亲切地叫她"药奶奶"。

讲述人:殷龙欣,男,46岁,小史店乡大林头村农民
采录整理:余秀海 姚民校

采录时间：1985年4月9日
采录地点：小史店乡大林头村

【点评】

本篇是流传在河南中部方城县的关于嫦娥神话遗存的珍品。它古朴、明丽、动人心魄，对研究"嫦娥神话系列"和"中原神话多元体系建构问题"，有重要价值。

其中的重要文化价值：①嫦娥与后羿无关，单纯以中草药的制造、传播的神女出现。从一个农家女成药师神仙，很可能与方仙道有关。②嫦娥从为父母治病，到为群众治愈瘴气病，为中国医师的祖师。③嫦娥的采药，有神母梦中指点，由小白兔引导，全是以神话意识的幻想的方式，战胜疾病的女性的典型。④端午节，人们在黎明去河边洗澡，去山上采药的习俗，在中原尽人皆知。它足以证明此神话的神圣性和真实性。⑤南阳出现医圣张仲景与此有关。⑥嫦娥是勤劳、聪明、善良的农家女。她为人治病采药，被人们尊之为"药奶奶"（制药治病的祖师）。这对后来的封建文人和当今某些别有用心的学者的诋毁、攻击形成鲜明的对比。这便是每个民族都有的两种文化观的最好体现。

值得提出的是：①有人把不同时期后羿、嫦娥的神话混在一起对比，加以诬蔑不能不说是艺术观的颠倒和混乱。此类怪论必须予以批驳。②"一切科学技术的产生和发展，最早都要经过一个神话阶段。"这是科技民俗"溯源性"特征的典型之一。因为在人类最早的观念里，普及一切知识科学文化都在天神掌握之中，以后才逐渐为人们掌握的。这是神话学的一个规律。

466. 仙女变成了癞蛤蟆［濮阳县］

后羿因为射杀了天帝的九个太阳儿子，深为天帝嫉恨，从此他被贬到地上，永远不能上天了，和他一同下凡的妻子嫦娥，也受到了连累，不得不饱受世间之苦。心胸狭隘的嫦娥，自然容不下这么大的悲愁和烦恼，时常抱怨和责怪羿。羿一是怕死后到地下的幽都去和那黑鬼住在一起，作为天神，这处境怎能忍受呢？另一面，他讨厌妻子的啰嗦，决心重回天国。

重回天国是不可能的了，他已被专权的天帝革除了神籍，他就只好祈求长生不死，这也可以避免死后与厉鬼同处。他听说有一个神人，叫西王母，住在昆仑山，她有一种药，吃了能够长生不死。羿设法通过水火的重围，登向昆仑山顶。他向西王母说明来意,西王母对这位有功于民的英雄的不幸遭遇,深表同情,把药葫芦郑重交给他,说:"这是仅有的一点药了,够你夫妇两人一同吃了都不死的,一个人吃了,还有升天成神的希望。"

羿高兴地把药拿回家,交给妻子保管,准备选一个节日大家同吃。嫦娥心想,自己原是天上的女神,如今不能上天,全是受丈夫的连累。灵药既然除了长生更有能使人升天的妙用,自己吃了丈夫的一份,也不怎么亏负他。于是,趁着羿不在家的一个晚上,把葫芦里的药倒出来,一齐吞了。

这下奇迹发生了:她渐渐觉得身子轻飘飘的,脚和地面脱离了,飘出了窗口。外面是夜晚的蓝天,灰白的郊野;天上一轮明月。到哪里去呢?到天府去,准会遭众神嗤笑,说她背离了丈夫,还是到月宫里去吧。

哪知道她刚刚飞临月宫,气喘未定,就觉得异样,脊梁骨不住地往下缩,肚子和腰身却尽量往外膨胀,嘴巴在变宽,眼睛在变大,脖子和肩膀挤在一起,周身皮肤上长出铜钱样的疙瘩来。她吃惊地大叫,声音即已喑哑;她想狂奔,只能蹲在地上迟缓地跳一跳。原来这个超群绝世的美貌仙子,只因为一念之错,变成了一个最丑陋可憎的癞蛤蟆了。

讲述人:袁珩,58岁,小学教师
采录人:郭晋光
采录时间:1989年12月11日
流传地区:河南省濮阳县

图18.466.1　濮阳民间麦秆画"嫦娥奔月"(程健君供稿)

【文献选录】

羿请不死之药于西王母,羿妻姮娥窃之奔月,托身于月,是为蟾蜍,而为月精。

(《初学记》卷一引《淮南子》)

【点评】

本篇是流传在河南濮阳县的关于"嫦娥"神话遗存的珍品。它对纠正和批驳对嫦娥的诋毁,有重要的佐证作用。

其中的文化价值表现为:①后羿因为射了天帝的九个太阳儿子,被天帝报复,开除神籍,贬为平民。后羿无疑是神国的叛逆和抗御天国的"罪人",而受到惩罚。他抗御自然灾害倒成了"罪人"。后羿是为百姓作出牺牲的英雄。②嫦娥对丈夫的抱怨,因为她因丈夫而受牵连,从神界随丈夫都成了凡人。一时想成仙,重返天国的一念之差,变成了蛤蟆。她同样是一个为百姓抗御自然灾害的重要牺牲者。③后人对嫦娥的责备,完全是封建思想对嫦娥的恶毒攻击。

467. 彩 虹 [桐柏县]

每年夏秋两季,下罢雨,天上有一条长长的弧形彩带,赤、橙、黄、绿、青、蓝、紫,十分好看,书上称这彩带为"虹"。说起虹啊,民间还流传着这样一个故事。

嫦娥离开丈夫到月宫,眼见的净是密密麻麻的桂花树和大大小小的石头,没有花,没有草,没有鸟。夜里,月宫里格外阴森。听听桂花树林中的风声,还有点害怕哩。她后悔自己不该粗心吃了仙丹,落了这个下场。想起丈夫后羿的好处,今天难见到了,实在伤心。以后的日子还长啊!咋办呢?想着想着,落下了泪。

哭啊哭啊,晶莹莹儿的泪水变成了露珠儿,洒到人间,花丛、草丛、树丛,处处是嫦娥的泪呀!

人间有个"有穷国",国王是嫦娥的丈夫后羿,嫦娥不见后,他整日愁眉苦脸,闷闷不乐,饭菜不香,茶水没味儿,还派人四处探听嫦娥的消息,后来有人说嫦娥跑到月亮上去了。后羿半信半疑,正是中秋节的晚上,天格外清,月格外明。后羿对着月亮看了又看,一阵白云飘过,真的见了嫦娥的影子。那嫦娥正在向"有穷国"招手哩!后羿对月亮大声地骂着:"你这无情无义的贱人,偷吃我的仙丹,离开人间,真可恶极了!"说罢,命人抬来射日弓,运了运气,一咬牙,使劲朝嫦娥射了一箭。

金箭穿透云层,甩过星群,越过九重天,直飞月宫。

有穷国的人们都知道羿的两只胳膊有倒海翻江的力气,还有百发百中的本领。当年连射九日,名扬天下。今黑儿射下月亮也是十拿九稳的事儿。羿这些天来不吃不喝,体力大大减弱,加上嫦娥是他的爱妻,"一日夫妻百日恩"嘛,拉弓时,他的手软了一下,箭到月宫,没有多大劲儿了。

箭插在了桂花树上,惊动了看桂花林子的汉子吴刚。吴刚是位有罪的天神,老天爷罚他在月亮上做桂花酒,供天宫众仙用,他听了嫦娥的话,就说:"你把桂花酒倒点给你丈夫喝吧,人们喝了会百病消除、健康长寿!"

嫦娥听后揭了块桂花皮,写上自己误吃仙丹后的心情,又嘱咐羿准备一口大缸接仙酒,写完,把桂花皮穿在箭镞上,又投向了人间。

羿当晚喝到了仙酒,心里真得劲儿,身上也有了用不完的劲儿。

羿也写了一封信,射上月宫,大意是让明晚多倒些仙酒,让有穷国年老体弱、得病又没钱治的人都喝一点。

就这样,第二天晚黑儿,嫦娥又把仙酒向人间多倒几罐。老弱病残一喝,元气恢复,人们跪下向羿磕头谢恩,又对月烧香,感谢嫦娥的一片好意。

哪知这件事传到了老天爷耳朵里,老天爷气得吹胡子瞪眼,拍着桌子骂嫦娥:"这女子真是生成的北瓜菜——上不了大席面!想着她在月宫寂寞,把她提拔到天宫侍奉王母哩,谁知这样指靠不住,干脆就让她待在那儿受罪吧!"

他唤过二郎神说:"月宫里的桂花酒是专为天神做的,咋能让凡人喝呢?去,快想个办法,把弄下凡的酒毁掉,把羿变成一个最难看的东西,免得嫦娥再留恋他!"

酒正在撒的时候,天空起了云,起了风,又闪电,又打雷,下起了瓢泼大雨。

人们慌忙把接酒用的盆盆碟碟往屋里端,一声霹雷把人们怀里抱的盆碟击碎了。羿气得把牙都咬碎了。他取出射日弓,冒雨搭箭对准头顶的乌云就要射。还没拽回弓弦,闪了一道电光,二郎神大喊:"玉帝有吩咐,罚你变蟾蜍!"说罢,神眼一闪,三道白光射在羿的身上,羿头昏眼花、浑身无力,瘫在地上,又一声霹雷,羿的王宫也塌了。

有穷国的人一见羿倒了。一齐喊着围上来:"君主!君主!"

羿在草丛里"暖儿!暖儿!"地答应,人们围上来一看,羿变成了一只又大又丑的癞蛤蟆!

羿的身子变成了蟾蜍,心里还明白。他一见臣民们都在为他伤心,就安慰大家,说:"哎,哎,别哭,别哭!"

除了这,他再也说不出一句话,气得两眼发红,肚子发鼓。他想,桂花仙酒只许天神大吃大喝,人间用了一点,就犯了天条了,太不公平了!自己变成了小虫,只有大口大口地往外吐满腔的怨气吧!

他吐了一口又一口,肚里气还是消不下去,他鼓足气力,决定吐完怨气了事,吐啊吐啊,羿口中的气雾飘在空中,聚成一根带样,太阳一照,五光十色,彩带一头伸向天边儿,另一头紧紧连在有穷国君主羿变的蟾蜍嘴里。

讲述人:王子鉴,男,42岁,桐柏鸿仪河乡人
采录整理:薛远增

【附录】

《彩虹》续篇[桐柏县]

一次大雨过后,老天爷去南天门散步,看见了空中的彩虹,就问随从虹是咋来的。随从把羿变蜍吐虹的事如实说了一遍。老天爷念起羿从前的长处,就令一天神速速召羿上天。

羿被带到了天宫,各路神仙都想看看羿变成啥样儿了,彩女们也挤着看,谁知一看,一个个吓得朝老天爷身后躲,老天爷见羿蜍头大嘴,圆肚子细脚,一身疙瘩还浸着癞水,难看得很,就问羿想讨个啥封赏。羿翻翻眼不吭气儿。彩女们站在老天爷身边小声说:"它这个癞样,一看见它先冷颤后恶心,它不咬人可怪嗝应人!"老天爷说:"这蟾蜍能经常吐一条从天宫到月宫的天桥,众神游月赏桂时好过。"彩女们说:"让它住在月宫上吐,不一样嘛!"

老天爷在群仙面前是说一不二,对这群娇丽的彩女,总是依着她们的性儿,他下令把羿变的这只蟾蜍放进月宫,让它雨后吐虹。

月亮上嫦娥,一见自己的丈夫变成了一只又脏又丑的癞蜍,就大哭起来。哭后,她把这只蟾蜍抱进宽敞清静的月宫,端上仙果桂酒敬它。这样,天天侍奉,夜夜伴陪,天长日久,人们有了"月有蟾蜍宫"的说法。

讲述人:王子鉴,男,42岁,桐柏鸿仪河乡人
采录整理:薛远增

【点评】

本篇是流传在河南桐柏县的关于"后羿嫦娥"的神话遗存珍品。它近于民间口

传神话形态,对研究后羿和嫦娥神话有特殊的价值。

其中所反映的主要问题有:①嫦娥误吃仙丹升月宫后后悔,又系念家乡百姓。②后羿开始懑怨妻子,想射她,箭落桂树上。嫦娥用箭将桂皮射向人间,让丈夫用缸接仙酒治病。后羿又射箭将信告知嫦娥想念她,让多洒酒为百姓治病。夫妻感情谐和,但无法团聚。③天帝罚嫦娥住月宫受苦,又让二郎神把后羿变成蟾蜍。道教天宫与人间严峻对立不可调和。④后羿气愤不平,吐怨气成彩虹。天帝又让后羿去月宫吐气变成去天宫的桥。⑤嫦娥抱住丈夫痛哭,永远做伴。

值得注意的是:①在民间神话遗存中,说变蟾蜍的不仅有嫦娥,而且还有后羿。②使二人变形的原因都是由于违犯了道教的"天条"(方仙道)。天帝的淫威是造成这场悲剧的根源,绝不是嫦娥对后羿不忠。后世文人凭一纸文本捏造罪名。③后羿嫦娥夫妻情深,都为人间百姓利益献身,她的千古美名不容歪曲。④二人虽变蟾蜍,但忠贞不渝。⑤蟾蜍形丑心良。

468. 飞 天 牛 [登封市]

很早很早以前,在嵩山下的颍河边上住着一户家人:两位老人和两个儿子、两个儿媳妇。大儿子叫吴刚,是个刁钻人;老二叫吴强,是个实诚人。二老治家有方,日子过得还算富足。

后来,两位老人先后去世。吴刚的老婆嫌老二无用,起了分家的心。夜里,她俯在丈夫的耳朵上,吹起了枕边风:"你那弟弟傻里傻气,难办成什么大事,不分门另住,这份家业可赔不起。"吴刚觉得老婆说得在理,便附和着说:"依着你,分呗!"他们俩想欺负老实的弟弟,当下就合计好了个办法。

第二天,吴刚将吴强叫在跟前,说了分家的事。老二也没有反对,问:"咋分哩?"

吴刚说:"二老丧葬,前后借了五百零八串钱,当儿子的不能没孝心,这样吧,零头我认了,整数让给你!"

吴强问:"那四间房子两张床哩?"

吴刚说:"亏心的事,哥我不会干!刚才零头归我,这回零头就让给你吧!"

吴强的老婆一听十分生气,可她见丈夫不吱声,自己也就没说什么。

吴刚说:"弟啊,屋里的家具,你也挑一件吧!"

吴强想到要砍柴卖钱还账,就说:"别的什么也不要,只要一把斧头就够了。"

家分停当了。为了谋生,吴强两口子商定进山打柴。临出门时,吴强回头说:"哥啊,床分给我,不能让你俩睡在地上。俺这一走,谁知哪年哪月才能回来,床,你们就先用吧！"

吴强和他老婆备了一些柿糠①,沿着颍河,走啊走啊,饥了吞几口柿糠,渴了喝几口河水,终于来到河的尽头。这里是嵩山最高峰,山上古木参天,山下有一池清泉。吴强正要捧泉水解渴,忽然瞧见一棵大树下卧着一头牛。那牛看到他们,站起身,抖抖毛,走了过来。吴强问:

"你叫什么名字呀？"

"我叫飞天牛。"那牛说,"我知道你们夫妇俩对老人有孝心,对亲人有诚心,打心眼里佩服。"

"可是,俺的心并没有全尽到啊！"

"为啥？"

"为老人丧葬借的钱,还没偿还哪！"

"现在,你用不着发愁了。我愿意带你到月亮上去,那儿长着一棵金桂树,结的果子也是金的。你带些回来,除了还账,余下的足够盖房买地了。"

吴强嘱咐老婆在泉边等着,翻身骑上牛背。可手没处抓扶,他担心会掉下来。只听飞天牛念念有词地说:"给老二两个扶手！"话没落音,牛头上便立刻长出两只角来,扶着正得劲。

飞天牛让吴强闭上眼睛,不一会工夫,就到了月亮上。吴强睁眼一看,遍地金光灿烂,尽是金果子。没口袋,就将布衫脱下,包了一包。飞天牛说：

"走吧,太阳一出来,咱就回不去了。"

吴强听了,忙骑到飞天牛身上,闭上眼睛,"呼哧"一声到了水泉边。不久,账还完了,房建起来了,地垦出来了,有吃又有穿,小两口的日子过得挺红火。

这件事,很快被吴刚听说了。他告别了老婆,顺着颍河走,终于找到了弟弟。吴刚让弟弟向飞天牛求情,说他也想上月亮拾几个金果子,飞天牛答应了。吴刚想:弟弟到底傻,不知道带斧子,要是砍下一枝来,不是更好吗？所以,他暗暗带着斧头。骑上飞天牛,也来到月亮上。吴刚砍呀砍,桂枝老砍不下来。原来,他砍一下,枝上留下一个印,斧头一抬,砍的印又复原了。天快亮了,他还不死心地砍呢。

飞天牛一再催促说:"天快亮了,我们快回去吧！要是晚了,太阳一出来,我们就回不去了。"

吴刚头也不抬地说:"别急,一枝也没砍掉哩。"

飞天牛警告他说:"你不回去我可要回去了。"吴刚仍没理睬,还是一个劲地砍着。飞天牛一急,独自走了,把吴刚丢在月亮上了。从此,飞天牛再没到月亮上去,所以吴刚也永远不能回家了。一直到现在,他还在那儿不停地砍着。每逢农历十

---

① 柿糠:把柿子和谷糠一起碾了,灾荒时代粮充饥。

五,特别是八月十五,人们可以清楚地看到:圆圆的月亮上面,长着一棵高大的树,在这棵大树下,有一个人举着斧头。这个人就是吴刚。

世上的牛原先没长角,为了吴强上月亮有扶手,才长出角来的。一直到现在,世上的牛都长着角,而且都向后弯曲着,这是被吴强、吴刚他们扳弯了的缘故。

采录整理:辛毅

【点评】

本篇是流传在河南中岳嵩山所在地登封的关于"吴刚伐桂"神话遗存的珍品。它简洁、古朴、生动,属民间口承神话形态,对研究嵩山神话体系有重要价值。

其中的原始文化信息有:①"吴刚伐桂"的月亮神话产生在河洛一带,正是后羿、嫦娥神话产生的典型地区。②此神话系原始社会"兄弟分家"型的幻想故事(或神幻故事),足以证明:当时已有财产私有制社会的萌芽。如同"牛郎织女"型幻想故事,在原始社会末期与神话同时存在的事实。③在北方中原地区,农耕经济与畜力资源对发展生产有重大文化价值(牛可以为人民盗五谷,盗纺车,耕地等等)。牛给农民以财富,便是这种关系的象征。④又是动物神话(解释牛生角)。⑤题旨在于惩罚恶的道德观。

469. 吴刚的传说 [开封县]

天上人间别看相差甚远,其实善恶美丑大致相同。不信,你听听吴刚的故事吧。

据说吴刚本是玉皇大帝女儿的仙师。在仙宫除了教授仙女们无穷的奥妙,还兼管编写天书。一有空他就借着星辉编呀写呀,天文地理、阴阳干支、六支八道、三教九流,什么内容都编了进去。当他写道《农事蚕桑》一章,他对人间产生了兴趣。这时,七仙女下凡,被召回天宫,他就私下向七仙女打听人间的情况。七仙女对他学说了凡尘的美景,山清水秀,桃红柳绿,男耕女织,夫妻恩爱……吴刚听得入了迷,他想:"天宫的清规戒律,多如牛毛,哪有人间欢乐。"于是,便向玉帝呈上条陈,借口去重霄云汉游学,却从天经阁中盗出一卷天书,偷偷离开天宫,来到人间。

吴刚来到人间,与一个名叫丽娥的姑娘结了婚。夫妻二人住在山清水秀的江南,春耕秋收,生活十分甜蜜。吴刚利用农事空闲翻看天书,制作农具,培育良种,四下传播,很快使江南富裕起来,人们提起吴刚没有不夸奖的。我国东南古代之所以多称吴或吴越,就是对吴刚的怀念或敬重。后因太白李金星,入天经阁翻阅天书,发现少了一卷,三追两查,吴刚的秘密弄破,玉帝发怒,令南天门武士擂响召仙鼓寻拿吴刚问事。召仙鼓是很厉害的,各路神仙只要听到它的响声,哪怕在九霄云外,也得迅速返回天宫,各入本位,否则,就要化为灰土随风飘去。在人间的吴刚正在制作飞翔降雨器,听见召仙鼓响,顿时惊慌失措,周身绞疼。当他看到妻子丽娥已有身孕,离愁别恨一齐涌上心头,更是悲痛万分,又一声鼓响,不可久待,他只好向丽娥吐露真情:自己本是从天宫中来,还要回天宫中去。然后,凄怆地唱着:"来之缓兮去之速,恋尘寰兮恸肺腑,洒泪别兮情不断,空渺渺兮永回顾。"随着召仙鼓三响,飘然升天。

　　灵霄宝殿,神仙济济。玉帝威严地端坐在上。这时,太白金星启奏:"吴刚仙师归天,请圣主发落。""传吴刚上殿!"阶下一齐呼喊:"吴刚上殿!"吴刚自知触犯天条,进了灵霄宝殿,匍匐在地,听从发落。玉帝盛怒,厉声呵斥道:"好你吴刚,冒犯仙规,盗去天书,偷下凡尘,与民通婚,若不刑戮,何法他家,喳! 推吴刚于斩仙台处之!"太白金星是玉帝的谋士,闻听要斩吴刚,倒抽一口凉气,近前半步,为吴刚求情:"圣主三思,吴刚仙师教授有功,斩他不妥,日后仙馆谁来掌道,天书谁再编写?"玉帝一想,对呀,斩了吴刚,女儿们还向谁求教呢? 便问李金星道:"依卿之见呢?"李金星回禀道:"不如罚他苦役,令他去砍月中桂树,桂树砍倒,他的罪孽也就免了。那时,再宣他回殿就职,岂不为好?"玉帝恩准,吴刚拜辞而去。

　　吴刚到了月宫,抬头一看,只见桂树盘根错节,数围之粗,高有丈余。他想:砍倒这桂树,大料也用不了多少日子。便抡起长斧"砰喳砰喳",一下下砍起来。这响声惊动了月宫中的嫦娥。嫦娥本来是人间后羿的妻子,因偷吃仙药而升天。玉帝容她不得,便令她去守月宫。嫦娥到了月宫,一片冷冷清清,除了喂养的一只玉兔,再无伴侣,终日形影孤单,甚是凄凉。这时忽然听到砍伐桂树的声音,她轻舒广袖,走出广寒宫一瞧,认出是仙师吴刚,很为惊奇,便上前问道:"仙师因何事在此伐树?"吴刚说明原委。嫦娥眉头一皱,若有所思,慌忙从广寒宫里捧出桂花酒来,献给吴刚,说:"仙师伐树辛苦,请喝几杯桂花酒,消愁解乏吧。"吴刚也不推辞,连饮几杯,饮后继续伐树。嫦娥说:"吴仙师可以歇息片刻,我们谈谈心好吗?"吴刚一心想早砍倒桂树,好早回天宫,哪有心思闲聊,摇头不应。原来,嫦娥是个多情女子,她看吴刚英俊魁梧,自知回不了人间,对他已有爱慕之心。因此每天都捧出桂花酒,献给吴刚,百般殷勤。但是,吴刚心想人间的妻子,对嫦娥却视而不见,漠然处之。一天,嫦娥实在忍不住了,便对吴刚吐出心腹之言:"吴仙师,难道人间的七情六欲您都忘干净了吗?"吴刚眉头皱了几皱,爱理不理地回了半句:"没忘。"嫦娥盈盈一笑,献媚道:"既然这样,我回不了人间,你也去不了尘世,咱俩可谓天涯沦落人,结为丝罗,岂不为美?"吴刚一听,顿时脸上变色,愤愤道:"想当初你与后羿是多么好的一对,羿射九日,为民除害,天下敬仰,你不该偷吃长生药,舍弃丈夫,升天成仙,自寻寂寞。今又胡言乱语,我吴刚乃堂堂仙师,仁义之人,哪能与你这忘恩负义的刁妇成婚,何况人间还有我的妻子日夜盼着我重返人间呢?我永远不会背弃她。"一番话说得嫦娥面红耳赤,无言对答,又羞又愧,悻悻而去。吴刚却"砰喳砰喳"伐他的桂树,以求早日解脱他的罪债。

嫦娥求爱受辱,顿生毒计。她取出一粒仙丹,化成明水,乘吴刚困顿休息之际,偷偷喷洒在桂树上。吴刚醒来一看,十分吃惊,原来砍伐的豁口,全都平复。他不知道是怎么回事,但并不灰心,继续抡起大斧,砍呀,砍呀,可是一斧砍下去,刚抽出斧刃,开口就马上愈合在一起了,他擦一把汗水,又继续砍下去……

所以,直到今天,我们在人间还可以清楚地看到吴刚在月宫砍伐桂树的身影。有时月光为什么那样柔和,原来是吴刚在窥视地上他心爱的妻子丽娥呢。

讲述人:刘继龙,男,35岁,汉族,初中毕业,开封县政府招待所工人

采录整理:文戈,男,48岁,汉族,中专毕业,开封郊区广播站干部

图 18.469.1 明·唐寅绘《嫦娥奔月图》(程健君供稿)

图 18.469.2 清·吴友如木刻嫦娥(程健君供稿)

【文献选录】

旧言月中有桂,有蟾蜍,故异书言月桂高五百丈,下有一人常斫之,树创随合。

人姓吴名刚,西河人,学仙有过,谪令伐树。

(《酉阳杂俎·天咫》)

【点评】

本篇是作者采录部分关于吴刚的传说,并参照道书文献,编写的通俗文本。语言文雅,文史知识丰富,封建卫道士的思想系统,距离民间口承神话形态较远。可作研究神话的口承形态向书面形体转化的重要参考。

其中所反映的问题:①全篇是道教徒构建的神殿的格局。神人活动,全由玉皇大帝主宰。②吴刚是天宫司编天书的文职,因恋念人间生活、爱情而受到惩罚。嫦娥因误吞仙药而被打入月宫。凡违"天规"者,莫不如此。神国与人间界限不可逾越。这也是封建统治者的要求和利益所在。③以此篇的主旨来看正是中原政治文化中心之一的开封一带流传和编造攻击嫦娥的卫道士的舆论职责。它可以视作文人编造神话回流民间的典型事例。④本篇也是上层和下层文化并存的典型。

470. 太阳的传说[遂平县]

传说,很久以前,天上有九个太阳王子。为了不把人间晒过火了,玉帝叫他们轮流出来,一天只能出来一个。他们为了贪玩,谁也耐不住家中的寂寞,就一块全跑到天空。这下,老百姓可遭了殃。庄稼几乎全晒死了,人也无法生活。这时,后羿受人们之托,用箭射死了八个太阳王子,最小的一个吓得仓皇逃跑。

后羿紧追不放,小王子一心想找个藏身的地方。但地里庄稼枯死了,哪有藏身之处呢?它跑呀跑,忽然看到河边有片青青的马齿菜,它急忙奔去。经马齿菜的同意,它缩小身体,藏在马齿菜叶下。这时,热气下去了许多,天上阴凉了,马齿菜也有了生气,把太阳王子藏得更严了。

谁知,这个事全被蛐蟮看见了,他急忙对后羿大声喊:"在这里,在这里……"可后羿也精疲力尽,再加上人们请求留一个照明,他便放了这个太阳王子。

太阳王子受了这般惊吓,从此再也不敢胡作非为了。于是,就天天清早出来,晚上回去,为人们照明取暖。为了报答马齿菜的救命之恩,对它格外温柔,无论如何也不伤害它,但一见到蛐蟮分外眼红。哪怕蛐蟮在水边,也非把它烤死不可。

讲述人:郭秀志,男,42岁,文城高中教师
采录人:赵新生,男,18岁,文城高中学生

【点评】

  本篇是流传在河南遂平县的关于"后羿射日"神话遗存。它与同类型神话无多大差异,可供研究参考。
  其中主要特点:①天上原有九个太阳(有的是十个,有的是十二个不等)。②后羿受人们之托,射日,留日,皆与天帝无关,是人间抗御灾害的英雄。③太阳一天出来一个照明是玉帝的规矩。④太阳报恩,不晒马齿菜;为复仇,照蛐蟮不敢见太阳,见太阳就会被晒死。⑤神话也可转化为动物传说。

471. 老公鸡、马齿菜、蚯蚓和太阳 [武陟县]

  谁知道为啥公鸡天天啼鸣,马齿菜那样耐晒,蚯蚓钻在地下不敢见太阳?
  原来,在很古的时候,天上太阳神弟兄十个,轮换着每天有一个太阳出来,这样人间阳光灿烂,风调雨顺,人们安居乐业。到了尧帝时,十个太阳忽然一齐出来了,晒得大地如火,草木焦枯,人们饥渴难忍。后来后羿下决心为民除害,他拈弓搭箭,一连射下了九个太阳,人们个个欢喜,拍手称快。
  谁知后羿杀红了眼,他一不做,二不休,咬牙切齿还要把最后一个太阳射下来。太阳神老十吓破了胆,慌慌张张向东海奔。山头上的老公鸡看见了,想:要是没了太阳,地上就没热,就没光,万物不能生长,世界就要毁灭,得留下这位太阳神!于是连忙"喔喔喔"叫三声,让太阳神躲到山后去,说:"听我叫你再出来,我给你放风!"太阳神很感激。
  太阳神到后山,马齿菜见着了,问他怎么回事,太阳神把前后经过一说,马齿菜说:"那你就藏在我家里吧!"太阳神正愁没处藏身,听了马齿菜的话,赶快紧缩了身子,钻到马齿菜衣下边。马齿菜一展身,把太阳神遮盖得严严实实。
  后羿追来了,找不到太阳神,就问老公鸡,老公鸡头一摆,说是向西跑了,后羿急忙向西追。谁知,躲在湿地里的蚯蚓知道了;它怕光,恨太阳,就想把真话告诉后羿,它大声喊叫后羿。老公鸡一看不好,没等它讲清楚,就把尖利的嘴巴伸过去,吓得蚯蚓赶紧缩到地下去了。
  看后羿走远了,老公鸡高叫:"咯咯——勾,太阳神出来吧!"太阳神吓破了胆,直等老公鸡叫了三遍,才敢出来了。所以直到现在,每天清晨,总是等鸡叫三遍,太阳再慢慢从东海升起来。
  太阳神得救后回到天宫,为报答老公鸡的恩情,赐给它一个特别的胗子,能吃沙子、石子，还能吃蝎子、蜈蚣等毒虫，走到哪里都有吃的，永远饿不死。为报答马齿菜的恩情，赐给它一粒仙丹，吃后晒不死。蚯蚓害怕了，永远躲到地下，再也不敢见太阳。

讲述人：李成林，53岁，武陟县小董乡大陶村人，干部
采录人：王光先

【点评】

本篇是流传在中原武陟县的关于"后羿射日"的神话遗存珍品。它具有民间保存的口承神话的原形特征，有研究中原神话的重要文化价值。

其中的文化信息为：①十个太阳神是弟兄，同时升空为害人间。②此篇明确说出，十日并出在尧时，与文献记载相符，但无尧授命后羿射日情节。③后羿是人间"抗御灾害"型的英雄，而非天神，近于原始形态。④救第十个太阳的，首先是公鸡。它觉得人间没太阳不行。其次是马齿菜保护太阳，出于好心。蚯蚓告密，因为恨太阳。后羿未找到最后这个太阳，就保存下来。⑤公鸡喊太阳三遍，太阳升起，成了亘古习俗。⑥蚯蚓怕太阳晒，恨太阳，才告知后羿，但被公鸡的尖嘴吓坏，藏于地下。这便是神话衍化为动物传说的根据，这是一个典型。

值得注意的是：①其中后羿与太阳神的矛盾，是违反自然现象的规律与维护宇宙秩序之间的斗争。其目的是：古人"人定胜天"的唯物主义思想的集中表现。②本篇对动物性格的人格化，正是社会现象中不同类型人的画像，寓意深远。③动物人格化的根据便是动物的不同形体特征。这是典型的动物神话，同时又是最好的"抗御英雄"神话。二者同体，比较少见。

472. 马齿菜和葵花[太康县]

相传，女娲补天之后，她补天用的石头，有十二个变成了太阳，把人晒得没法露头；花草树木都晒焦了，地裂多宽的纹，眼看着就不能活。

这时，有个叫后羿的人，练就一手好箭法，不忍心叫人们被活活地晒死，他想用箭把太阳都射下来。又一想：没啥东西可以遮盖身子，要是出去了，不是白送一条命吗？后羿心急火燎，正没办法。忽然看见一片绿莹莹的东西，就飞一样地跑了过去。到跟前一看，原来是一片马齿菜，活生生的。他马上薅一携子抱回家去了。

回到家,他用马齿菜编了个挺大挺大的帽子,往头上一戴,拿起弓箭。一口气跑到高山顶上,对准太阳,一箭一个,一箭一个,一歇气射下来六个。这时候,他头上的马齿菜帽子也晒塌架了,遮不住身子了,一会儿身上起了泡。这时候,他一瞅,山下长着一片东西,好像小树,每一棵都结个黄色的顶子,顶子面朝太阳。他急忙下山掰下几个顶子捆在身上,又跑到山顶,拉弓搭箭,一口气又射下五个太阳,只留下一个。后羿又把马齿菜编的帽子扔到地上,谁知这马齿菜很快又活了!直到如今马齿菜还是不怕太阳晒,就是拔下来晒几天,再放地上还照样的活。

那些结黄顶子的小树就是葵花,也就是向日葵,到如今仍然朝着太阳开花结籽。

讲述人:王克臣,男,31岁,太康县马头镇北村农民
采录整理:井如德

【点评】

本篇是流传在河南中南部太康县的关于"后羿射日"神话遗存的稀有珍品。它古朴,动人,情节独特,文化内涵深邃,意义深远,对研究中原后羿神话有重要价值。

其中的独特文化信息为:①天上出现的十二个太阳是女娲补天时的五色石中的十二块石头变的。②后羿射日难度大,他不易射箭,太热。他发现马齿菜可防日头强光,采来做帽子,射下六个太阳。他又采葵花做帽遮头,射下五个太阳。最后命令剩下的太阳照明送暖。③植物神话性质,不是保护太阳,而是保护射日的后羿,似更有积极意义。值得注意的是:植物动物由保护可怜太阳到保护射日英雄,同是民间传说,神话意识却更有积极意义。

473. 月牙石 [信阳市]

登上鸡公山的顶峰,要过三关。头一关叫月牙石,两块直立的石柱,支着一块月牙形的巨石,看上去,随时都可能倒塌下来。两个石柱中间仅有高不到两米,宽不到一米的门洞。这是登上山顶的必经之路。游人路过这里,无不胆颤心惊。因此,这一关也叫鬼门关。在月牙石的旁边,还有一块像狗、像猪、像驴又像象的"四不像石"。传说这两块怪石不是山上原有的,也不是人工制造的,而是从天上掉下来的。

相传天有九重，因此也叫九天。月亮属第三天，因此有"三天月宫"之说。在三天月宫里，原来只有吴刚一人，司管月宫，早已列入仙班。就是说，在玉皇大帝的神仙登记簿上有了吴刚的名字。这个登记簿叫玉册，放在玉册宫中，由玉册仙官司管。后来，人间的嫦娥，偷吃了不死药，飞到天上，进入月宫。从此，这三天月宫里有了一男一女。天长日久，吴刚和嫦娥慢慢产生了爱情，便结为夫妻。这时，吴刚想到嫦娥还没有加入仙班，一旦天宫发生什么变故，清查仙宫人口，嫦娥就会被赶出月宫。到那时，夫妻将被拆散，可如何是好？思来想去，这件事成了吴刚的一块心病。嫦娥也知道吴刚的心事。一天，他们夫妻坐在一起，苦思冥想，终于想出了一个主意。他们决定把玉册仙官请到月宫，设宴招待，讨得玉册仙官的欢心，然后把嫦娥登记入册的事提出来。主意拿定，他们马上置办了一桌丰盛的酒席。

玉册仙官被请到月宫。吴刚端起桂花酒，敬了一杯又一杯；嫦娥在宴前轻歌曼舞，为玉册仙官助兴。不知是为桂花酒好，还是为嫦娥貌美，这玉册仙官特别高兴。他开怀畅饮，连连把盏，直喝了九九八十一杯，才有些醉意。常言说："十官九个酒，灌醉好相求。"这时，吴刚对玉册仙官说："嫦娥加入仙班的事，有劳仙官关照关照呀！"玉册仙官一听哈哈大笑："这事好办。我来的时候就想到了这件事。这不，我把玉册都带来了。"说着，他从袍袖里取出了玉册。吴刚和嫦娥大喜，忙拿笔墨伺候。玉册仙官提笔在玉册上写了嫦娥的名字。吴刚和嫦娥千恩万谢。玉册仙官说："嫦娥虽然加入了仙班，不过还需到我玉册宫中，为玉帝效劳三年。"他一边说，一边拉住嫦娥就要离开月宫。吴刚想，没听说有效劳三年的仙规呀？上前拦住问道："你让嫦娥去玉册宫干啥？"玉册仙官说："这你就甭管了。"吴刚一听，就知道玉册仙官没怀好意，说："我偏要管管！走，咱见玉帝评理！"不管三七二十一，拉住玉册仙官进了灵霄宝殿。

玉皇大帝听吴刚把事情经过说了一遍，转脸瞅瞅玉册仙官那副醉醺醺的样子，看透了玉册仙官以权谋私的丑恶用心，顿时勃然大怒："如此胡闹，成何体统！"立即吩咐四大镇殿将军，把玉册仙官推出南天门斩首。玉册仙官的头和身子分了家，同时坠落到人间。头不知滚哪里去了。身子落在鸡公山，变成了石头。这就是月牙石旁边的那块"四不像石"。

惩治罢玉册仙官，玉皇大帝又训斥吴刚说："你与嫦娥无视天规，办事不走正道，法律难容。为了煞住此风，警告诸仙，把你们贬到凡间受苦。"太白金星在一旁听到对吴刚和嫦娥的处罚，立即向玉皇大帝奏道："三天月宫岂能无人看管？念他们是初犯，可以免去处罚，为了告诫后者，可把月宫中的月形降到凡间一块，使天宫和人间有目共睹，让吴刚和嫦娥永远记住这个教训。"玉皇大帝点头准奏。

镇殿将军到月宫降月形时，吴刚出于对玉册仙官的仇恨，要亲自把月形投到人间。他双手举起一个月形，照准玉册仙官的尸身狠狠砸了下来，但是没有砸准，砸在"四不像石"旁边的一块巨石上,把巨石砸为两半。

这就是月牙石和"四不像石"的来历。

讲述人:吴炳良,男,山上居民,已故
采录整理:张楚北　张书中

【点评】

本篇是流传在河南信阳鸡公山一带的关于嫦娥神话衍化的传闻,不是该神话的本体。其形体应是后人从道教关于天宫神国神祇之间的纠葛,借以讽世惩治以官谋私的丑恶嘴脸,以警示后人喻世之作。

其中:①所说的嫦娥与吴刚结合,在巩义的《嫦娥奔月》中,是嫦娥与后羿结婚后,将后羿改名吴刚的。因此,二人婚事,亦有来历,无须苛责。②本篇目的不在嫦娥夫妇,而意在讽嘲玉册仙官。③此篇可作一般笑谈,不必作为神话研究对象。

474. 射日除害[舞阳县]

从前,天上有十个太阳,轮流值班。可是,有一天,十个太阳一齐出来了,晒得地面寸草不生。在东面的大海洋里,有一条很长很长的龙。这条龙高兴或生气时,就会在海洋里翻腾吼叫,那波涛把海附近的村庄吞没了;那吼声,震得地面都裂了口。这十日和这条龙,折磨得人无法再生存下去了。在一个村庄里,有一个叫"青龙"的人,他不仅是个射箭能手,还是个杀虎斩龙的神手呢。他看到那十日和长龙把人类折磨得无法生存,便下了决心:"我宁可自己死了,也要挽救人类。"

一天,青龙爬上一座山的顶端劝十个太阳说:"你们快回去吧,该谁值日谁就出来,你们这样一起出来,大地上的一切都会绝灭的。"那十个太阳正在快乐地张望着大地,听到有人喊它们,扭过头一看,哈哈大笑起来。青龙说:"不要笑了,赶快回去,要不我可要射死你们了。"十个太阳止住了笑,轻蔑地说:"你,一个小小的人,敢来阻挡我们。我们是玉皇大帝的儿子,你管得着我们吗?"青龙听了,生气了,边拉弓边说:"既然你们不听我的劝告,那就得死在我的手中。"说罢,他张弓射箭,"呼"的一声,射出一支箭。"啊——",一个太阳被射中了,只听它叫了一声,身上的火不见了,一个圆东西落在了地上。接着青龙又射出了第二支,第三支……当青龙正要射第十个太阳时,忽然传来喊声:"停一停,停一停。"青龙听见喊声,便放下弓箭,低头望去,只见一个农夫气喘吁吁地向他跑来,他连忙迎上去,问道:"老伯伯,你喊什么呢?"农夫对他说:"这个太阳就留下它吧!""怎么,它们这样害人类,不该把它们都射掉吗?"青龙不知道为什么要留它,就问农夫。农夫耐心地对青龙说:"地球上的光明与温暖都是太阳送来的,如果你把它们都射掉,地球上到处黑暗,人类、生物怎样生存呢?"青龙听了觉得有道理,便对那个早已吓得魂不附体的太阳下命令:"饶了你,以后你自己天天得来值班。"那个太阳听了,连忙答道:"是,是。"以后,那个太阳每天从东方升起,从西方落下。

太阳被制服了,青龙决定去斩河里的那条长龙。他带了一把锋利的宝剑来到海边,他对着大海大声喊:"喂,长龙,你如果再来人间做坏事,我可不饶你。"那条长龙正在吃饭,忽听有人说要杀它,气极了,怒气冲冲地奔出海面。它看见是一个人,哈哈大笑后说:"你这小人儿,我还没吃饱哩,你自己送上门来了。好,今天就拿你做一顿美餐吧。"那条长龙吼叫一声,张开大嘴,扑向青龙。青龙早已有了防备,猛地一闪,闪到了龙的一边,随时举起了闪闪发光的宝剑,狠狠地刺向长龙。长龙见势不妙,掉头扑向青龙,青龙又把身子一蹲,躲了过去。趁这机会,青龙又举起宝剑刺了长龙一下,立刻,一股鲜血从那条长龙的腹部流了出来。这下可把那条长龙气坏了。它大吼一声,张牙舞爪地向青龙扑来,他又一次举起了宝剑扎进那条长龙的喉咙。长龙"啊"地惨叫了一声。接着,青龙举起宝剑,使尽平生气力向那条长龙斩去,"喀嚓"一声,那条长龙被一刀斩成两段。

青龙射日除害的故事就是这样的。

讲述人:刘江沛的祖父
采录人:刘江沛,男,18岁,北舞渡左沟学校初中学生
采录时间:1989年4月12日
采录地点:北舞渡左沟学校

【点评】

本篇是流传在河南舞阳县北舞渡一带的"射日型"演义传说,可作中原神话流变问题的参考。

其特点:①前半部分除用青龙置换后羿射日外,无多大差别。②斩长龙只是附会累积上去的,对本题旨有深化、拓展。③神话传说中,经常出现对某一故事演义、取代问题。如"后羿射日"中的马齿菜救太阳,就在刘秀传说中大量出现。又如"后羿射日",演变为"二郎担山赶太阳"神话等等。这种异态都不是神话原型,有研究价值,但非本体属性。

十九、二郎神

475. 扁担眼 [登封市]

嵩山南麓的九顶凤凰山尾端,山断崖立,像神斧鬼工造就,崖壁上有个扁圆石洞,人称扁担眼;向西南三十里,过了颍河到箕山,箕山头上也有一处立崖断壁,上边也有个石洞,也称为扁担眼。这两个扁担眼是怎么来的呢?据说是杨二郎担山赶太阳,扁担给戳的。

尧的时候,天上有十个太阳一齐出来,把禾苗都晒死了,河水也晒干了,人们都热得难受,很多人得了瘟疫,昏迷不醒,世界上是一场大灾难。

尧派羿射日。羿是个射箭的能手,箭离弓,百发百中。他一口气射掉了天空的九个太阳,只留下一个,叫它在天空运行,白天给人们照路,帮人们生活。

可是射落下的九个太阳掉在东海里成为沃焦,不仅热量不散失,还大量吸蚀海水,使大地的江河都往东南流,还偷偷地爬出东海,到大地上烧焦禾苗,干渴人畜。

尧又派杨戬,俗称杨二郎的,制服在大地上作孽的沃焦。杨二郎住在灌口,他的能力是镇山、担山和移山,力大得很。他的职责是为天帝镇守山门。现在要他制服跳出东海到处作孽的沃焦,他想:怎么才能制服跳出东海的沃焦呢?自己没有羿的射箭本领,只有用大山把它压下,不让它到处乱跑才行。

他抓起一根长扁担,一头担起一座大山,到处去寻地上作孽的沃焦,看到就撵,从东方撵到西方,从南方撵到北方;撵上一个,压下一个,撵上一个,压下一个。这天,他正担着两座大山,从东海边撵着一个沃焦,撵过长江,撵过黄河,折回嵩山,跨过颍水,曲折回转,到底叫杨二郎撵上了。杨二郎将扁担前头一抬,正用前边担着的簸箕山将一个沃焦压下。可是,由于过一条颍河,脚踩在水里打了滑,身子一歪,扁担后边的山也掉了,并且甩出很远,散成了九个山头的凤凰模样。以后人们便称前边的叫箕山,后边的叫凤凰山;压下的沃焦成了扁月形,从旁边冒出来也化为山,人们称它偃月山。

杨二郎担山把地上作孽的沃焦压下了,这里的禾苗得以返青,人们有了喜气,处处赞声不绝。

杨二郎想到还有几个沃焦没有被制服,不顾劳累,谢绝人们的款待,用扁担震一下山尖,叫它稳固不动,自己又拿起扁担担山走了。他决心把地上作孽的沃焦全部压完,只留天上一个太阳,永远给人们照路。

【点评】

本篇是登封民间文学工作者根据《楚辞·天问》王逸注、《锦绣万花谷》及登封地方传说整理的通俗文本。它对研究远古的中原射日、追日神话有重要参考价值。

其中提出了一个重要问题:①尧让后羿射九日,落下的太阳变为沃焦,继续为害。杨二郎追日是后羿射日的继续,可见其古老,同为抗御自然灾害的英雄神话。②此时已有道教文化出现,道教神国也已有神谱雏形。③追日神在中原地区,极为流行,遍布山区地带。无山,自然无法压太阳。④登封的凤凰山、箕山、颍水等实际地名及扁担眼遗迹的来历,都可证其可信性。此一点,见于不同地区的山水特点。

值得注意的是:①其中说"二郎撵太阳"神话,在中原流传甚广,均无与尧时"后羿射日"相关的记录。此篇所说二郎撵太阳,不是天上的太阳而是藏在地下的太阳,便有性质上的不同。②将尧时羿与道教的二郎神衔接,明显带有"人为宗教"的编造成分。将原始神话与道教神混同,就不够科学。③《杨二郎捉太阳》,属后世从射日神话衍生的民间神话,当与"后羿射日"神话有别。但总的在战胜干旱的斗争,当具有同样意义。本篇二郎未追上最后一个太阳,是因过颍河时,脚滑,山落下了。

476. 二郎担山撵日头[巩义市]

在巩县东部有两座大山:东边的叫片儿山,西边的叫伏山,这两山中间还有一座小山叫铁山。这三座山据说还是早先二郎神撵日头时留下的。

一位老爷爷告诉我说:

先前,天上出现十个日头,把地上的水烤干了,地也晒裂了,庄稼也都晒死了。玉皇大帝就派二郎神来惩治它们。二郎神用扁担担了许多座山,手里也提着山,每撵上一个日头,他就把它压在山下,这样一直压住了九个日头,只剩下这最后一个日头。他不歇气,想一口气把这个日头也压在山下。他担着片儿山、伏山,手提铁山,撵到咱这。这时候,他浑身骨头像散了架,没一点劲,肚里也咕噜咕噜地乱叫起来,实在走不动了,他就放下担子,想歇歇气弄点吃的,再撵。他找了些柴火,掏出带的秫黍面在锅里煮起秫黍糊糊。糊糊煮成了,日头也偏西了,眼看撵不上了,他就赶紧舀起糊糊喝,谁知糊糊热得烧嘴,喝不下,又怕耽搁时辰撵不上日头,心里一急就把一锅糊糊泼在地上,想担起山就走。谁知,没吃饭,没有劲,山担不起来了,从那以后,这三座山就留在这,一直到现在。二郎神泼在地上的糊糊变成了黄土,糊糊中的疙瘩变成了赖礓(一种石头),没烧完的柴火被压在地下,变成了煤。现在咱这儿的煤就是那些柴火变成的。

讲述人:一位老农民,80岁
采录整理:王西克,河南大学中文系1984级1班学生

【点评】

本篇是流传在河南巩义市的关于"二郎担山撵太阳"神话遗存,它属河洛地区嵩山神话体系中的民间神话。

其中最大的特色是:①二郎与后羿无关,属民间传闻的战胜干旱的"抗御英雄型"神话。②地方特色除故事发生的地点山名具体有遗迹外,生活习俗是巩义特有的喝秫黍面糊糊。③巩义市产煤和土壤皆与二郎喝糊糊时留下的饭有关。可见,二郎神也是普通的人,饿了也挑不起山。这种神话世俗化的倾向明显,正是民间神话的独有特点。

本篇二郎未追上太阳,是因为饿了,走不动,因做饭耽误了时间。饭未吃成,无力再追,就留下了三座山,挑两山,手提一山,与其他记录有别。

477. 杨二郎担山赶太阳[扶沟县]

古时候,天上有十个日头,烤得大地热锅一般,寸草不生。人们住在洞穴里,只能夜晚出来寻食,生活十分艰难。

当时有个大汉叫杨二郎,力能拔山。他在百姓们的央求下,冒着烈火一样的炎热,担起大山赶压日头。经过多次拼搏,他终于把最大的两个日头压在华山下;赶到海边,把最狡猾的两个日头压在泰山下;最后,把北方的两个日头压在燕山底下,把南方的两个日头压在衡山底下,把最小的一个日头赶到夜间出来,那就是月亮;只留下中间的一个不冷不热的,就是现在的这个太阳。

从此,天气温和了,夏天下雨,冬天下雪,地上河流纵横,滋润万物,人类才得以生存。天上玉皇大帝知道了,就封杨二郎为神仙,专为人们驱邪拿怪,抱打不平。连杨二郎的妹妹也封作圣母娘娘,造福人类。

讲述人：窦平，男，66岁，汉族，文盲，白潭乡东白庄村农民
采录整理：窦宝全，男，46岁，汉族，高中毕业，白潭乡水利站技术员

【点评】

本篇是流传在中原中岳嵩山附近扶沟县的关于《二郎担山赶太阳》神话的遗存珍品，接近口承原始形态，对研究中原神话有重要科学价值。

其中透露的原始神话信息有：①二郎所处时代的生活环境是原始先民穴居野外的采摘时期。②十日为害与尧时十日并出相符，足见其古老。原始时代，十日并出应是大旱之年的情景想象。③二郎担山追压太阳，解除旱魔，是当时人类生存的大事情，故中原普遍流传此类神话，绝非偶然。④二郎把捉住的太阳，分别将两个最大的太阳压在华山下；把最狡猾的两个赶到东海边捉住压在泰山下；把北方的两个日头压在燕山下；把南边的两个日头压在衡山下；把最小的一个赶到夜间出来，就是月亮。让最后一个不冷不热的留在天上出没，给人光和热。这从地望情况及温度上看，二郎正是在中原担山赶太阳的。这符合中原的地理自然环境特点。

值得注意的是：①天体在二郎捉太阳之后，才得以正常运转。四季、昼夜才得以分明，宇宙秩序得以维护。雨雪均匀，万物生长，河流疏通。这个二郎自然成了创世大神。②玉帝分封二郎及妹妹，不过是宗教化改造罢了。

478. 二郎担山赶太阳［卢氏县］

老古时，天上有十个太阳。一个跟着一个，这个还在当天上，那个已经爬上东山头，这个还没有落到西山头，那个已经到当天上了。没日没夜地烤烤烤，烤焦了树木，烤干了河流，烤死了许多人和飞禽走兽，眼看着世上就没有了生灵，人们盼望世上出一个顶天立地的英雄，把天上的太阳除掉。

后来，这个人果然就出来了，他就是杨二郎。杨二郎出生在伏牛山灌口这个地方。据说，他的父母就是开山老祖。二郎长到七岁，父母被太阳烤死了，他发誓要除掉天上这些杀人的太阳，为父母报仇，为一切被烤死的人报仇。

为了除掉太阳，二郎天天练本事，练累了，就躺到地下歇一会儿，有了力气再练。本事练成了，二郎收拾停当就出发了。他追着太阳走。他看到太阳落在一个山头上，心想，到那里，准能逮住太阳，他就赶到那个山头，谁知太阳从那个山头上空绕过又落在前边山头上了。二郎不泄气，又赶到前边那个山头上，到那儿后，发现太阳又落到更远处的山头上了。这样子二郎朝着太阳落下去的山头，追呀追，

一直追到昆仑山。到山上一看,谁知太阳又从昆仑山上空转过去,落到前边那个山头下边了。二郎又累又气,一屁股坐到地上,直喘粗气,心想,这样子追到啥时候才能追上太阳啊!正在发愁,一个白胡子老头来到他跟前,笑着说:"年轻人,为什么一个人在这里生闷气呀?"二郎见问,就把自己追赶太阳的根由对老头说了。白胡子老头听后,点点头,在二郎肩头拍了拍:"年轻人,要干成一件大事,光用力气不行,还要凭智慧!老夫鼎力相助,送你一根扁担吧!"说罢,眨眼就不见了。二郎东瞅西瞅不见老头,只见面前放着一根扁担,就拿起扁担,放在肩头上。一放,忽地一下他的身子长得跟天恁高,扁担也随着他长,长得有千万丈长,二郎这时才恍然大悟,原来那个白胡子老头是专门来点化他、帮助他的啊!

二郎想:"我的个子长得比太阳高了,抓住它不成问题了。抓住它,把它怎么办?得生法把它压住。对,就用大山压它吧!"二郎开了窍,用扁担担起两座大山,追赶天上的太阳。赶啊赶,赶上一个,二郎把扁担一抬,"扑嗒"一下,就把太阳压在山底下了。抽出扁担,再挑两座山,再赶。赶啊赶,又赶上一个太阳,二郎把扁担一抬"扑嗒",又一个太阳被压在山底下了,这样赶一节压一个,最后赶到伏牛山这个地方。天上还有两个太阳,二郎累极了。咬咬牙,又担起两座山,朝一个太阳压去,"扑嗒"一个太阳给压在山底下了。二郎看看天上还有最后一个太阳,就运运力气,又用扁担去挑山。糟糕,一挑,山头给挑豁了,扁担从肩头滑到地下去了。二郎慌忙俯下身子去拾扁担,扁担已经化成一条深沟,二郎据了两据据不起来,"咕咚"一声也跌倒在地上,累死了。二郎担山,压住了九个太阳,最后只剩下个没压住,就留在天上。从此世间有了春夏秋冬,有了年月日时,有了黑夜和白天,生灵万物又开始繁衍生长。

人们为了纪念为民除害的英雄杨二郎,就在他倒下的地方盖起了一座庙,叫二郎庙,那根担山扁担化成的山沟叫扁担沟;挑豁鼻的那座山叫两半山;压太阳那些山下后来冒出一股热水,能煮熟鸡蛋,人们管它叫汤河温泉;二郎出生的灌口村也还在,这些地方都在卢氏县境内的西南山一带。

讲述人:杜秉贵
采录整理:杜玉峰

【点评】

本篇是流传在豫西卢氏县的"二郎赶太阳"神话遗存的珍品,地方特色鲜明,接近口承形态,有重要文化价值。

其中的神话信息主要是:①与尧时相同,都是十日齐出,危害人民。②二郎的父母亲是开山的始祖,住在中原伏牛山。③太阳晒死了父母,立志学武艺为双亲报仇,为乡邻解除旱魔,才与太阳斗争的。④二郎追太阳,直到昆仑山,也追不上。神人给他扁担,让他长得身子与天齐。他追上九个太阳压在山下。在伏牛山,追第十个太阳时,肩头扁担落地,二郎累死。此神话与"后羿射日"构成原始先民战胜太阳自然灾害的两大系列。这是中原各地普遍存在的心智和观念,征服太阳的多元建构的又一典型。⑤本篇所说二郎累死的地方在卢氏西南灌口村,有种种遗迹,可证明其真实性,这里变成了二郎的家乡。扁担变成"扁担沟",挑豁的山叫"两半山",压太阳的山下流出的泉水变成了汤河温泉,遗迹对证明传说的真实性有十分重要的作用。⑥二郎庙的建筑和群众祭祀的习俗,证明对二郎为稳定宇宙秩序、日月运转和白天、黑夜四时的划分,起到了重要作用。此类神话的题旨莫不如此。

总之,此类神话与"后羿射日"应是中原山区先民共同创造的珍贵遗存。至于道教化应是后来被道教徒改造的证明。

479. 二郎神担山赶太阳［方城县］

很早的时候,地上人们不断地打仗,死的死伤的伤,庄稼全都荒了,老天爷为了惩罚人,就让天上同时出了十个太阳。这一下可不得了,人们都热得只有喘气的功夫,遍地都是热死饿死的人。这时候犯了罪被老天爷罚下来的大力神二郎神,看到半死不活的人们,躲也没处躲,地上的土都烧焦了。他忍不住又不顾老天爷的戒条担起几座大山,飞步追赶太阳,把太阳一个一个地压在山下,每天只让出来一个,到现在太阳还是早晨从山中出来,夜里又回到山中。

天下又太平了,可是二郎神用劲太多,最后累死了,他的眼睛变成了月亮,在夜里给人们照亮。人们都怀念他,各地修了很多二郎庙祭奠他,现在我们乡就叫二郎庙乡。

讲述人:林纪,70岁,农民
采录整理:杨明鲜,河南大学中文系学生
采录时间:1983年夏
采录地点:方城县二郎庙乡大王庄

图 19.479.1 舞钢二郎山(2011年程健君摄)

【点评】

本篇是流传在河南方城县的关于"二郎"神话的珍品。它内容独特,内涵丰富,对研究天国神谱与二郎身世有参考价值。

其中的主要特点有:①十个太阳在天空出现,是由于地上人经常打仗,天帝就采取十日并出的惩罚措施。②二郎原为天神,后被贬下人间。③二郎见十日为害就担山撵太阳,捉住一个压山下一个。他把十个太阳都压在山下后,命它们每天只准出来一个。④二郎因为太累就死了。死后,眼睛变成了月亮,给人们夜间照亮。⑤人们修庙祭奠二郎神。二郎死的地方为二郎庙乡,可见影响之大。

本篇是稀有的特殊信息:二郎是因犯"天规"被贬,在人间又敢于为民惩罚太阳的反抗英雄,价值很高。

480. 二郎神挑山追太阳[渑池县]

二郎神杨戬,是玉皇大帝外甥,生三只眼睛,身体高大,脚踏地头顶天,一伸手能摘下月亮和星星。他心眼好,有时还干预那些贪懒误事的神仙,为凡间百姓办点好事。

传说这一年,春天大旱,到快该收麦了,一点雨也没下。麦子旱死,大地裂缝多深,早秋没法安种,河水断流,井水干枯,林木落叶枯死,人畜没水吃。大人小孩热死许多。人间一片凄惨景象。太阳神还是一股劲地晒,谁拿它也没办法。

这天,二郎神从天上架着云彩下来,一看人间这般气象,便询问山神土地。这些小神便一五一十地说:"春种、夏花、秋实、冬藏,从春到夏整差一个季节,没有一丝雨,人间缺粮,百姓热死许多。要想改变这些,请二郎神给太阳神商量一下,今年再从春季开始,或许人们还有个活头。"于是,二郎神便去找太阳神问话。太阳神说:"季节迟了不怪我呀,天不下雨。你去问问雨神,看是咋回事?"二郎神又去找雨神。雨神说:"春天到了人间,我就准备降雨,太阳神说,你忙了一冬天,下雪不少,我的热量没有很好发挥,你去歇歇,啥时需要雨我给你说。我听了他的话,一觉醒来,春分时节已过,他也没叫我说该下雨了,这不能怨我呀!"二郎神这才明白,原来是太阳神捣的鬼,渎职造成人间灾害。他二翻身又去找太阳神说:"我已把情况问明白了,现在已是秋天,你把秋改作夏,让老百姓安种晚秋庄稼,行不行?"太阳神把脸抬得高高的不理睬,说:"我遵照玉帝旨意,有我自家规矩,该热不热,五谷不结,该冷不冷,五谷不丰,秋天是该冷的季节了,你叫我再热起来,玉帝不答应,我也办不到!"二神抬杠,越抬越恼,太阳神竟然把脸一扭,向西走去。二郎神很恼火,暗想:我非叫你扭回一个季节不可!你不听话,我用大山压住你,叫你逃不了!

于是,二郎神寻了一根大扁担,一头挑着五台山脚下的熊耳西山,一头挑着熊耳东山,跟在太阳神屁股后边穷追猛赶,太阳神发现后边二郎神在追,步伐迈得更快了。二郎神追呀追呀,一直追到渑池境内的一块大平原上,追得气喘吁吁,汗流浃背,想坐下歇息,顺手把肩上的两座熊耳山放下,太阳神看见二郎神坐在地上擦汗休息,也在西边半天空上停下来,讥笑着说:"喂,你想撵上我用大山压住,往后退一个季节,你咋还坐在那里歇哩?叩安?你咋不来追撵呢?我在这里等得发急呀?"二郎神一听太阳神挖苦,气得二股筋蹦多高,忽地站起,来不及再担山了,拔腿就撵呀撵呀,一直撵到灰天地黑,星星月亮出了满天,太阳早窜得无影了。二郎神看看没撵上,也没办法,扫兴而归。

现如今,在渑池县西村乡境内依然存有当年二郎神挑山追太阳的遗迹,熊耳山就是二郎神挑的山,山北麓脚下有个鼓堆凹村,村西边有二座大土山,传说就是二郎神歇息时,从鞋壳篓里腾腾来的土堆。再往北一点,东西横伏一条几十里长的大土岭,那就是二郎神扔下的扁担。

讲述人:刘桂萍,已故
采录人:姚光一
流传地区:渑池县西村乡一带

【点评】

本篇是流传在河南渑池县的关于二郎追日神话的遗存珍品。它属民间口头传承神话形态,对研究中原战胜自然灾害神话有重要价值。

其中透露的神话文化信息有:①二郎追日,不是十个日头为害,而是因为一年的春季未下雨,百姓受灾。②二郎反复询问太阳神、雨神、土地神之后,知道是太阳神捣鬼。要求太阳停下来,降雨,推迟一个季度。太阳神不听,二郎才追太阳,想担山压住太阳一个季度,结果,担的山因太累放在地上,又继续空手追太阳,终未成功。

总之,自然现象、季节转换的规律终不可违背。

值得注意的是:①本篇有深刻的哲学思维的内涵:人力不可能改变自然规律,只能适应自然规律。②太阳神以雨神在冬季降雪过多,可以休息一段时间,不必降雨,实际是"冬季多雨,春季必干旱"自然现象的形象化的解释。③本篇属"二郎担山追日"原因多元体系的一元。因此,有重要科学价值。

481. 二郎担山撵太阳(一)[台前县]

传说,古时候天上有九个太阳,这个还没有落山,那个又出来了。这样,大地上几乎没有黑夜。人们顶着日头整天干活,不能休息,累得精疲力尽。上帝知道了,便命二郎去降服那九个太阳。

二郎准备用大山压住太阳,于是,他就担着山撵起太阳来。从东撵到西,又从西撵到东;他撵得快,太阳就跑得快,转了一圈又一圈,终于撵上两个,就把它们压在山下。这样,天上的太阳一天天少了,天气也没以前那样热了,白天短了,渐渐有了黑夜。

当二郎撵到最后一个太阳时,还是不肯罢休。人们看到每天能黑一半,明一半,白天干活,夜晚休息,很可以了。就对二郎说:"二郎爷呀,不用撵了,留下一个太阳吧!"二郎听了想:光有白天不中,光有黑夜也不行啊!于是,就答应了人们的要求,留下一个太阳。

二郎担着山往回走,走到伏牛山前的时候,天下起雨,路滑难行。走不多远,满脚沾满了厚厚的泥巴,走都走不动了,他急得用力一甩,"咔嚓"一声,把扁担闪断了,担的两座山也掉下去了。一座山成了现在的"先主山",一座山落下时,恰好使折成两截的扁担压了两道深沟,把山分成三截,鼓起三个疙瘩,就是现在的"寺山"。他脚上的泥块飞在不远的地方,鼓起个疙瘩,叫"踢脚山"。

扁担断了,二郎便坐下来休息,他口渴了,发现地上有个小水坑,用手一拧,变成了一口井。井水咕嘟咕嘟地往外冒,二郎喝了个够,井水清凉解渴。后来,人们用砖把井砌好,取名"二郎井"。

二郎喝了水,往西赶路,感觉肚子饿得咕噜响,便找来几块石头支起鏊子烙馍吃。后来,留下的灰堆变成了一座小山,取名"鏊子山"。

讲述人:王月林,男,51岁,汉族,小学毕业,台前县城北三支五村农民
采录人:王遂莲,女,45岁,高中毕业,文化馆助理馆员
采录时间:1989年5月
采录地点:台前县城北三支五村

【点评】

本篇是由伏牛山区流传到台前县的关于"二郎追日"神话的遗存。它比较接近口承原形风格。

其中的文化信息表现为:①"二郎追日"如同"后羿射日",同是奉天帝之命惩治搞乱宇宙秩序的太阳,维护天体正常活动,以利先民生活的目的。②尚未显出道教化痕迹。③二郎接受百姓意见,捉住八个太阳,留一个太阳,从此万物生长,日夜季节分明,天体运转有序。③值得注意的是,这里的二郎是神,也是人间英雄。他能在空中追赶太阳,捉太阳,却又在下雨时,脚上沾泥巴,甩出去变成"踢脚山";渴了喝水时,用拳打出井水;吃饭时留下的"鏊子山"等遗迹。这种两重身份的理解,正是神话向"世俗化"转变的典型。

482. 二郎担山撵太阳(二)[镇平县]

在镇平、内乡和邓县相交处,有三座小山,东边的叫先主山,西边的叫寺山,南边的叫踢脚山。这三座山没离多远,当中有个村叫义和村,村西头有一口大井,叫二郎井。离三座山不远还有一座小山叫鏊子山,这都是当年二郎担山撵太阳时留下的。

传说很久很久以前,天上有九个日头。这个还没有落哩,那个就又出来了,大地上净是白天,没有夜晚,人们顶着毒日头,成天干活,老不能休息,大家都累得腰酸腿疼。玉皇大帝就派二郎神去降服那九个日头。

二郎神担着大山,撵起天上的太阳了。

二郎担山撵太阳的事,传到九个日头耳朵里,它们就小心提防起来。二郎担着两座山,在天上从东边撵到西边,又从西边撵到东边,他撵得快,日头也跑得快。这样,转了一圈又一圈,撵上两个,把它们压在山底下;撵上一个,压住一个。有一个日

头,眼看快被二郎撵上了,它心里一急,就一头钻到路边的马齿菜下面,躲过了二郎的追赶,再也不敢露出来了。直到如今,马齿菜晒不死,就是因为它下面有个日头跟天上的日头对晒呢。后来,天上的日头少了,天气也没先前那么热了,白天也短了。

二郎撵到最后一个日头时,人们看到每天能黑一半、明一半,白天干活,晚上休息,再好没有了,就跟二郎说:"别撵了,留下个日头吧!"这个日头一听人们为它求情,感激地跟二郎说:"留下我吧,我会规规矩矩,早上按时出来,晚上按时下去!"二郎想:天底下光有黑暗会行?就对日头说:"你要是说话不算,可别怪我无情!"日头连忙答应,二郎担起大山往回走。

他担着大山,走到伏牛山前面的时候,正赶上一个下雨天,路上泥大,不好走,脚下粘着厚厚的泥巴,越走越沉,越走越拖不动。他十分生气,用力甩了一下,谁知他用力过猛,"喀嚓"一声扁担闪断了,两座山也掉了下来,一座成了现在的"先主山",一座落下地时,折成两半截的扁担从空中落在它上面,压了两道深槽,把山分成三截,鼓起三个疙瘩,这就是"寺山"。脚下甩掉的泥块飞的不远,鼓起一个谷堆,这就是"踢脚山"。

扁担断了,二郎神就趁势坐下来歇歇。他太渴了,发现地下有一个小水坑,用指头往下一拧,成了一口井,二郎一喝,凉甜解渴。后来人们用砖把井砌了砌,起名叫"二郎井"。

二郎又往西走了不远,肚子饿得咕噜噜响,就找几块石头支起鏊子烙馍做饭,后来留下的灰堆成了一座小山,就叫"鏊子山"。

采录整理:镇平县民间文学普查组
采录时间:1986年3月28日
采录地点:镇平县二龙乡

【点评】

本篇是流传在河南西部镇平、内乡和邓县三县交界一带的关于"二郎"神话遗存的珍品。它接近民间口承神话形态,地方特色鲜明,有重要研究价值。

其中透露出如下信息:①二郎追日神话在中原西部的伏牛山区是典型地带(包括镇平、内乡、邓县)。这里的山峦、水井、民俗都与神话关系密切。②与同类神话的其他记录相比,基本相近,属同一母题。③马齿菜保护最后一个太阳,符合人民利益(人间需要光照、温暖,生物需要阳光)。④二郎是天宫上帝派来除日头毒害的神,也是人间的人。他要喝水、吃饭,也要甩掉鞋上的雨泥,可以以手指捣井,用鏊子烙馍等等。这正是先民原始思维的生活习俗的反映。⑤二郎庙及后人祈雨及纪念习俗,正是人们原始信仰的遗存。它朴素、生动,生活气息浓。

483. 二郎担山撵太阳(三)[桐柏县]

太阳神收了十二个弟子,教散热发光的本领。小太阳学成以后,太阳神嘱咐他们说:"散热发光的事我不管了,全由你们来干,我要永远休息了。千万记住,一个时辰只能出一个太阳,可不能成群结队地出来。"

开始,小太阳们还听太阳神的话,一个时辰出一个太阳。地上一片绿油油的,有花儿,有草儿,人也强,马也壮。

不知过了多少年,太阳神的弟子忘了太阳神的话,成群出来玩。人们觉得越来越热,喘不过气来。井干了,河涸了,庄稼叶卷了,就连一千多里的淮河也干得冒不出一滴水儿。人们对天喊:"老天爷呀老天爷,我们咋得罪你啦!为啥降火惩罚我们?"

老天爷听到了人间的怨声,就派外甥杨二郎去劝说太阳神的弟子们,不要苦害百姓。

太阳神的弟子不听劝,还说:"我们是太阳神的弟子,又是老天爷的儿子,你杨二郎只是老天爷的外甥,还是凡人转的,不配管我们天上的事儿。"杨二郎听了这话,可恼火啦,带着哮天犬,下凡来了。

杨二郎下凡,遇上的第一个人是个挑水老汉。杨二郎问:"老伯哪里去?"老汉答:"老天降火不降雨,大地都干透了,我只好到东海取水。"二郎说:"降火的罪过,应归太阳神的弟子们。"

挑水老汉说:"我要有神箭,我把他们射个稀碎;要有神斧,我把他们砸个稀烂。"老汉说着说着,气得把扁担也扔到了地上。扁担落地,轰隆一声,像打炸雷,吓得哮天犬拔腿就跑,把山上的石头也蹬出了好多狗蹄印子,至今桐柏山西边儿的程湾还有"狗蹄石"的地名。杨二郎唤过哮天犬,定神一看,那根扁担是个宝物。他就向老汉施了一礼,说:"老伯,扁担借给我用用吧。"老汉点点头答应了。杨二郎拿起扁担,担起两座山就要动身。老汉问:"你担着两座山有啥用啊?"二郎说:"等我担着山撵上太阳,你就能见个明白!"老汉急忙说:"哎呀勇士,小太阳神通大,恐怕你不是他们的对手啊!"

杨二郎大笑三声,说:"老伯看着吧,为了天下百姓太平,我要拼死一战!"

杨二郎担着山撵上了小太阳。他命哮天犬和一个小太阳厮打。另一个小太阳前来帮忙,想烧死哮天犬,杨二郎顺着太阳射去的光柱把两座山扔过去,两个小太阳被压在了山下。这个地方,人们称为"双山"(在桐柏境安棚东)。

两个小太阳被压，大地上凉快多了。杨二郎一天压住了五个小太阳。别的小太阳一见，都吓得东躲西藏，有的钻到水里，有的藏到山洞里。二郎又担了几座山，把小太阳压在水里，堵在洞里。十一个太阳都不能再出来作恶了。

剩下最后一个太阳，没有场儿躲，躲在了马齿菜下边。马齿菜下有一条蚯蚓，最怕热，忙给杨二郎报信儿说："这儿——这儿——。"哮天犬扑了上去，把最后一个太阳吞掉了。天昏了，地暗了。挑水老汉和众人赶到，向杨二郎求情，说："二郎神呀二郎神，太阳多了，人要遭殃；没有太阳，人又没法生存。俺求求你让天狗把太阳吐出来散热发光。我们永远不忘你为人们除害的大恩。"

杨二郎搀起大家，对哮天犬肚里的那个太阳说："你要照人们的心愿来散热发光，分出春、夏、秋、冬，分出白天、黑夜，晚黑儿，你住在大海，听到鸡叫再起身。我还让狗跟着你，要有差错，天狗还把你吞到肚里！"

小太阳说："我一准听话！"

天狗吐出了太阳，大地亮了。百姓们都高兴了。后来，人们把杨二郎当年歇脚的山叫二郎山，又修建了二郎庙，以纪念二郎不畏强暴、为民除害的功劳。

讲述人：李振有　李爱波
采录人：马卉欣
采录时间：1980年
采录地点：桐柏县文化馆

【点评】

本篇是流传在河南桐柏县的关于"二郎"神话遗存的珍品。它古朴、明朗、生动，接近民间口头传承的原始形态，对研究二郎的神格、身份及天宫道教神谱有重要参考价值。

其中蕴含的神话信息，主要有：①天上的十二个太阳是太阳神的十二个弟子，又都是天帝的儿子，因此看不起天帝外甥二郎。②二郎撵太阳，就要开罪天帝和太阳神。③二郎的扁担是神人传授，能有压住太阳的无穷力量，可以把山砸碎。二郎又有哮天犬相助。④二郎用扁担把捉住的太阳压山下。最后，二郎让哮天犬把第十二个太阳吞到肚里，等二郎命令小太阳出来照亮世界时，犬才吐了出来（很可能是日蚀的象征，如同天狗吞月象征月蚀一样，系解释天象神话）。⑤太阳报马齿菜的恩，晒死蚯蚓，与同类记录相近。⑥桐柏的"二郎山"是二郎歇脚的地方。二郎庙是祭祀二郎的地方。⑦此篇应属道教神幻故事，与原始神话有别。

484. 杨二郎担山撵太阳[鲁山县]

很早很早的时候,天上有十个日头,它们排成溜儿,这个还没打西边落下去,那个可又打东边出来了。直晒得树木也枯死了,河里井里都干了,庄稼也都旱死了。再说,光有白天,不见黑地①,人热得受不了,又睡不成觉,也都死得差不多了。

这还得了,老天爷长的有眼,他赶紧派二郎神,叫他把太阳压到山底下。

杨二郎担一挑子大山,撵上一个太阳,就压到山下,再撵上一个,就再压那儿一个,连着压了九个。听说他就打下汤②二郎庙③这一路撵。下汤、中汤、上汤④三处压了三个太阳,仨地场儿都往外流热水。

天上只剩下一个太阳了。杨二郎死心眼儿货,也不想想没一个太阳中不中,还是只管担着山撵。那个太阳看见兄弟们都叫逮住压山底下了,它就破命跑,眼看快叫杨二郎撵上了,它一藏,藏到房檐下的水沟里。水沟里蚯蚓热得受不住,就对杨二郎说:"这儿——这儿。"太阳看藏不住身,起来就又跑,一跑,破嘴老鸹看见了,就也给杨二郎报信儿,叫唤着:"哇啦——哇啦——。"杨二郎接着就撵,太阳没处藏,藏到一棵马齿菜下。马齿菜护着太阳,热死也不吭气,眼看着杨二郎往西撵去了。杨二郎想着是太阳藏石人山去了,就又往石人山去找太阳,谁知走到这里扁担折了,两架山就掉在了地上,鸡也叫了。杨二郎就往天上给老天爷回命去了。这里的人给杨二郎修座庙,就叫二郎庙,也就是鲁山县二郎庙乡政府所在地。二郎庙西头有两块大黑石头,人都说是杨二郎挑来的。

太阳记着马齿菜的救命之恩,就叫马齿菜顶晒,越晒越支棱,就是屁股朝天也晒不死。太阳恨透了蚯蚓和老鸹,一见蚯蚓就把它晒死,还把老鸹晒成一疙瘩黑。

讲述人:李永和
采录人:张怀发

---

① 黑地:方言,黑夜。
② 下汤:地名鲁山县下汤镇。打下汤即从下汤意。
③ 二郎庙:地名,鲁山县二郎庙乡。
④ 下汤、中汤、上汤:地名,在鲁山县西部,皆以地下有温泉而名之。

【点评】

本篇是流传在河南西部鲁山县的关于"二郎"神话宝贵遗存。它地方色彩鲜明,生活气息浓,有研究价值。

其中主要特色:①此神话与鲁山县的汤泉有关,也是地方传说。②远古十个太阳为害,天爷派二郎追日并压在山下。③"上汤"、"中汤"、"下汤"正是二郎压三个太阳的地方,水热与此有关。④二郎追到最后一个太阳时,先由于太阳藏到房檐下水沟里,被蚯蚓告诉二郎;接着碰上乌鸦给二郎报信;最后马齿菜保护太阳。二郎以为太阳藏石人山去了,因扁担断了,鸡也叫了(神人不露相),就回天宫了。追日情节富戏剧性,又风趣。⑤二郎庙和黑石头都成了纪念二郎的遗迹。总之,二郎是执行玉帝命令才担山追日的。"天人合一"思想突出。

485. 二郎担山[辉县]

相传,很早以前天上有十八个太阳,烈日炎炎如喷火,土地龟裂,河水枯干。

二郎眼看人们在烈日下难以生存,怒火心中烧,抓起一座山就将其中一个太阳压住。当他一连压了几个之后,其他太阳纷纷逃命。二郎怕它们逃到别处继续为非作歹,一时性起,用扁担一下子担了两座山去撵太阳。当赶到大史村南地时,沙土灌在鞋里,行走不便。二郎就脱下鞋,将里面的沙土倒出来。据说史村南地现今的大沙堆就是二郎从鞋内倒出来的沙土。

当二郎担起山来继续往前赶时,不料扁担楔儿折断了,溜担了。山掉下来,将地砸了两个坑。据说前郭雷和大史村的"二郎坑"就是当时二郎担山砸的。

二郎将扁担收拾好后,继续担山上路撵太阳。追呀,追呀,二郎一直将十八个太阳压了十七个,剩下一个找不到了,他想:留下一个也做不了什么怪,算了吧,以后再说。

后来才知道,那一个太阳原来藏在马齿苋的叶子下面幸存下来。以后太阳日照万物,一年四季将光辉洒向人间,再也不敢为非作歹了。正因为马齿苋救了太阳,所以世上万物都怕太阳晒,唯有马齿苋即使拔起来放在太阳下暴晒数日仍不死,就是这个缘故。

采录整理:李桂生

【点评】

本篇是流传在河南辉县"二郎追日"神话遗存珍品。它古朴、简明、生动,属原始民间口头传承类型。

其中主要特色:①二郎是普通的英雄,而不是神,更无靠神仙奇异力量相助,充分想象出"人定胜天"的气概。②天上出现十八个太阳,仅此一例(多为九个、十个、十二个不等)。③二郎最后放过一个太阳,一是因为马齿菜叶子遮住了它;二是二郎的扁担"楔子"断了,扁担滑掉下了两座山(一在史太村,一在"二郎坑")。④本篇单纯、明快、简洁,无采录者或讲述者编造的"文学化"痕迹,十分可贵。⑤马齿菜晒不死原因有三:一是后羿射日时,它保护太阳;二是二郎追日时,又保护了太阳;三是衍化为刘秀被王莽追赶时,保护了刘秀。其核心内涵是马齿菜人格化后,保护了人民的利益,体现了人民的愿望。这个特殊情节的出现,在以上三种神话传说中,极为普遍。实际上,它已经演变成了"植物神话和人物传说的模式化产物"。尽管前两者产生于原始社会,后一种产生于封建社会,其精神实质却贯穿其中。这是艺术幻想魅力所在,因而也就具有了很强的生命力。

486. 二郎神担山填海[渑池县]

南村乡仁村村北边黄河急流中,有两块小山一样大的石头,是二郎神挑山填海时,路过这里,从脚趾头旮旯里抠出来的泥沙疙瘩变成的。二郎神杨戬为啥要挑山填海呢?说起来这里有一段神奇的传说。

很古很古以前,有一个叫共工氏的神,他不知因为什么事触怒起来,大发雷霆,一头撞断了撑天玉柱。立刻,山崩地裂,天塌西北,地陷东南。共工氏的头也被撞破了,血水像涌泉一样向东流去。大地被血水淹没,许多许多生灵被毁灭,就连天帝的宝殿,也快被淹没得倾斜倒塌了。天帝眼看着自己连个藏身地方也保不住,万分焦急。于是下了一道命令,赶紧召开万仙大会,共商补救措施。

众仙相聚以后,都在抓耳挠腮,半个时辰过去了,也没有想出个好主意来。一个个目瞪口呆,愣愣地静坐着不吭声。突然,太上老君站起来说道:"禀告天帝,既然众仙没有良策,请允许我推荐两位大仙,足能除眼下大祸。"天帝一听,顿时大喜,连忙问道,这两位大仙姓名,有何能耐?太上老君道:"一个是女仙头头,名叫女娲,她有补天连缝的本领;另一个便是天帝你的外甥二郎神杨戬,他力大无穷,有七十二般变化,填海移山不在话下!"天帝一听,立即招来外甥二郎神杨戬和女娲上殿。

二位大仙到了金殿之上,领了旨意,立即行动。

女娲拣来五色花石,炼了七七四万九千个岁月,九九八万一千块神石,把天上的一个一个窟窿都补住,把裂的天缝一道一道缝住,从此成了一个完整的蓝天了。二郎神杨戬呢,将青海的一座大山,用三棱刀一下劈成两半个,再用担子扎住,担起来就往东海岸走去。走呀走呀,一天走到渑池仁村北边黄河沿时,感到累得浑身无力,两腿沉重,便放下担子歇息。二郎神坐在地上歇时,脚放在黄河里边洗,将脚趾头旮旯里的泥沙抠出来,随手扔到黄河里边,顿时,黄河水被分成两叉,打着漩涡滚滚向东流去。二郎神歇息半天,又用黄河水洗了脸和脚,感到轻松许多,精力又充沛起来,挑着两座大山往东海走去。就是这样,二郎神挑着大山,去了又来,来了又去,反反复复不知担了多少岁月,不知担走了多少大山,终于,填平了东海,治服住了洪流。

随着时间的流逝。二郎神脚趾头旮旯里抠出来的两块泥沙,慢慢变成了两座不大不小的石山,矗立在黄河急流中,人们都把它叫做二郎石。自古到今,人们只要看见二郎石,都要谈论一番这个神话。

采录人:茹明

流传地区:渑池县南村乡

【点评】

本篇是流传在河南渑池县黄河边的关于二郎神神话的遗存。它与共工、女娲神话人物有关,信息丰富,有研究价值。

其中涉及如下的问题:①二郎担山填海是因共工与祝融相斗,怒触不周山,天柱断,地维绝,共工头破,血水横流成灾,殃及天宫。②女娲补天和二郎担山填海,都是玉帝的命令。女娲炼了七七四万九千个岁月,九九八万一千块神石补天,缝天。(女娲是天宫众女仙的头头)③二郎担的是从青海弄的山,往来不息。④二郎在渑池县仁村黄河边休息时,从鞋里倒出沙石,成了两个大石疙瘩留在黄河急流中。他担山填海是为治服洪水,留下了"二郎石"在黄河急流中。

值得注意的是:①本篇属经过道教渲染、改造的传闻,距原始口承神话有相当差距,有些不可靠。如共工造洪水,而本篇却成了共工头撞天柱时,撞破流的血水,与一般洪灾不符。②二郎担山从青海担山出发,不知何据。豫西山区,大小山头无数,何必从青海挑山,亦有可疑之处。③二郎担山填海,似与中原大地洪水灾异的制服关系不大,生活逻辑亦不真实。④本篇属道教化传说,纰漏不少,不必作为民间口承神话对待。

487. 二郎神追日 [汝南县]

盘古开天辟地时,天上有九个太阳,把大地整天晒得热烘烘的,房子晒着火了,河水干涸了,人晒得更是受不了。玉皇大帝知道了,传下玉旨,派二郎神下凡除掉太阳。

二郎神带着天狗来到凡间,一口气吃掉了八个太阳。有一个太阳机灵,见势不妙,就趁机逃跑了。太阳前头跑,二郎神后面追,眼看快要追上,太阳急中生智,把身子越缩越小。这时,它见前面有棵马齿菜,就跟马齿菜商量,叫救它一命,表示日后以恩相报。马齿菜就让太阳神藏在它的身子底下。这事被蚯蚓看见了。二郎神追着追着不见太阳哪里去了,正在着急,蚯蚓高声叫起来:"太阳在这里,太阳在这里!"二郎神问:"在哪里?"蚯蚓说在马齿菜身子底下。二郎神正要搜查,这时玉皇大帝又传下旨意:"太阳能哺育万物,不可没有太阳,就留一个算了。"二郎神这才带着天狗转回天宫。

后来,太阳为了不忘马齿菜的恩情,太阳晒得再厉害也晒不死马齿菜。蚯蚓因为坏了太阳的事,它天天躲在泥土里不敢见太阳,一见太阳就得把它晒死。

讲述人:余国清,男,28 岁,汉族,中专毕业,韩庄乡政府干部
录音:张红梅,女,28 岁,汉族,高中毕业,汝南县机械厂职工
采录时间:1987 年 7 月 4 日
采录地点:韩庄乡政府

【点评】

本篇是流传在河南汝南县的关于"二郎追日"神话遗存。它属道教神话,可供研究中原神话流变之用。

其中涉及以下内容:①盘古开天时,天上有九个太阳,人们无法生存。②道教神玉帝派二郎除掉太阳。③二郎带天狗吃掉八个太阳。第九个逃跑求马齿菜相救。④玉帝命二郎留个太阳。⑤太阳报恩,晒不死马齿菜。蚯蚓报信,后一直在地下,不敢出来,见太阳就死。

值得注意的是,救太阳情节,不仅见于"后羿射日",后又移植在刘秀身上,这种

现象主要因代表民意,只有在中原方可出现。

488. 二郎斩蛟 [新密市]

相传很久以前,密县岳村乡壶瓶咀上游数十里是个大湖。湖内水清见底,莲荷盈盈,是个一年四季稻谷飘香的好地方,人民过着幸福生活。可是有一年湖内突然来了一对蛟怪。它们来到这里以后,经常兴风作浪,淹没良田,还经常到岸边伤畜害人,闹得民不聊生。后来人们就把此事上告皇帝,皇帝就派兵捉拿水怪。但是,多次派兵不但没有捉拿住蛟怪,反被蛟怪掀翻船只,损兵折将,而且惹怒了蛟怪,大水几乎淹没了云蒙山。人们无奈只好纷纷弃家外逃他乡。

有一天二郎神杨戬驾着云头从这里经过,忽见脚下湖水翻腾,浊浪滔天,于是,停住云头细看,原来是两只蛟怪在水面上戏耍,闹得洪峰起伏,波浪滔天,眼看大水就要漫上云蒙山顶,庶民百姓有的落入水中被蛟怪伤害,有的爬上大树和木器,漂泊呼救,景象很惨。二郎神杨戬见此情景,就站在云头骂道:"水中二怪听着,二郎爷杨戬在此,你们休得猖獗,还不快快降落水头与你二爷跪下就擒!"

正在兴头上的两只蛟怪顺声向空中望去,见一彪形大汉,手握青龙宝剑,脚登五彩祥云站立头顶,吓了一跳。但它们又不愿束手就擒,竟从水中跃起,在云端与二郎神大战起来。没战几个回合,二怪大败驾起云头逃跑。那雌蛟逃得快脱了身,雄蛟却被杨戬的神箭射中腹部坠落尘埃,正好落在如今来集乡黄寨以东、芦村以西,新密公路北侧一块儿,头落在崖头上。二郎神及时赶到,发现中箭蛟怪正在那里喘息,手起剑落,蛟怪的头早滚落在崖头下边,顿时鲜血四溅,把附近的岩层都染成了红色。这个高崖头就是如今密县人民所熟知的斩蛟台,也叫斩龙台。

后人为了纪念杨二郎为民斩蛟除害,就在壶瓶咀西北方、赵寨附近修建了一座二郎庙,以表敬意。

那只雌蛟也没逃多远,它刚逃到颖川地界(今禹县境内)就碰上了夏禹王,当即被禹王捉获,锁在禹州城内古钧台附近一眼井内。流传在禹州的"禹王锁蛟",即由此而来。

讲述人:王天边
采录整理:李改玲
流传地区:新密市岳村、来集、城关镇等

【点评】

　　本篇是流传在新密市的关于二郎斩蛟的民间神话,属道教神祇传闻。虽然原形可能产生较早,但从时间上看,明显有道徒改变的痕迹。其中主要反映二郎降水怪的抗御自然灾害型神话。在中原流传的二郎神话有两大系统:一是带有原形征服自然灾害如追日的故事;另一类则明确表明是玉皇大帝的护卫鹰犬,专以镇压敢于反抗玉帝的"妖怪"。如二郎在《西游记》里追孙悟空即属此类典型。本篇属前一种,比较原始。

　　其中所说雌雄两蛟(龙),雄龙被斩于密县;雌龙在禹县被大禹捉住锁于井内。足见此神话流传中原地区之久远。但与"担山捉日"却不一个系统。二郎神话的多元性,于此可见。

489. 大伾山与浮丘山的传说［浚县］

　　相传很久很久以前,九十高寿的愚公率领儿孙们要搬掉挡在门前的两座大山。他们决心移山填海的精神感动了天上的二郎神。二郎要趁夜深人静把山担走,扔到东海里去。

　　二郎挑着两座山汗流满面地向东走去。一下眼前出现了一条黄水滔滔的大河挡住了去路,眼看天色发亮,二郎心急如焚,就放下两山跨到河东想打听一下路径。这时,日头长起来啦。常言说:"神人不露相。"二郎的灵魂脱窍而出飞向天宫,把一具尸体留在了河东。

　　二郎担的两座大山——大伾山、浮丘山,永远留在了黄河西边。人们为了纪念这位二郎神,在河东修建了金身塑像、青砖灰瓦的二郎庙。至今还有二郎庙这个村呢。

讲述人:吕子英,男,60 岁,浚县教师进修学校校长
采录整理:邢清玉,男,49 岁,浚县文物风景区干部
采录时间:1988 年 10 月
流传地区:浚县

【点评】

　　本篇是流传在河南浚县的关于"二郎担山"神话珍品。它接近原始形态,对研究豫北神话有重要价值,应属于传闻。

　　其中主要透露如下的神话信息:①二郎担山不是为了追日,抗自然灾害,而是因受愚公移山的感召,想把太行、王屋二山担到东海,解决交通不便的问题。这是二郎追日的另一目的。"担山"亦有多元。②二郎为何放下担的山,是因见黄河阻拦,路径不熟,去河东问路时,天亮鸡叫,"神人不露相,露相不神人"观念的影响,魂出窍,留下尸体。③此神话应在大禹治水之前。因为黄河已从大伾山、浮丘山东向北流去。二郎将此二山放浚县后,始有大禹来此治水导黄之举。

　　值得注意的问题是:此传说证据不足,待考。因为:①在文献上尧、大禹神话之前,从无关于二郎的神话人物出现。②大禹在大伾山、浮丘山战恶龙时,已有此二山存在,似与黄河在此出现不符。③二郎担愚公移的两山原应是太行、王屋的一部分,不知为何又出现了大伾、浮丘二山,前后似有矛盾。④《列子·汤问》中所说负王屋、太行二山的神是天帝命夸娥氏干的,从未有二郎担此二山之说,很可能有附会因素。

490. 张超追日［汤阴县］

　　相传古代有个姓张的人,名叫张超,此人力大无比,身材高大,能够行走如飞。

　　也许古代的太阳白天走得比现在要快吧,人们总觉得早晨起来还没有做多少事,天马上又要黑了。当时,又没有灯火。漫长的黑夜对人们是多么的不方便啊!大家对太阳很不满。

　　张超知道后,便很气愤地去责问太阳:"喂,懒家伙,你每天都要睡多少觉啊!你那么晚才起来,又那么早就回去。你对自己也太不负责任了。"

　　可是,太阳理也不理,仍旧飞似的向西滚去。这可触怒了张超,他立刻提了木杖向太阳追去。

　　太阳——这个神奇的火球向西滚,张超在后面飞快地追赶。眼看一里一里地接近了太阳,但越近越感到灼热,张超的汗水就像下雨一样往下淌,他赶忙解开衣裳,耐着炎热仍不停地向前追。

　　汗水流得多了,就要干渴。张超这时真是渴得要命,他觉得舌头都有点焦热起来。当他离太阳还有几里,眼看就要追上去的时候,他渴得再也支持不住了,只得急忙赶到黄河去喝水,黄河被他一口气喝去了大半。这时他觉得稍好点,就又追赶太阳去了,没追多远,又渴得厉害,便又赶到运河去喝。这下一口气就喝干了运河的水,但还不能解渴,他决定到北方的大湖里去喝个痛快,可极度干渴的张超,没有来得及到那儿,便在中途渴死了。

采录整理:李淑伟

【点评】

本篇是流传在河南汤阴的关于"追日"神话的异文,实际是《夸父追日》翻版。

其中特点有:①张超取代了夸父;②张超除喝黄河水外,增加了喝干运河水。③夸父欲北饮大泽,这里张超想去喝北边的湖水。④张超也是渴死的。

值得注意的是:①本篇并无地方特色,很可能是对《夸父追日》的误记。②追日的原因是太阳走得太快,人间白天太短,生活不便,而非干旱了,想追上太阳问它为啥让白天时间短。③追日,不是向西追,从黄河向东到运河,方向正相反,不知何故。

491. 华山后头的老阳儿①多着哩[林州市]

任村一带的群众都爱说一句话:"华山后头的老阳儿多着哩!"意思是什么事也不用急,今儿办不成,还有明儿。其实听老年人讲,这话开始可不是这个意思。

据说在远古时期,天上一下子出了十个老阳儿,晒得人们睡不了觉,过不了时光。老百姓怨声载道,把状告到了玉皇大帝那里,玉皇大帝就派二郎神下凡来捉老阳儿。

二郎神把老阳儿撵到任村一带,老阳儿慌了手脚。眼看着就要被二郎神捉住,赶紧躲到了任村北边的一座叫华山的大山谷堆后边。二郎神伸出两只大手就去捉老阳儿,捉住一个,放在脚下,就又去捉那几个,捉一个放一个。老阳儿一个比一个鬼,一瞧二郎神不敢咋样他们,就又偷偷地跑到了华山后边。二郎神捉来捉去,怎么也捉不完,只好说:"华山后头老阳儿多着哩,我是捉不完。"老阳儿是玉皇大帝的外甥,玉皇大帝根本就不想惩治他们,就没有再说啥。

---

① 老阳儿:太阳。

后来还是民间出了个英雄叫后羿,才把九个老阳儿射落,只留下了一个老阳儿。

采录整理:苏清林,林州市任村乡文教专干

【点评】

本篇是流传在河南安阳地区林州市(原林县)的关于"二郎捉太阳"神话遗存。它说明二郎也讲人情,对天帝的外甥太阳,不敢过于严厉。

其中说明:①天帝派二郎捉十个太阳,不让为害人民。②太阳躲在林县任村北边的华山后面。③老阳儿是玉帝外甥,二郎捉住放脚下,捉一个放一个。老阳儿见二郎不敢为难他们,都偷偷溜到华山后面,二郎捉不完。故有此说法"华山后的老阳儿多着哩"。

值得注意的是:二郎看天帝无意惩治太阳,也就不追究了。这对二郎形象大受损害。二郎也违民意。

492. 太 阳 瓜 [新野县]

新野城北四十里有一个焦店村,这里出产的西瓜个大味甜,特别有名,那是为啥哩?这里面有一个传说。

据老辈人相传,在远古时代,天上一共有十个太阳,十个太阳像火炉烤着大地,庄稼不长,草木不生,人也热得喘不过气。人们忍受不住了,都向老天爷哀告:不要这么多太阳,只要一个太阳就行了。这老天爷就派二郎神担山撵太阳,撵上一个用山压下一个,撵上一个用山压下一个,最后把九个太阳都压在大山下面,只留下了一个太阳。

焦店村西那座皇太岗,据说就是二郎神压下一个太阳的地方。压在皇太岗下面的那个太阳满身火热发不出去,心里难受极了。岗下有个善良的老头,看见太阳干渴的难受,每天用瓦罐到白河拎水浇它。天长日久这个太阳心中感动呐,心想以往自己不顾老百姓死活毒晒他们,现在老百姓不记前仇经常拎水让自己消渴,这大恩大德得想法报答呀!

有一天,老头又来给太阳拎水解渴,发现岗顶上冒出一个青枝绿叶的蔓秧。后来这蔓秧越长越长,不久蔓秧又开出黄色的小花,黄花又变成圆圆的果子。等这圆圆的果子长大,长熟了,老头切开一尝,水汪汪,甜蜜蜜的,真是好吃极了!老头就把这种果子取名叫"瓜"。第二年他又把瓜的种子种到地里,获得了大丰收,人们吃了都说好,大家就都种起了这种瓜,代代不绝,直到现在,你看,瓜圆圆的像不像太阳?瓜皮上一道道花纹像不像太阳的光线?

讲述人:马德战,男,40岁,汉族,初中毕业,沙堰镇焦店村农民
采录整理:葛磊
采录时间:1987年2月
采录地点:焦店村流传于沙堰镇

【点评】

本篇是流传在河南新野县的关于"二郎追日"神话遗存的珍品。它接近口承原始形态,生动、有趣。

其中主要特色:①新野焦店村的西瓜有名与二郎追日关系密切,也是植物神话。②农民看二郎压的太阳在山下总冒热气,不愉快。老农就用清水给它浇灌。这个太阳为报恩,也是有悔改之意,才给老人长出西瓜,作为回报。这种情节,似与二郎追日不符,但却又是属于神话衍化的派生物,别有情趣。③从神话学上讲,属于原始神话的神幻传述,不是神话本体。

493. 石人山的传说[平顶山市]

石人山是鲁山、嵩县、南召三县的界山。山尖上有个石头,像人,这山就叫石人山。石人哪儿来的?

传说,天上有头白牛,长得滚瓜流油,很壮实。因为犁地犁得下力,玉皇大帝就把它交给王母娘娘,让它耕种蟠桃园。白牛很好央①,不管哪路神仙张开嘴,它都满口答应。有一次,嫦娥请求它去帮助耕种桂花,白牛二话没说就去了。王母娘娘满心不高兴。这是玉皇分给的耕牛,咋能叫别的神仙乱借乱用呢!就跑到玉皇那里告了一状,说白牛眼里没有一点王法。玉皇大帝听说白牛不经他的允许就随便给这个那个犁地,就恼了,下令把白牛打进苦海受罪。

嫦娥一看白牛为自己受了牵连,心里很不是味儿,偷偷儿打发一个蛤蟆下来,

---

① 央:请求帮助。

吸干海水,搭救白牛。别的神仙平时得过白牛的好处,这时见白牛有了难处,都来帮助。

玉皇大帝见神仙们不看他的脸面,全来搭救白牛,火上加油,派重兵前来捉拿白牛。这时张灶君在一边也看不顺,心里怪玉皇大帝办事过分,就生法儿让金鸡儿叫唤起来,金鸡一叫唤,天亮了,天兵天将只好变成山峰,站在那儿,永远不会动了。

天兵天将降伏白牛的地方,后来就叫做伏牛山。二郎神变那个石人最高,就叫做石人山。嫦娥派那个蛤蟆也变成了石头,就是现在的蛤蟆石,是石人山的主峰,高七百余丈。

讲述人:赫莲烨
采录人:陈金展

【点评】

本篇是流传在河南平顶山的关于"二郎"神话遗存。它亦见于后羿嫦娥神话部分。这里也涉及杨二郎与天兵追白牛的传说。

其中的突出之点,在于:①天帝给王母的白牛,善良、肯助人、干劲大。因它帮嫦娥在月宫犁地种桂花树,王母不满,让玉帝罚白牛下苦海受罪。②二郎与天兵天将追白牛,众仙相助。灶神让鸡叫,二郎和蛤蟆、天兵变成石人山。③这里的杨二郎则是天帝镇压白牛的鹰犬,与其他神话中的形象形成二元对立的双重身份。

494. 为什么马齿菜晒不死 [邓县]

在很久很久以前,天上共有十个日头,他们白天黑夜轮流照着大地。庄稼树木都烧焦了,大地也裂着口子,人们也顶着毒日头,不断地干活,累得腰酸腿疼,也不得休息,人们不断地叫苦,上帝就派二郎神去降服那十个日头。二郎神就担着大山,撵起天上的日头来了。

二郎神担着山在天上不停地跑,从东方撵到西方,又从西方撵到东方,就这样撵了一圈又一圈,日头一个一个被压在了山底下,最后还剩下三个日头,二郎神累了,日头们也累了,但二郎还是不停地撵,发誓非把日头都压到山底。二郎不停地撵啊撵,最后撵到了邓县、内乡、镇平交界处,撵上了这三个日头,他一边一座山压住了稍后的两个日头(这就是今天三县交界处的土谷山),由于用劲过大,扁担一下闪断了,二郎神不提防,一下子坐了下去,就这样让最头一个日头逃了过去。可那个逃跑的日头被二郎神吓坏了,也累得跑不动了,看见旁边有马齿菜就钻到了它下边,等二郎神站起来,寻找最后一个日头时,怎么也找不到,他就决定等日头出来时再说。

二郎神回到了天庭,还时刻准备着再用山压那第十个日头,那躲在马齿菜下面的日头吓得再也不敢出来了。这时,天上没有一个日头了,地下变得一片漆黑,人们什么也看不见,活儿也干不成了,万物也不能长了,老百姓又过起了苦日子,纷纷要求上帝让最后一个日头出来。上帝就说服了二郎神,不让他再用山压最后一个日头了,第十个日头这才颤颤抖抖地从马齿菜下面走了出来。从此以后,黑暗的世界变亮了,万物开始生长,大地又有了生机,人们才过上了好日子。

重新出来的日头,为了报答马齿菜的救命之恩,从来不晒死马齿菜。直到今天,马齿菜从来没被晒死过。即使你连根拔了,放在日头下面晒几天,一浇上水,马上就又活了,不信你可以试试。

讲述人:杜国保,男,80岁,农民
采录人:杜玉敏,河南大学中文系1986级3班学生
采录时间:1989年10月1日
采录地点:邓县罗庄乡宅子村

【点评】

本篇是流传在河南西南部内乡、镇平、邓县一带的关于"二郎"神话同题不同记录的文本,与同类记录有许多情节及环境遗迹相似,可作为异文比较参考。同时,本篇的记录在河南相当普遍,地方特色也不太明显。

495. 石人的传说[邓县]

离西峡口十来里的北山,有一条沟叫石人沟,里面有一个几丈高的石人。

在老远老远以前,天上出了十个日头,把地上的庄稼都晒焦了,人们白天不敢出门,庄稼也种不成,看着人们都快饿死了,人们就跪在地上对着老天爷哭,玉皇大帝就派二郎神下来治这十个日头。二郎神就拿着一根扁担,两头担了两个山——公型山、母型山(现在石人沟以东五里)撑日头,要是撑上了,就把它压在这两座山

底下,最后剩下一个日头。

有一天,他来到北山,看到一个很高的石人,听说他一天往上长一丈。二郎想:要是他一天长一丈,那要不了多长时间,就能给天顶塌了,这可不行。他就放下担子,抽出扁担,向那石人的脖子上打,只听"轰隆"一声,就好像打了个炸雷一样,石人的头被打掉了,掉在东边的一个坡上。打那以后,石人就死了,也不长了,可是二郎的扁担也折(shé)了,担不成那两山,二郎只有担着山才能跑快,扁担一断,他就撑不上日头,所以,天上现在只有一个日头。

听说谁要是能把石人的头找着,再安上,那石人可就会再长。

讲述人:赵长富,男,53岁,小学毕业,河南省西峡县五里桥乡郝岗村农民
采录人:张宗伟,男,21岁,河南大学中文系1984级2班学生
采录时间:1987年8月5日

【点评】

本篇是流传在河南西南部邓县一带的关于"二郎追日"神话遗存的珍品。它地方特色鲜明,属"二郎"神话演变的衍化传闻。它说明:二郎是敢于惩治像石人这样无限增大摩天势力的英雄,他是维护天体秩序的英雄典型,有研究价值。

其中透露如下信息:①二郎担的两座山,一是公型山,一是母型山。二郎捉住太阳就压在这两座山下。但在用两山压日头时,怎么还会挑着这两座山追太阳呢?未讲清楚。②石人的来历不清,只说一天长一丈,如果任它长就会顶塌天。③二郎为维护天国安宁的秩序,才打掉石人头的。二郎的扁担断了,不能追太阳了,最后一个日头才留了下来,与同类记录不同。这应是"二郎捉太阳"的特殊异文。

496. 石 人 沟 [西峡县]

西峡城东北二十多里的马头山上,立着一块一丈五尺见方,四丈多高的大顽石,远远看去有头有身儿,有胳膊有腿儿,人们都叫他石人。传说石人的娘姓梅,要知道是咋来历,还得先从马头山说起。

传说古时候,马头山上苍松翠柏,到处是开不败的花朵,几里外就能闻见花香。山脚下有条小河,河两岸是一脚榨出油的稻田。河两岸家家户户都是牛羊满圈,鸡鸭成群。人们春耕、夏锄、秋收、冬藏,小日子过得可美气儿。天上有个仙女爱上马

头山的景致，羡慕人间男耕女织的幸福生活，偷偷下凡给住在马头山的小伙子结婚了。

这个憨厚的小伙子名叫梅杰，小时候死了爹娘，留下兄妹俩过日子。他妹妹叫梅灵，也是个聪明能干的姑娘。

仙女和梅杰结婚不久，老天爷知道了，非常生气，就命龙王把仙女抓回天宫，叫马头山寸草不生。龙王领旨，下了七七四十九天大雨后，就点起三千虾兵蟹将，水漫马头山。龙王一声令下，霎时狂风大作，电闪雷鸣，雨像从天上倒下来一样。说话不及，山前山后、山左山右，被水围住。几丈高的浪头直往仙女身上扑。梅杰一手拉住仙女，一手拉住妹妹，向马头山上跑，雨打得他们睁不开眼，狂风撕烂了他们的衣衫，还是拼命地向山顶跑。他们越跑得高，浪就越翻得大。眼看快要淹住马头山的山脊，仙女心下明白了，这一灾是逃不过去了，万般无奈只得把真话讲了一遍。姊妹三人抱头痛哭。眼看着浪头翻上了山脊，仙女心想我再不走，就救不下丈夫和妹妹了。仙女想到这里把心一横，向浪头扑去。梅杰急了，也向浪头扑去，追上仙女。他们二人拼命地与恶浪搏斗，随浪漂流，越去越远。梅灵哭着、喊着，再也听不到他哥嫂答应。

雨停了，水消了，山上的土地冲光了，房子倒了，人淹死了。山成了石头山，地成了石头垃，寸草没有。梅灵没家可归了。她想暂且到半山腰的石洞里存身，走进石洞一看，真奇怪，石洞里没进水，还有现成的床。床上铺盖整齐，桌上还有一盘馍，梅灵一摸，馍还是热的。又饿又累的梅灵，不论三七二十一，吃了个饱就躺到现成的床上睡着了。第二天醒来桌上还是满满一盘热馍。就这样，一天、两天、三天……石洞成了梅灵的家。

大水过后，接着又旱了三年六个月，方圆百儿八十里的泉眼都旱干了；河底挖几丈深也见不到潮沙。梅灵没有水喝。这时候，从石洞顶上一滴一滴地向下滴水，梅灵就接这水喝。说也奇怪，一个月后梅灵姑娘怀孕了。更奇怪的是她一直怀了三年五个月才分娩。孩子落地了，梅灵一看是个石头娃，况且落地就会说话，不知道是啥妖怪，又气又怕就昏倒了，石娃慌忙扶住梅灵，连着叫了几声"娘"。梅灵慢慢地醒过来，石娃说：

"石头爹，凡人娘，我娘生下石头王。

石头下凡来投胎，我娘有儿莫惆怅。"

梅灵看看扶她的石娃问："你为啥来投胎？"石娃答道：

"老天做事心肠坏，寸草不留太不该。

千户万户受灾害，报仇投胎下凡来。"

梅灵又问："你能为千家万户报仇？"石娃又说：

"石娃吃的石头粮，石头精水润肝肠。

石娃骑上神马驹,誓要山青绿水长。"

石娃长得很快,两天就长一丈多高。第三天长两丈多高,石洞立不下了。石娃就向母亲告辞,走出石洞,向马头山走去。梅灵问:"儿呀!你上哪里去?"石娃说:

"马头神驹能腾空,石娃上马闹天宫。

要回万树百草青,要回米粮救百姓。"

梅灵听了石娃的话,满意地点点头,回石洞去了。

石娃为啥要登上马头山呢?传说马头山是天上的神龙驹,偷喝了王母娘娘荷花池的水,又吃了荷花,被王母娘娘打下凡变的。临下凡时,神龙驹问王母娘娘,啥时候再叫它回天宫。

王母娘娘生气地说:"石头发芽!"

马头山远远看去有头有尾,中间是马鞍山,马鞍山的两边还有石马蹬。老辈人说:谁能骑上神龙驹,就有大福大贵。石娃要大闹天宫,非得有这宝马助他不行。

石人已经上到马尾山上,再走几里地,就上到马鞍山上了。不巧,就在这时候,二郎神担山撵太阳,正走到这里,二郎神看见巨大的石人快要跨上神龙驹,就问:"你是谁?"

"我千年石头修成人。"

"你几岁?"

"我三天两夜生红尘。"

"你能长多高?"

"我上马比天高一半。"

"你能给天戳个窟窿?"

"我要大闹天宫报仇恨。"

二郎神是老天爷的亲外甥,一听石人说要大闹天宫,就气冲牛斗,放下担子,抽出铁钎担,一钎担把石人帽子挑到姑庙岭上,变成半间房子恁大一块石头落在岭顶上,人们就叫它帽儿岭。二郎神又用钎担尖把石人从头到胸口,划了一丈多长,一尺多宽一道壕。石人的仇没报,粮没要,被二郎神治了,气恨极了,就把自己满身的鲜血喷到天上,变成倾盆大雨落下来。干旱了几年的土地湿润了,透墒了。风化了的石头变成了泥土,渐渐地长出青草,开出鲜花。

梅灵走出石洞,踏着青山绿水漫游,她游着,游着,不觉得飘飘然然,上升到半空中。梅灵在空中漫游,看看被打死的石娃哭着说:

"石娃生来好心肠,血化风雨长米粮。

人间风调雨又顺,我儿随娘到天上。"

后人传说梅灵成仙了,就在马头山东四五里的地方,盖起了"梅氏庵";谁也忘不下梅灵生育石人的功德,又在离梅氏庵二三里的地方盖下"慈母寺"。年长久远,人们叫俗了,把这地方叫成"慈梅寺"。

石人被二郎神打死,没有"石头芽"了,神龙驹再也不能回天宫了,就永远留在人间;死了的石人也永远立在马尾山上。可是马头山一带却是风调雨顺。马头山上的水顺着沟沟岔岔往下流,淤成一洼一洼的好地。水流到山脚下,汇成一条小河,永远流不完。至今人们还把这条小河叫石人河。人们又来到石人河两岸,安家落户,开荒种田。这里的人端起碗想起石人,所以人们又在石人立站不远的地方,盖起"石人庙",把这条山沟叫"石人沟"。

讲述人:张治田,男,70岁,汉族,文盲,农民
采录人:万子东,男,53岁,汉族,高中毕业,农民
采录整理:谢起超,男,40岁,汉族,高中毕业,西峡县城关镇人,县文化馆干部
采录时间:1980年5月
采录地点:西峡县五里桥乡石人沟村

【点评】

本篇是关于邓县、西峡一带反抗天帝、天规的英雄石娃的动人传说。它为了百姓生存,献出自己的一切,十分悲壮。

从整体看:①二郎担山撵太阳,是为了人民的利益。但从石人被他打掉头,不让石人大闹天宫,为民报仇,又是执行天帝天规,镇压反抗英雄的鹰犬。二郎形象本身就存在着性格二元对立的双重性。这在神话中,常常遇到此类问题,应看主体的属性。

497. 二 郎 船 [南召县]

传说在远古时候,天上有十个太阳。这十个太阳,是玉皇大帝的十个儿子。玉皇大帝叫他们弟兄十个,一轮一天值班。后来,弟兄十个比试本领,一齐出来,在天空跑起来。从此,天不分昼夜,大地像蒸笼,庄稼、树木都死了,人和牲畜都没法活下去。

在一条大山沟里,住着一户姓杨的贫苦人家。这家三口人,一个老母亲和两个儿子。老大上山挖野菜,从悬崖上摔下来死了。老二长得虎头虎脑,膀乍腰圆,力大无比,很是勇猛,方圆几十里的人家都知道他,叫他"大力二郎"。

一天，大力二郎对母亲说："妈，我想把太阳除去，您说行不行？"

他妈说："孩子，那会是轻而易举的事？不过，你真是一心为百姓除害，娘也同意！"

二郎听了母亲的话，劲更足了，对母亲说："儿除不去祸害人们的太阳，决不回来！"

用啥办法除去太阳哩？

二郎想了一个办法，用一个大石条当扁担，一头担一座山，朝着太阳走的方向追，撵一个压一个，撵上两个压一双。大力二郎担起两座山，朝着太阳行走的方向，走哇，走哇，也不知走了多少路，翻了多少山，还没撵上一个太阳。一天，走到伏牛山中，听到闷沉沉的响声，抬头一看，是一条翻着浪子的大河，横在他的面前。眼看离太阳不远了，望着这怒涛滚滚的大河，他着急了。

突然，从河对岸传来了笛子声。大力二郎仔细一看，对面山上有座楼，门上有"望荷楼"三个字。正在发愁无法渡河，一条小船飘了过来。二郎乘小船渡过了河，来到对岸，走到楼前，见大厅正中端坐着一个姑娘。二郎怯生生地行过礼，对那姑娘说："大姐，普天之下，万民共遭十日之苦，生灵涂炭，我决心撵上太阳，把它压在山下。可是我追了不知多少天，连一个也没追上，望大姐助我一臂之力。"那姑娘说："你努力追赶吧，神灵将会助你成功。"

这姑娘你猜她是谁？她就是天上王母娘娘派下来的，在望花楼看花园的桂月仙子。

大力二郎不大高兴地退了出来，来到河边，挑起担子，又去撵太阳。走啊走啊，走得累极了，放下担子，倒在地上睡着了。

梦中，听见那姑娘大声说："没有恒心，何时才追上？亏得你还是男子大丈夫。""轰隆隆"一个沉雷，把二郎从梦中惊醒。他揉了揉双眼，看看眼前没有一个人，又挑起担子朝太阳追去。他觉得全身都是力气，脚底生风，一会儿就跑了几百里。

二郎用了最大力气向前追赶，撵上二个压一对，撵上四个压两双，一口气压下了八个太阳。谁知第九颗太阳突然掉下来，把他绊了一跤，石扁担也断了，头一僖，就啥也不知道了。

霎时，大地凉快了许多，人们向天空一望，十颗太阳失去了九颗，只剩下一颗，在蓝蓝的天中游着。二郎的母亲看到人们那个欢喜劲儿，心里很是高兴，一心盼着二郎儿早些回来，她盼啊，等啊，可大力二郎再也没有回来。

后来，二郎过河坐的那条船，成了石船，现在还在四棵树乡二郎船村放着。人们为了不忘二郎的好处，在"二郎船"附近修了二郎庙，给他塑了像，逢年过节，让他享受人间万家香火。

讲述人：翟传林，男，30岁，汉族，高中毕业，南召县四棵树乡三岔口村民办教师
采录整理：乔明宪，男，48岁，汉族，大学毕业，南召县文化局干部

【点评】

本篇是流传在河南南召县的关于"二郎追日"神幻故事的遗存。它标志着神话向幻想故事演变,已渐脱离单一神话的形态,有研究价值。

其中透露的文化信息有:①本篇与天帝关系不大。②二郎是人世间的英雄,而不是天神,他追日非由天帝派遣,而是自愿。③二郎追日不顺利,总追不上。最后由王母手下的月桂仙子,把他渡过河去,才追上太阳。④二郎追太阳无信心,月桂仙子教他要有恒心,才能成功。⑤二郎被第九颗太阳掉下来绊倒了,再没起来。他压住了太阳,人们怀念他,母亲怀念他。

总之,本篇的演化已出现仙话化倾向,逐渐脱离了原始形态。

498. 拉 天 灯 [南阳市]

南阳一带过春节的时候,家家户户的院子里,都要竖起一根高杆,或在树梢上接一根竹竿,天擦黑,就把一盏灯笼拉到杆子的高头,让它彻夜通明。这叫"拉天灯"。各式各样的天灯,挂满村村镇镇的上空。到夜晚,就像一颗颗星星落了下来。据说,这是为了驱赶九头鸟。

传说古时候,天上有十只乌鸦,变成了十个太阳。它们轮着一天一个飞上高空,照耀人间,每天出来,都受到人们的赞颂。后来,它们争着炫耀自己,一齐飞了出来,排成一个长队,不停地在天上旋转,闹得昼夜不分,天下大旱,五谷不收。二郎神知道了百姓的灾难,担起两架大山,朝着太阳就撵。撵上一个就把它压到山下,然后再担山去撵。就这样,撵了九九八十一天,压住了九个太阳,把最后一个留了下来。从此,天上又分白昼黑夜,地上五谷丰登。

被压下的九个太阳中,有一个死不甘心,变成一只十个头的鸟,夜夜在天空悲叫,闹得人间夜里不得安宁,又引起百姓的不满。这件事又被二郎神知道了,就带上哮天犬来捕捉。哮天犬闻声撵了大半夜,撵上了这只鸟,上去一口把鸟头咬掉一个。从此,十个头的鸟就成了九头鸟。二郎神见哮天犬衔回一个鸟头,以为鸟死了,便返回天庭。

这只九头鸟伤口总不会好,整天滴血滴脓。它仇恨二郎神和哮天犬,没有办法报复,就迁怒于百姓。百姓高高兴兴过年时,它就飞出来滴血滴脓,滴到谁家院里,谁家就生灾生祸,一年不得太平。

百姓知道鸟是怕火的,看见火就会躲开。所以春节时院子里拉上天灯,不让九头鸟从院子上空飞过,驱赶这只不祥之鸟。

讲述人:杜守元,男,87岁,农民
采录人:张遂德
采录整理:钟言

【点评】

本篇是流传在河南南阳的关于"二郎追日"神话遗存的珍品。它接近口承民间神话原形,对研究古代太阳神话有重要参考价值。

其中透露的我国远古神话信息有:①古典文献中所说的"太阳为金乌"未说明缘由。本篇则认为太阳是金乌变的。民间的说法,应是科学的。"太阳中有金乌",二者实为一体。②十日为害,源远流长,至少在尧时即已出现(很可能与自然界天气变暖现象有关)。③二郎担山撵太阳,此篇是二郎神的自发行为:维护宇宙天体运行秩序的直接需要。④一太阳变成鸟继续为害。二郎神的哮天犬咬掉这只十头鸟的一只头,从此经常滴洒脓血,给人间降灾祸。人们"拉天灯",认为九头鸟怕火。这便是中原普遍流传每年春节除夕夜拉天灯习俗的来历。

值得注意的是:①"拉天灯"习俗虽然在南阳农村流行,但其他地区也有仿照此俗的。②中原豫西新密一带则是大年初一黎明点柏枝来代替拉天灯的习俗。柏枝燃起柏枝火,不仅是为了驱走九头鸟;同时,还有使柏枝燃起的香气,充溢庭院,又吉祥、喜瑞,起到制造祥和年节气氛的重要作用。③中原的许多习俗都与远古神话、传说有关。此俗亦具有"溯源性"特点。

499. 太 阳 沟[西峡县]

传说在很古很古的时候,有一天突然天上出了十个太阳,晒得大地一片滚烫。人们钻进地洞里还热得透不过气来,外边草木焦枯,赤地万里。人们愁眉苦脸地,你看看我,我望望你,眼看都活不下去了,可谁也拿不出好办法来。

那时候有个年轻巨人,大家都叫他二郎。二郎站起身子像座高山,腾腾鞋壳篓里积灰能堆起座小山岗,轻轻说句话震得山都乱动弹。二郎看见大伙那个熬煎相,心里十分难过。他想:我要是不能为大家排难解忧,空长恁大个子,活在世上岂不让人耻笑?他决心要制服这些太阳。主意打定,他把大家召集到一块说:"大伙别发愁。在家等着,我到西山后边去,把他们都收拾了①,就啥事没有了。"大家一向都十分信任二郎,一齐动手,给二郎准备了够吃七七四十九天的干粮,够喝八八六十四天的水,够穿九九八十一天的草鞋。

二郎带着大伙的期望,大步流星地朝西山走去。饿了啃点干粮,渴了喝口水,只有在换草鞋的时候才停下脚步喘口气。那时候整天烈日当空,没有黑夜,二郎也不知道自己走了多少天。就在干粮吃掉一半、水喝掉一半、草鞋穿破一半的时候,二郎来到了西峡的西山。他爬上山顶一看,两山中间曲曲弯弯一条沟,沟里金光万道。眯起眼来仔细一瞧,原来是几个落山的太阳正懒洋洋地在睡大觉。二郎大喝一声,从山顶上跳下去可捉住了一个。别的太阳看见同伙被捉,像一窝蜂起来就跑,二郎撵上去两手一捂,又按住了一个。可先捉住的那个趁二郎松手之机又逃跑了。就这样二郎捉了这个逃了那个,累得满头大汗还是无济于事。他想这可不是办法,便坐下来边吃干粮边喝水,边想主意。吃饱喝足了,办法也有了,他高兴地一拍大腿,蹭地跳起身来,朝石人沟奔去。

这石人沟在西峡县五里桥乡走马岗。传说沟里住着个石人,所以人们就叫它石人沟了。这石人身高千尺,力大无穷,身边有根宝贝扁担,能挑得起两座大山。

二郎到了石人沟,见了石人很恭敬地喊了声"石大哥",想请他给帮帮手,用宝贝扁担挑上两座山,把他捉住的太阳都压到山下边去。谁想石人听罢不但不帮忙,还说二郎爱多管闲事。二郎没办法只好又说:"你大哥真不去也罢,请把你那扁担借给我用一用,小弟一人前去好了。"石人听罢"嘿嘿"冷笑几声说:"老弟,别说天上有十个太阳,就是有一百二十个,这事犁不住我挂不住我,想用我扁担,哼!癞蛤蟆抱琵琶——弦也不沾。"二郎听罢又急又气,说:"石大哥,我今儿来,这扁担是借定了,你只说是给不给?"石人听了气得哇哇乱叫:"老子就不借给你该咋着?想动武?来吧!你胜了这扁担就给你。"石人说罢抡起扁担朝二郎横扫过来,二郎跳起身躲过去了。呼一家伙又一扁担飞了过来,二郎又闪过来。连两次没打中,石人使出浑身解数,步步紧逼。二郎忍让再三,被迫应战。他故意卖个破绽让石人一扁担兜头打来,当扁担要落到头上时,二郎趁势一闪,一把抓住扁担这一头,轻轻朝怀里一拽,石人立脚不住便朝二郎怀中栽过来,二郎伸出巨掌朝石人头上打去,只听"砰"一声巨响,石人的脑袋可搬了家,飞落到距石人沟十多里地的一条山岭上去了。至今那脑袋仍在那山岭上,有一大间房屋大。二郎正后悔刚才这一掌打得太狠了,谁料那石人又从肚里长出一个头来,更凶狠地朝二郎反扑过来。这次二郎只伸出一个指头,朝石人脑袋上"嘣"弹了一下,那脑袋便被敲得粉碎。石人一连长出了十二个脑袋,都被二郎击败了。二郎怕他再长脑袋来耽误时间,一时性起,挥巨掌唰一声,朝

---

① 收拾了:收聚散物于一起叫收拾。这里引申为处理意思。

石人当胸劈下去。这一掌几乎把石人劈成了两瓣,肚子里的五脏六腑全被劈掉地上,石人再也长不出脑袋来了。身子越变越小,最后只剩下一丈多高,至今仍在石人沟半山腰上立着。有胳膊有腿就是没有头,当胸至腹有一道深槽子,就是二郎那一掌劈的。

二郎得到了宝贝扁担,马上又砍了根参天大树,做了个称心如意的打竖杆儿。选了两架山挑起来,试了试忽闪闪,不沉不轻正合适。

再说那十个太阳听说二郎得到了宝扁担,挑了两座大山,要把它们一个个捉住压到山底下去,像一群惊弓之鸟,逃的逃,藏的藏,早五零四散了。

二郎担了两座山,行走如飞,累了用打竖杆儿支住扁担喘口气,看见哪儿有个太阳,就担起挑子撵上,捉住一个就卸一座山,把捉住的太阳压到山底下,另找座山拼起担子担上,再去撵别的太阳。二郎马不停蹄,穿破了九九八十一双草鞋,十个太阳有九个都被捉住压到了山下边。西峡境内的大山,据说都是二郎担山撵太阳从别处担来的,下边还压着九个太阳哩!

再说最后剩下一个太阳,二郎还担着两座山紧追不放。那太阳被撵急了,又钻到老灌河西边那条曲曲弯弯的山沟里,回到老地方藏到一棵马齿菜秧底下,吓得再也不敢露面了。后来人们便叫那条山沟为太阳沟。这个太阳就是现在的太阳。它为了报答马齿菜的救命之恩,就封马齿菜为长命菜。不信你看,天气再炎热,马齿菜总也不会被晒死。西峡一带生小孩时请客人吃喜面条,回篮①时丢把马齿菜的风习就是从这儿说起的。

且说这个太阳藏起来以后,大地一片漆黑,天上只有星星和月亮发出微弱的光。人们便在二郎面前替太阳求情说:"就饶了这个太阳吧!只要它作息有时,就让它戴罪立功吧!"二郎一想也对,便大声喊道:"太阳太阳!你出来吧!看在大伙的面子上我饶了你。今后你只要作息有时,我就既往不咎。"那太阳在马齿菜秧底下曲蹐着,浑身上下不自在,可又不敢乱动弹,听见二郎的话,战战兢兢钻出来。二郎吩咐它每天从东山出来,经中天走六个时辰从西山落下去,过六个时辰再从东山出来,和人们一起劳作,不得有误。太阳连连称是,领命而去。

从此人们又过上了四季分明的好日子。

再说二郎打发走太阳之后,便把担在肩上的两座山放了下来,传说这两座山就是现在西峡境内回车乡的白大垛和萧山。二郎的那根打竖杆不用了,放在白大垛的东南边,变成一条长达十几里的山岭,这座山岭一头高一头低,像个平放着的大木什古栋,人们就叫它古栋山,叫俗了如今叫成了谷朵山。

---

① 回篮——西峡风俗行情。盛礼多用竹篮,所送礼品除酒肉、粉条外,其他挂面、糖、罐头等留下一半,回上一半,叫送竹篮者带回家,俗叫"回篮"。

二郎后来成了天神,据说那条宝贝扁担就成了他的兵器。人们为了纪念二郎为民除害的功绩,在谷朵山半腰建了座二郎庙,终年庙上香烟不断,年年二月二山上还有盛大的庙会哩!

讲述人:任西挺,男,汉族,初小毕业,西峡顺车乡杜店村农民,已故;
　　　　任相山,男,50岁,汉族,小学毕业,西峡顺车乡杜店村农民
采录整理:任放远,男,43岁,汉族,高中毕业,西峡顺车乡杜店村农民
采录时间:1983年4月
采录地点:西峡县回车乡

【点评】

本篇是流传在河南西峡县的关于"二郎担山撵太阳"神话遗存稀有的珍品。它属于远古民间口头传承的原始形态。它不仅地方特色鲜明,标志性的遗迹真切,语言生动、活泼,生活气息浓;而且与当地的庙会习俗结合紧密。因此,它具有十分重要的科学研究价值。

其中透露的主要神话信息有:①二郎是人世间的英雄。他与农民情同手足,不是道教神国派下来的镇压"叛逆"的鹰犬,而是与人民同呼吸共命运的男子汉。②二郎立志捉太阳的经过,也是逐渐完善工具——扁担和向代表天意、天规的石人斗争胜利的过程。③捉太阳是二郎和人民的意愿,而不是天帝(玉帝)的命令。④马齿菜救太阳并不主动。当人民要求二郎留一个太阳时,也是人民的意愿。稚朴、可爱。⑤二郎的扁担、鞋沙及最后躲一个太阳的地方,都有地名作证,使人有真实可信的神圣感,符合原始神话的特质。⑥二郎庙庙会的习俗既是人们心意的标志,又说明天上的神都是人间劳动英雄的体现,天国的神都由人间的智者、贤者、勇者升格而来。⑦在中原地区远古神话存在多元体系方面,有像本篇这样淳朴的原始形态;特别像"二郎"神话中也存在大量宗教(道教)化形态的情况下,本篇就显出"非宗教化"的特别珍贵的神话遗存现象,令人兴奋。

二十、颛顼　帝喾

500. 二帝陵和硝河的传说 [内黄县]

二帝陵在内黄城西南梁庄乡三杨庄村。北靠一个大沙岗，南临干涸的硝河坡，四周是一片树林。二帝陵与硝河的传说，一直在民间流传着。

大约在四千多年前，这一带住着一个恶魔叫黄水怪，它经常兴风作浪，口吐黄水，淹没农田，冲毁房屋，给百姓带来沉重的灾难。颛顼知道后，决心降服它，可是黄水怪神通广大，他俩打了九九八十一天不分胜负。颛顼就上天求女娲神相助。女娲深明大义，不顾违犯天规，偷去天王宝剑交给颛顼，并给他传授剑法。颛顼得了天王宝剑，便很快就打跑了黄水怪。为了能给人间更好的生活环境，他用天王剑把一个大沙岗变成一座山，取名鲋鱼禺山。又用剑在山旁划一条河，取名硝河。使这里有山有水，林木茂盛，人们过上了好日子。

不知道又过了多少年，黄水怪又偷偷地跑了回来，它恼恨地一口把硝河里的水喝了个干，一尾巴把鲋鱼禺山打碎。从此以后，硝河干涸了，鲋鱼禺山又变成了原来的大沙岗。颛顼听说后，连夜赶来和黄水怪打仗，半路上碰上一位算命先生，就玩一样地问："我会命归何处？"算命先生答："头枕无石山，脚蹬无水河，死在一寇之地。"颛顼来到这里又和黄水怪打了七七四十九天，终于打死了黄水怪。这时候，他也觉得自己的天年快完了，就问百姓："这是谁家的土地？"老百姓说："这是寇家的土地。"他忽然想起算命先生的话，四下一看，只见硝河干涸，沙丘相连，他哈哈大笑一阵就死了。后来又一帝王叫帝喾的死后又埋在这里，这里就叫二帝陵了。

讲述人：寇四妮，男，60岁，小学毕业，内黄县梁庄乡三杨庄农民
采录人：张毅力，男，28岁，高中毕业，内黄县文化局干部
采录时间：1986年7月12日
采录地点：内黄县梁庄乡三杨庄寇四妮家

图 20.500.1　内黄二帝陵山门(1999 年程健君摄)

图 20.500.2　内黄二帝陵内的颛顼、帝喾塑像(1999 年程健君摄)

图 20.500.3　颛顼陵（1999 年程健君摄）

图 20.500.4　颛顼陵标志碑（1999 年程健君摄）

图 20.500.5　帝喾陵(2003年程健君摄)

图 20.500.6　内黄二帝陵旧山门(2003年程健君摄)

【点评】

本篇是流传在河南黄河北岸内黄县的关于黄帝后裔颛顼、帝喾在濮阳一带创业的神话遗存珍品。它比较接近原始形态,对研究中华民族远古在中原的文化开发有重要价值。

其中透露出的远古文化信息有:①黄帝族团的重要发祥地在中原东北部活动的历史事实。二帝在此曾创造辉煌的原始文化。②颛顼是人也是神,可上天求女娲帮助治服水害,功莫大焉。③证明伏羲、女娲在此威信极高,这里也是伏羲、女娲文化的中心地区之一。④颛顼、帝喾都曾在此与黄水灾害斗争,为开辟这一地区立下了功业。

图 20.500.7 濮阳县城中心阁上的"颛顼遗都"(1999年程健君摄)

图 20.500.8 濮阳县七王庙村传为颛顼帝七子之封地,今留有"七王庙"(1999年程健君摄)

图 20.500.9 濮阳县七王庙村传为颛顼帝七子之封地,图为该村标志碑(1999年程健君摄)

图 20.500.10 濮阳市戚城雕塑"颛顼乘龙"(程健君摄)

501. 古帝颛顼［杞县］

上古黄帝的孙子颛顼，二十岁在（杞县）高阳称天帝了，这是咋回事？说起来才奇怪哩。

颛顼生在高阳，一落地，就会说话，三天就会跑，满月就会腾云驾雾，一竖耳朵就能听千里动静，一睁眼能看清天地间发生的大事。昌意夫妇见儿子有如此神通，格外疼爱，黄帝见孙子如此精奇，视如掌上明珠。

西方天帝少昊，是颛顼的叔父，在他的管辖区，妖怪百出，弄得少昊帝和他的百姓非常不安生，黄帝想试试小孙孙的神威，下旨派颛顼到西天去辅佐少昊。

几年光景，西方天地五谷丰登，国泰民安，黄帝和少昊都夸他不愧是天帝的后起之秀，人们都称他是民间的大救星。

有一天，颛顼正帮助凡人管理禾苗，黄帝传旨，令他速速回西天。他离开西天不久，西王母瑶池旁，出来一个十分凶恶的怪物，这怪物一走动，狂风大作，飞沙走石，天地昏暗，它还不断地吃人，糟蹋凡间妇女，闹得地上人不得安生，天上神惶恐不安。少昊无能除妖，忙下书召颛顼归西天除害。颛顼看罢书信，直奔西天王母瑶池旁，忙竖耳睁目，审视天地之间的动静，只见瑶池北边无底洞口冒出一股青烟，随即窜出一个数丈高的怪物，接着那怪物喷出一团烟雾，踪迹立即消失，不多一时又见他喷着烟雾飞回。颛顼透过烟雾，发现怪物腋下夹着一个女子。颛顼立即化成一股青烟，尾追进洞，穿过漫长洞道，现出一片旷野，琼楼玉阁毗连在一起，楼阁里，数百凡女，呻吟哭泣。颛顼紧追怪物，飞上一高楼。那怪物将女子放在床上，颛顼一眼看见，那女子不是别人，正是少昊女儿丽瑶。那怪物伸开双臂，欲要拥抱丽瑶，颛顼哪能容忍，将他化作的一缕青丝，缠在怪物身上，猛一束，怪物恶嚎一声，自觉不妙，立即变成一粒灰尘，仓皇逃出。颛顼放出妖瓶，收住怪物，那怪物忙喷出烈焰，颛顼立即往瓶里吐灭火浆，怪物化作一丝金光飞出，颛顼一张嘴吐出溶金珠，一眨眼，那怪物化为灰烬，至此，西天天地太平无事，神人共颂。颛顼德高望重，功与天齐。

数年后，北方天地，魔怪猖獗，甚嚣尘上，闹得人妖颠倒，神魔不分，特别是高阳地方，生灵涂炭，人毁禾绝，危在旦夕，黄帝心急火燎，三令五申，召回颛顼赴任高阳天帝，降妖灭灾，扭转乾坤。

颛顼被命为北方天帝，坐地高阳，建都帝丘①。赴任前，他先察访灾情，派辅佐

---

① 帝丘：据说几辈天帝降生此地，故得名。旧址是原雍丘城，即现在杞县城。

水神玄冥,分工众神严管所有江河湖海,并在黄河上游截流,以防妖魔借机捣乱,凡是危及的或可能危及的地方,都派大神严守。

颛顼神威早已远震,那些专给人类降灾的魑魅魍魉、妖魔鬼蜮,听说颛顼登上高阳帝位闻风丧胆,有的吓得改邪归正,有的溜之大吉,逃之夭夭,剩下的都是些狂妄自尊的精怪。领头的就是古考鳌,它年已一万八千多岁。它这一生一世中,不知道毁灭过几回世界,别说世俗凡人,就是东海龙王也怕他几分。此时此刻他正把剩下的妖魔网罗一块,共谋对策,对付颛顼哩。此间,屎壳郎出主意说:"颛顼的辅佐水神玄冥,他专管水,咱来个黄水泡天,叫他神人成灾。"古考鳌连称妙计,与众妖魔狂笑一会,分路行动。

颛顼虽说年轻,却胸有成竹,他料定古考鳌先发制人,拼死挣扎,因此,令玄冥在水南的故道里,变作一汪黄水,自己化作浮云高空探阵,又令嵩尹扮成他的模样赴高阳佯作登基。

古考鳌生怕颛顼洞察他的行迹,离黄水很远,便命令同类化作清风,伏地面行进。虽然妖魔鬼怪变化多端,也没有逃脱颛顼的慧眼灵耳。他见妖魔洋洋自得地入玄冥设的黄水中,自觉好笑。

古考鳌钻入黄水,一时弄起妖术来。顷刻间巨浪滔天,急流滚滚。水神玄冥使神威,浪长堤长,水落堤落,连续三日,累得古考鳌与他的虾兵蟹将难以支撑,众妖哭爹叫娘,乱作一团。古考鳌大发雷霆:"嚎个屁,快变成针芒往外冲。"颛顼正要兜放收妖囊,忽见妖魔变了妖术,忙收住囊器,抖开贯天地盆,将妖魔和黄水一并装入。他刚刚收住众魔,竖耳一听,喊声:"不好,嵩尹遭难,快去营救!"

原来,嵩尹率众神到了高阳,洞察辛基和丘司隐身于城外,想趁机表露功夫,忙下令众神捉妖。众神说:"没有颛顼帝的御旨,谁敢妄为?"嵩尹说:"我既能替职,怎不能下御旨?"众神无奈,只好听令。

嵩尹刚率众神布开阵势,与众妖对垒,谁料想辛基和丘司早已壁垒森严,施展妖术拼战起来,由于嵩尹失策,被丘司俘虏。众妖误认嵩尹是颛顼,欢喜若狂,它们怕嵩尹逃跑,急忙驾上油鼎,行以油烹。恰在这时,颛顼等驾云来到,众神稳住云头,化作青丝,结结实实将众妖捆绑起来。然后将众妖打入化妖囊内,一时三刻化为脓血。

颛顼除尽妖魔后,整理了天上与凡间,凡是形物各类,都谕封有神操正,凡间世俗皆由人来治理。几年后,高阳天地间各业兴旺,一派葱茏,人富神安,共庆富裕。

黄帝见颛顼德威齐并,自己年高志衰,便让颛顼接替他的帝位,自己到昆仑养老去了。颛顼认为几代天帝均出生于帝丘,高阳是天地中心,便改高阳为中天庭,仍立都为帝丘。后来,他为了人间免受灾难,不断派神巡视除疾降福。人们仍把颛顼颂为福星。据说,他一直是掌管天地的天帝。我们今天看到的虚宿星,就是颛顼天帝的星座。

讲述人：李广平,35岁,男,汉族,农民
采录整理：王怀聚,男,47岁,汉族,中专毕业

图 20.501.1　颛顼像　明《历代古人像赞》（孟宪明供稿）

【文献选录】

帝颛高阳氏,黄帝之孙,昌意之子,姬姓也。母曰嫘仆,蜀山氏女,为昌意正妃,谓之女枢。金天氏之末,女枢生颛顼于若水。昌意虽黄帝之嫡,以德劣,不足绍承大位,降居若水为侯。及颛顼生,十年而佐少昊,二十而登帝。

（《帝王世纪》）

【点评】

本篇是流传在河南杞县的关于颛顼的战胜灾害、恶魔后继黄帝帝位的传说,语言风格距口承神话形态距离较远,很可能是根据部分文献及民间传说演绎的文本,可供研究黄帝文化、政绩参考。

其中有如下的中原原始文化信息：①颛顼即位的高阳,不在濮阳、内黄,而在中州天中镇的杞县。②颛顼是黄帝之孙,昌意之子,政绩辉煌。在继帝位之前战胜魔怪(可能为部族的象征)。最终统一中原。③濮阳一带虽曾有战胜黄水河的功绩,但建都却在帝丘(今杞县)。④内黄的"二帝陵"可能是晚年战黄水硝河后,死时,葬

于此的传说。④本篇中的整理者加工成份很浓,语言属知识分子习惯用词语过多,编造、渲染色彩特浓,值得注意。

颛顼继承黄帝大业,对开创中华民族文化立下重大勋业。而其帝都就在今河南濮阳。本篇与文献(如《史记·五帝本纪》等),皆言如此。本篇所言古帝颛顼及帝丘皆在今河南杞县,不知何故,可能颛顼因治水等国事活动来过这里。因此,后人遂沿用旧说,加以附会,此类现象在古代神话传说中是常有的事。

502. 帝喾登天辩理[商丘市]

河南商丘古城南四十五里,有一个以帝喾王高辛氏的名字命名的小集镇——高辛集。集西北约一里处,有一个高大的陵墓,这就是帝喾王高辛氏墓。

传说高辛氏原来并不叫高辛氏,他姓姬名俊。姬俊从小就十分聪明,遇事很有办法。颛顼在位时,曾经有九股外患齐来争夺中原,造成天下大乱。颛顼起初只知道硬打硬拼,结果老是不能战胜敌人,一时不知道怎样才好。后来,他听说姬俊非常聪明多智,就请姬俊帮助自己出点子。姬俊说:"如今九个敌国都来侵犯,咱跟他们硬打硬拼,必然顾此失彼,怎么能取胜呢?"颛顼问:"以你之见怎么办?"姬俊说:"九国敌人都想独吞我们的地盘,他们彼此之间必然互不相让,我们若能叫敌人互相打起来,不就好平灭了吗?"颛顼一想:对呀!姬俊想这个办法就是好。于是就派人分别到九国去,挑拨他们的关系,很快使他们彼此之间挑起了战争。后来颛顼没费多大力气就把几股外患一个一个地平灭了。

颛顼看姬俊很有能耐,就把他封在辛这个地方掌管一切。那时,这儿经常闹水灾。水来了,老百姓就往另一个地方迁徙;待重新迁徙的地方又闹了水灾,老百姓便再迁回来。这样迁来迁去,老是不能安居乐业。姬俊想了一个办法,带领大家把住处的地势加高。但是加高的速度却赶不上水涨的速度,头天加高的,第二天便又被水淹没了。夜里,姬俊睡不着觉,便跑到天上去跟玉皇大帝辩理,说:"天既然生了人,为什么又故意与人为难,不叫人活下去呢?"玉皇大帝辩不过他,便派天神下来,一下子把辛这个地方的地势抬高到了水面以上。从此,"辛"便被称为"高辛"。姬俊便被颛顼封为"高辛氏"。颛顼见高辛氏的确才高智广,能给人民办好事,就把自己的皇位让给了他。从此,高辛氏代替颛顼做了天子,号称帝喾王。

讲述人:李振明　黄炳良
采录整理:刘秀森

图 20.502.1　商丘帝喾陵（2011年程健君摄）

【文献选录】

喾，黄帝之曾孙。

帝喾年十五岁，佐颛顼有功，封为诸侯，邑于高辛。

帝喾卜其四妃之子，皆有天下。元妃有邰氏之女，曰姜嫄，生后稷。次妃有娀氏之女，曰简狄，生契。次妃陈酆氏之女曰庆都，生帝尧。次妃陬訾氏之女曰常仪，生帝挚。

(《绎史》卷八《高辛纪》)

【点评】

本篇是流传在河南商丘的关于帝喾（姬俊，周代氏族之祖）帮助颛顼治国御敌、除水患的神话传说遗存珍品。它古朴、明白，比较接近民间口承神话形态，对研究上古"五帝"历史文化有参考价值。

其中的神话文化信息有：①颛顼帝喾时代，因自然灾害，经常迁徙。颛顼、帝喾在濮阳、内黄有陵墓（《二帝陵与硝河的传说》），本篇的高辛墓亦属同类现象，应是原始神话产生的社会基础。②透露帝喾和颛顼是君臣关系，后传位予帝喾，不是家天下。③其中的"天人合一"观念明确，人可与天帝直接交谈。颛顼、帝喾亦人亦神。天帝无理,亦听人的意愿。这便是"高辛"名称的由来。(帝喾被封"辛地",抬高地势避开水患,故叫此名)"高辛氏死后","高辛集"变成"帝喾陵"。④神话虽非信史,却有映照作用。

503. 商人的来历［商丘市］

传说,"商人"这个名字起源于商丘。

商丘这地方,古时候叫商国。帝喾高辛氏的曾孙相土被封在商国这个地方。相土是个很有才能的人。

相土跑了许多地方,发现商国有不少剩余的东西,别处的人们特别需要,但却没有;同时,别处也有不少好东西是商国人特别需要的。他想:如果商国人能拿自己剩余的东西到外地换回急需的东西,该有多好啊!

相土回到商国,把自己的主意一讲,大家听了都很赞成。于是,他便带领人们肩背着商地特有的产物,到缺的地方去交换。人们换回了一些自己需要的东西,都很喜欢。但每出外一次都需要跑很远的路程,背着东西费很大的力气。人们受不了那么大的劳累,有时能将就着过,就不愿再去吃那么大的苦了。相土看到这种情况,心里很发愁。有什么办法能为人们解除劳累呢?他想啊想啊,终于想出了一个办法。他用一块大木板,下边安上四个轮子,然后让人们拉着试试,非常轻巧。大家给这种东西起个名字,叫做"车"。

从此世上有了车,相土就是车的发明者。

人们把物产放在车上,在车前边套上牲口拉着,一次可以载运好多东西,比人用肩扛背驮轻便得多了。

商国人用自己生产的东西到别处进行交换,不但可以换回自己需要的东西,而且还可以少换多,从中取利。

这种办法是商国人创造的,别处的人们都不会。所以,大家一见拿着物资到处进行交换的人,便说是"商国人",后来简称为"商人"。

外地的人们见商国人这样搞能从中取利,也慢慢学起来,像商国人那样去搞交换,也被称为"商人"。慢慢的,"商人"成了生意人的统称。世上使用货币之后,凡是做买卖的人便统统被称为"商人",经商的行业被称为"商业",买卖东西的店铺被称为"商店",直到现在。

讲述人:王伟　郭久理
采录整理:刘春正　刘秀森

【点评】

本篇是流传在河南商丘的关于人的帝王帝喾的曾孙相土在商国为帝时,从不同地方物物交换发展到"商业"文明的出现的传说珍品。它朴素、接近口承传说形态。对研究上古商贸文化史,有重要参考价值。

其中说明:①我国商贸的源起,在黄帝时代,在新密市就有《牛庄与马庄》、《来集》传说的作品,而本篇是继承和发展。②车子的发明,也是在黄帝时代就有了"指南车"的出现,但只是开始用于战争载负,指南针辨别方向,尚未用于商贸活动。本篇应是从物物交换的运输的需要,开始研制车子的,这是此类交通工具的进一步完善。③科技、器具的发明总要经过几个阶段:神的启示(如《神楚图》)——智者的发明——后继者的继续完善——官方的总结、提倡、推广等。车的使用,亦不例外。④本篇解释"商人"、"商业"、"商店"等的来历,具有科学的史料价值,它与古帝王帝喾曾孙相土关系密切。

504. 盘　葫 [南阳市]

高辛氏部落里,有一个经常跟随高辛氏的侍女,不知什么时候,也不知什么原因,在她的右鬓角上,长了一个小肉瘤。

小肉瘤起先只像一粒包谷米那样大,但它会长,经过十六个春秋,小肉瘤长成了大肉瘤,变成了一个比核桃大、比拳头小的肉疙瘩,姑娘嫌长到脸上不好看,就去找高辛氏,让他想办法除掉。

高辛氏看了看,说:"除掉可以呀!但不知道是什么东西在里面作怪,需要切开看一看。"于是就命人用刀来切肉瘤子。

谁知不切便罢,手起刀落,刚一切开,只听得"嘚嘣"一声,一个小巧玲珑的生灵,从肉瘤里面蹦了出来!

细瞅这小怪物,不过有知了那么大。它有眼有鼻子有嘴,一根尾巴,四腿俱全。浑身上下光溜溜的,围着人们跳来跳去,谁见了谁喜爱。尤其高辛氏的女儿见它精小乖巧,就亲昵地把它捧在手里,视若珍宝,喂吃喂喝,还把它装在一个葫芦里,放在盘子上,精心喂养,起名叫盘葫。

由于高辛氏女儿的精心喂养,不到两年时间,盘葫就长得体态高大,行动敏捷,一身五色长毛,光泽夺目。更令人惊奇的是,它粗通人性,整天跟着高辛氏形影不离,摇尾乞怜。白天随高辛氏出外狩猎,夜晚便卧在部落门前,看守粮食和畜生,遇着有动静就"汪汪"地叫,所以人们又给它起个名字,叫狗。

高辛氏部落附近,另有一个小部落,首领叫吴强。他剽悍凶猛,勇力过人,经常带领手下人来高辛氏部落骚扰。高辛氏制服不了他,部落里其他人更不是他的敌手。高辛氏无法,只好悬出重赏说:谁要能取来吴强首级,一、部落里的牲畜由他挑,粮食随他拿;二、封他做部落里的头领;三、将自己心爱的女儿许配他。重赏之下,必有勇夫,可是他手下还是没有制服吴强的人。

不料这一天,盘葫嘴里噙个东西,从外边呼哧呼哧跑回来。见了高辛氏,便把嘴里东西"扑通"撂到高辛氏面前,高辛氏一看,哎呀!是个人头。再一细看,是吴强的人头。高辛氏大喜,马上要按约重赏盘葫。

这时部落里的其他头领,都来劝阻高辛氏,说盘葫是条狗,给它粮食、牲畜、封它做头领,他都不会享用,大王疼爱女儿,更不能嫁给一条狗了。高辛氏一听,觉得有理,便打算背信诺言,不再奖赏盘葫。他女儿知道了,十分气愤,说道:"父王,你治理部落,应当言而有信,以信为德,盘葫降服吴强有功,有功就应当受赏。你自己许诺过的事,现在随便反悔,那么,以后谁还听你的话呢?"高辛氏觉得女儿说得有道理,可他又说:"粮食、牲畜和头领都好办,但是,女儿你呢?"女儿说:"只要父王同意,我情愿嫁狗随狗。"父亲同意后,女儿立刻许配给盘葫,二人离开部落,到南边大山里去了。

盘葫和高辛氏的女儿在长满古树和竹藤的大山里住下以后,一共生了八个子女。高辛氏想念自己的女儿,几次派人去看望,走到半山腰,不是刮大风,就是起瘴雾,始终没能见面。盘葫死了以后,高辛氏的女儿才带着八个儿女,回到中原。高辛氏很高兴,要留他们长期住下。但这些住惯了深山的儿女们好山恶市,不愿在平地生活,便又跑到西部大山里,在那里繁衍、传续后代,这就形成以后所说的八夷。

因为盘葫的这段故事,以后人们才谦称自己的儿子为"犬子",而"嫁鸡随鸡,嫁狗嫁狗"的说法,也传延下来。

讲述人:邱海观
采录人:范牧 李明才
采录时间:1984年5月
采录地点:南阳地区群艺馆

【点评】

本篇是流传在河南南阳的关于高辛时代中原与南方瑶、苗等少数民族族源关系的原始神话遗存。它比较朴实,接近口承民间神话形态,对研究远古我国民族史有重要价值。

其中反映原始民族文化信息:①南方洞蛮(瑶、苗等)祖源图腾乃从中原黄帝之后的帝喾高辛氏。②犬图腾至今在湖南西部"洞蛮"族仍有大量族源可查。③本篇虽是南阳民间故事家讲述的,但从他的经历看,有可能是从古书中看后讲的。因为从其情节、语言、习俗等看,都与晋·干宝《搜神记》中的记录基本上一致。而干宝又是河南中南部上蔡县人,他记录的《盘瓠》正是这一带传播的内容。邱海观也是这一地区的人,也有可能从民间听来。④整理人很可能参考了《搜神记》,文字也有润色。这一问题比较特殊,值得进一步研究。

二十一、阏　伯

505. 商伯盗火 [商丘市]

　　在今天商丘县城西南边,有座本地妇孺皆知的火神台,关于这座火神台,周围地方的民间流传着这样一个神话传说。

　　这个火神的名字叫商伯。商伯原是天庭里一方管理火种的火神,他多次向人间投下火种,但都没有成功。然而,这事却被天帝察觉,说他犯了天条,就惩罚他,把他下凡到人间。商伯想到如再不把火种带到人间,往后就没有机会了,于是他就冒着危险,把火种偷带到人间。从此,人们便能用火取暖、照明,也能吃到熟食物了,过起了安乐日子。但不久,商伯偷火种到人间的事,又很快传到了天帝的耳朵里。天帝更加恼怒,决定再次惩罚他,发洪水熄灭人间的火种。洪水像猛兽一样到了,很快淹没了很多地方,人们都慌忙逃散,都忘记了保存火种这件事。只有商伯心里挂念着火种,他急中生智,召集一些人帮自己筑起一座高大的土台,然后让人们四处逃命,自己独留在台上看守火种。很长很长时间过去了,水消了下去,人们又从四方回到了这里,可是商伯已经为看守火种饿死在了台上,火种保存了下来。后来,人们为了纪念商伯,就把这座土台叫做火神台,周围的地方也因商伯的名字而称为商丘了。

讲述人:谢世行,商丘县郭村乡谢寨村农民
采录人:谢书民
采录时间:1987年夏
流传地区:商丘县

图 21.505.1　商丘火神(阏伯)台(2011 年程健君摄)

图 21.505.2　阏伯台遗留的残碑(2011 年程健君摄)

【点评】

　　本篇是流传在河南商丘的关于中原华夏族系"盗火神话"的稀世珍品。它接近民间口承神话遗存,系至今汉族地区仅存的盗火神话"活化石"。它的被发掘,其价值极高,被誉为"东方普罗米修斯"。

　　其中的重要原始文化信息为:①中原火的使用和火种的保存,是从神话中东方商星(火神)盗天火后才实现的,这符合客观规律和实际情况。②原始人的观念里,人类的文化、知识、科技、智慧都由天帝掌管,人间不能享用。否则,就是违犯"天规"。③商伯从天宫盗火投向人间,帮助人民而受到惩罚,被贬为凡人,就像希腊神话中的普罗米修斯一样,都是反抗天帝的英雄。④商伯盗火成功,洪水来时,为保存火种,与百姓共筑土台,他身坐台上,直到饿死,其价值与普罗米修斯被缚高加索山上,让鹰叼他的肝,同样悲壮。⑤普罗米修斯最后重回天国,而商伯却永留人间,其意义更为深远。⑥本篇对研究中州火文化的历史有重要价值。⑦本篇与文献上记载的"辰"星(火星)属东方的天文坐标相符。

　　商丘的"商"的地名得名,直接与商星的天体座位有关,延及后来的"商"星又叫"辰"星正好与西方的"参"星相对。因传说二星原为兄弟不和,天帝将其分开,各主一方星宿,朝夕不相见。《左传》中有关记载甚详。

　　值得注意的是:①本篇的商伯与帝喾时代的阏伯火正实为一人。前者属天宫火神,背离天宫,永居民间,也成为一般的平民。而后者却是帝王的臣宰,火官。二者合而为一,就成了神话传说人物。另篇《阏伯管火》即属同类异文的文本,但其侧重点则与本篇神话截然不同。商伯为神死后亦为神;阏伯原为人,死后被尊为神。其贡献同为给人类解决了火的使用和保管问题。②本篇在发掘中原神话的历史上,具有开创性意义,进一步证明中国(特别是中原)的神话具有独特的性格和体系,与外国截然不同。③本篇神话的研究,引起学界的重视,在科学保存中原神话遗存方面,具有示范意义。

506. 火神台的传说 [商丘市]

　　商丘城西南三里,有一座方圆二百多米、二十多米高的土台,人们都称它"火神台",台上有座庙,人们管它叫"火神庙"。说起火神台及火神庙,还有一个古老的传说。

　　古时候,人们都吃生食,后来由于打雷闪电和刮风等自然原因,形成天然火,把来不及逃走的野兽、树籽等物烧熟了。人们捡了吃,发现熟食比生食好吃得多,于是都慢慢学会把食物放到火上烤烤吃。那时候没有现成的取火工具,人们一见打雷闪电、山火爆发就千方百计地想办法,不肯让火灭掉。

有一次,帝王带着他的儿子阏伯出外巡察,来到一个地方,见这里的人们都还吃生食,感到十分可怜,问大家为什么不吃熟的。老百姓回答:"没有火"。帝王问:"怎么不到外边去找?引来火种,别让它灭呀!"百姓说:"找来几回了,有时因为柴供不上,有时因为洪水泛滥,都灭了。"帝王不禁长叹一声,心里想:咋能想个办法让火不灭才好?于是,他对阏伯说:"赶快引来火种,把火管理好不让灭。你是我最有能力的孩子,让你办这件事怎样?"阏伯当时就答应了下来。帝王又嘱咐他说:"我待百姓就像对待自己的子女一样,你要尽心尽力啊!"阏伯说:"请您老人家放心好了。"从此,阏伯就成为这里的"火政",就是管火的官。这片地方就成了帝王给阏伯的封地,封号叫"商"。

阏伯被封到这里后,终日为火事操劳,忙得饭也不顾上吃,觉也睡不好。他先带领百姓到很远的地方引来火种,并想法堆成一个大土丘,把火种置于丘上,上面搭一个遮雨的棚子。这样天上下雨不能把火烧灭,黄河泛滥也不能把火浸灭。然后他又带领人们四处去找柴寻草。那时没有车,光指望人扛、牲口驮,路程又远,费很大劲也驮不够用的。阏伯是个既肯操心又很聪明的人。他想啊想啊,终于想出一个好办法。他用木头做成一种工具,上边能放许多东西,前面用牲口拉着,后用人推着,载着这里的土产到外地跟人家交换木柴,这样一次就能换来好多。由于阏伯的聪明智慧和辛勤劳动,这里的百姓不但可以到处生火,而且还能让火经久不灭。大家感激阏伯,都说他是天上神仙下凡,给百姓造福来了。

阏伯死后,人们非常怀念他的功德,把他埋葬在他生前存放火种的土丘上,举行了一个隆重的葬礼。按照当时的风俗,悼念他的人每人都要往他坟上添一抔黄土。这样,土丘被堆得越来越大,因为阏伯的封号是"商",这座土丘从此被称为"商丘"。时候长了,"商丘"便成了这儿的地名,直到现在。

时间虽然离阏伯活着的时候越来越远,但人们做饭、照明、取暖……一用火就想起阏伯来。大家都乐意把他说成是专门给人们造福的神人。就在那座高大的土丘上建一座庙,用泥塑成阏伯像,供在庙里,尊为"火神",经常给他烧香磕头。后来人们把正月初七定为火神的节日。每年这一天,大家都到庙里朝拜。商丘附近的山东、安徽、江苏等省的百姓也都不怕路远往这来。年纪大的人走不动,就让子孙们用独轮小车推着来,虽然累得要命但心里却很高兴。直到新中国成立后,还是这样。

现在,这座庙有人称为"阏伯庙",也有人称"火神庙"。过去盖庙时,把这座高丘刨成了土台,所以人尊之为"火神台",直到今天。

讲述人:张永玉,59岁,商丘西南赵口乡小学教师
采录人:吕文凯,河南大学中文系学生
采录时间:1991年6月

图 21.506.1　火神阏伯塑像(2013年程健君摄)

图 21.506.2　火神台庙会是火崇拜的集中体现(2006年孟宪明摄)

【文献选录】

昔高辛氏有二子：伯曰阏伯，季曰实沈，居于旷林，不相能也。日寻干戈，以相征讨。后帝不臧，迁阏伯于商丘，主辰。商人是因，故辰为商星。迁实沈于大夏，主参。唐人是因，以服事夏、商。

（《左传·昭公元年》）

【点评】

本篇是流传在河南商丘的、关于火神台由来的"阏伯管火"传说的不同记录。与后边的《阏伯管火》基本相同，只是采录人、讲述人、采录地点、时间不同，可作比较研究之用。

其中：①除前面加写了人类在自然雷电引起偶然吃到熟食的文字以外，其余无什么差别，就是在语言上比较粗疏也无明显特色。②对当地"朝火神台"的习俗记载较为具体，可见影响之大。③其中所记载的阏伯发明用木板做的东西，用牲口拉着远行运输柴草，对研究远古运输工具有一定参考价值，比黄帝发明指南车作战，是一个进步。

507. 阏伯盗火 [商丘市]

传说阏伯是老天爷的儿子，他心地善良，对天下的百姓非常同情。那时候，天下洪水泛滥，天塌地陷，到处一片黑暗，一片寒冷。阏伯在天上每天热的吃着，暖的穿着，看见老百姓怪可怜的，就偷着下到人间，帮助老百姓找火。阏伯在天上就是管火的，天上用火，离太阳近就从太阳上取。人间离太阳远，这咋办呢？他向人家要了一只大老公鸡，骑着飞到天上去了。天上的火都是成块成块的，阏伯拾起来就往怀里揣。天兵天将看见了，报告给老天爷，老天爷不让他带走。阏伯不听话，老天爷让天兵天将捆住他，要罚他。阏伯一边挣扎着，一边把火块往地上扔。扔下来的火块都成了"火石"，两块一碰就起火星。人盼着阏伯下来，堆起大土堆子接他。那只老公鸡没有阏伯领着就下不来，迷了路，嘴里衔着火块烧死了。

现在人还能见太阳里面站着的公鸡。天天早上，地上的公鸡一起齐喊几声"回来吧——老祖"，太阳才升起来。太阳里面的公鸡成了地上公鸡的祖先。直到现在，凡是公鸡冠子和嘴下面都有几块"火花"，是从天上衔火烙的。公鸡衔火有功，啥都能吃,石头子儿也能吃。鸡血还能辟邪,毒虫望见就走。又因为阏伯兄弟俩不和,老公鸡只要见面就伸脖子斗,一不见面又想念对方,伸长脖子喊。

　　阏伯下不来了,在天上被封为"火神爷"。地上的老百姓在阏伯台上烧香,烧纸,放炮,让他看见。时间一长就成了"朝台"。

　　采录人:高有鹏

图 21.507.1　祭拜火神的香客们用香灰烧鸡蛋(2006 年孟宪明摄)

图 21.507.2　商丘火神台春节庙会(大象出版社《中原记忆》)

【点评】

　　本篇是流传在河南商丘的关于阏伯(即商伯)为人间盗火神话遗存的珍品。它是《商伯盗火》的异文。它接近民间口承神话原形,对研究我国火的发展史,有重要参考价值。

　　其中蕴含的原始神话意识和文化内涵有:①阏伯(或商伯)是天上管火的神祇,掌管天宫火的使用,而火的来源,却是从太阳上的火石来的。②天上的火,天帝不许传入人间,只能为天上的神祇所享用,这在各国神话中都是一样的:一切智慧、知识、文化皆只能为天帝所有。③阏伯同样是天帝的叛逆和反抗者。④火神因同情人民把火偷向人间。偷的方式:商伯是将火种带到人间,阏伯则是由公鸡将他驮到天上,将太阳上的火石扔向人间;⑤保护火的行为,商伯是在人间筑台保护火种;阏伯则是将火石投向人间,火石相碰生火。此与燧人氏击石取火的来源神话相吻合。此篇可能更原始些。⑥本篇中的公鸡可驮阏伯上天,亦属神鸡,在天上因阏伯偷火石被天兵捉拿,它迷了路,最后走进太阳里被烧死。从此鸡就在太阳里。地上的鸡每天早上叫鸡回到人间,这正是对鸡在太阳中神话的合理解释之一。同时,也是早晨鸡叫的有趣阐释。⑦商丘火神台一侧有燧人氏墓。其神话也证明中国火神最早都在东方辰星(火星)出现的地方。⑧本篇中对公鸡的崇拜观念,在我国原始人的观念里相当普遍:公鸡不仅可以驮阏伯上天盗火,而且在新野的盘古还是鸡的胚胎长成的;濮阳盘古神话形象鸡首龙身;女娲造人畜的新年第一天便是鸡日。至于在中原古老的民俗中,鸡的形象的出现,更是触目皆是。如人死了要鸡领魂,小孩要带鸡心香囊护体,在女娲造人时,因捏的全是男泥人。晒泥人时,被天帝发现,派鸡飞来,把一半泥人的生殖器叼走,从此,世上才有了女人;在十个太阳被后羿射下九个时,剩下一个太阳藏东海不敢出来,鸡叫出了太阳照耀大地,如此等等,随处可见。这些都证明中原始人对鸡的崇拜观念之深入人心。

508. 阏伯管火［商丘市］

　　商丘城西南三里,有一座方圆二百步大、十来丈高的土台,人们都叫它"阏伯台",台上有一座庙,人们都叫它"火神庙"。说起阏伯台和火神庙来,还有一个古老的传说。

　　古时候,人们都吃生食,后来由于打雷闪电和刮风等自然原因,形成天然火,把来不及逃走的野兽、树籽等物烧熟了。人们捡了吃,发现熟食比生食好吃得多,于是都慢慢学会把食物放到火上烤烤吃。那时候没有现成的取火工具,人们一见打雷闪、山火爆发就千方百计地想办法,不肯让火灭掉。

有一次,帝喾王带着他的儿子阏伯出外巡察,来到一个地方,见这里的人们都还吃生食,感到十分可怜,问大家为什么不吃熟的。老百姓回答:"没有火。"帝喾王问:"怎么不到外边去找?引来火种,别让它灭呀!"百姓说:"找来几回了,有时因为柴供不上,有时因为洪水泛滥,都灭了。"帝喾王不禁长叹一声,心里想:咋能想个办法让火不灭才好,于是,他对阏伯说:"赶快引来火种,把火管理好不让它灭了。你是我最有能力的孩子,让你办这件事怎样?"阏伯当时就满口答应了下来。帝喾又嘱咐他说:"我待百姓就像对待自己的子女一样。你要尽心尽力啊!"阏伯说:"请您老人家放心好了。"从此,阏伯就成为这里的"火政",管理火的官。这片地方就成了帝喾王给阏伯的封地,封号叫"商"。

阏伯被封到这里后,终日为火事操劳,忙得饭也不顾上吃,觉也睡不好。他先带领百姓到很远的地方引来火种,并想法堆成一个大土丘,把火种置放在土丘上,上面搭一个遮雨的蓬子。这样天上下雨不能把火浇灭,黄河泛滥也不能把火浸灭。然后他又亲自带领人们四处寻找柴草。那时没有车,光指望人扛,牲口驮,路程又远,费很大劲也驮不够用的。阏伯是个既肯操心又很聪明的人。他想啊想啊,终于想出一个好办法。他用木头做成一种工具,上边能放许多东西,前面用牲口拉着,后用人推着,载着这里的土产到外地跟人家交换木柴,这样一次就能换来好多。由于阏伯的聪明智慧和辛勤劳动,这里的百姓不但可以到处生火,而且还能让火经久不灭。大家感激阏伯,都说他是天上神仙下凡,给百姓造福来了。

阏伯死后,人们非常怀念他的功德,把他埋葬在他生前存放火种的土丘上,举行了一个隆重的葬礼。按照当时的风俗,悼念他的人每人都要往他坟上添一抔黄土。这样,土丘被堆得越来越大,因为阏伯的封号是"商",这座土丘从此被称为"商丘"。时候长了,"商丘"便成了这儿的地名,直到现在。

时间虽然离阏伯活着的时候越来越远,但人们做饭、照明、取暖……一用火就想起阏伯来。大家都乐意把他说成是专门给人们造福的神人。就在那座高大的土丘上建一座庙,用泥塑成阏伯像,供在庙里,尊为"火神",经常给他烧香磕头。后来人们把正月初七定为火神的节日。每年这一天,大家都到庙里朝拜。商丘附近的山东、安徽、江苏等省的百姓也都不怕路远往这来。年纪大的人走不动,就让子孙们用独轮小车推着来。虽然累得要命,心里却很高兴。直到新中国成立后,还是这样。

现在,这座庙人称"阏伯庙",也有人称"火神庙"。过去盖庙时把这座高丘削成了土台,所以人们又叫它"阏伯台",或叫"火神台"。

讲述人:王伟
采录整理:刘秀森

图 21.508.1　火神台庙会唱大戏娱神娱人（大象出版社《中原记忆》）

图 21.508.2　商丘阏伯台前的戏楼（2008 年程健君摄）

【点评】

本篇是流传在河南商丘的关于火神阏伯神话传说。它是历史人物神话化的典型。它基本上是历史人物传说性质的古代火神神话传说化演变而来的，对研究火文化发展史有参考价值。

其重要文化价值及传说特点是：①阏伯是我国原始部落帝喾古帝的火正，属历史人物。②阏伯的主要贡献在于从别处远方部落借来火种，使商伯部落解除吃生食的问题。在洪水中，牺牲于火星台而献身。他一生的事业就是在他的封地"商"，为人们解决火种的保存和使用的大问题。③此篇的阏伯是受帝喾之命尽忠职守的典型。他之所以被后人尊为火神，乃是人崇祀的象征。原来是人，后被奉为神。而不像《商伯盗火》或《阏伯盗火》，商伯原为天帝管火的神，因他为百姓盗火而被贬为人。他死后被尊为神，性质是不同的，其演变过程应早于本篇的阶段。④本篇与《商伯盗火》神话产生，其价值在于神话意识（幻想）是主体。神界在对待人间的态度上一直有对立。商伯就是反对愚昧、奴役世界的圣者。他盗火就是把文化的发明创造还给世人，而不能永远为天帝所独有。这种原人心智反映在各个方面。因此，其"盗火"意义特别重大。而本篇的"管火"则不同。管火种不灭，只是尽到一个部落官职的职守而受到后人的尊重，两者的性质当然不同。⑤由于后人认为天神商伯的贡献是神赐的，因此就形成对商伯的信仰和崇拜。其几千年来在商丘火神台的崇祀习俗就更深入人心，绵衍久长，影响深远。这就是在豫东商丘的古老庙会文化源远流长的根本原因。⑥关于这里产生许多火神盗天火的神话，比"管火"的深层文化内涵自然更深厚，文化史价值更高。相反，人们对阏伯管火的崇敬意义要差得多了。

二十二、尧 王

509. 尧除单珠[范县]

范县濮城东十五里,靠黄河北岸,有一个地势高的村子叫单珠堌堆。尧王儿子的坟墓就在这里。

传说,尧王只有一个儿子,叫庥。他瞎了一只眼,人们都叫他"单珠"。

单珠和尧王不一样,他性情暴躁,心狠手毒。在部落里横行霸道,很不得人心。他很奢侈,为了享乐,在黄河沿上,让老百姓给他修了一座高大、华丽的宫殿。

尧王老了,眼看儿子又不行正道,就一心想把帝位让给许由。谁知道许由不愿意,偷偷逃到颍阳去了。尧王没办法,就去找舜,想把帝位让给舜。

单珠早就想把父亲的帝位接过来。他看父亲不愿把帝位传给自己时,恨得咬牙切齿。于是,他就想趁尧王还没把帝位给舜时,把老头子害死,早日夺权。

一天,单珠来见尧王。他说:"父王,我在黄河边专门给你修了一座华丽的宫殿,想请你晚年享个清福。所以,特意来请父王前去察看。"尧王当时就答应了。

单珠跟在尧王后面,一边走一边想:等走到宫殿以后,我让老头子先走进去,然后我把殿门一关,大锁一锁,再让人用土一封,他就别想活了。

谁不知道尧王英明!单珠虽说是他的独生儿子,但他早知道单珠为人很坏。今天单珠的阴谋诡计咋能瞒过他的眼呀!他心里早有了主意。当他走到宫殿门口时,故意装出高高兴兴的样子,亲亲热热地让单珠在前面带路。单珠自然不敢违抗,只得走在前头,先进了宫门。

图 22.509.1 濮阳丹徐庄的丹朱墓和丹朱庙(1999 年程健君摄)

单珠刚跨进去,只听"哐啷"一声,尧王把铁门关上了。接着,又叫人落上大锁,马上运土把宫门封得严严实实的。从此,单珠再也不能作恶了。这个被土封住的宫殿就是今天的单珠堌堆。

单珠有一个没过门的妻子。她听说丈夫被土封在宫里了,就连夜赶来搭救单珠。可是,这一堆土实在太多了,直到她累死,也没把宫门扒开。人们为了纪念这位好心的姑娘,就在单珠墓前给她修了一座"仙姑庙"。

从这以后,人们一提起单珠堌堆,就讲起尧王为民除害的故事。

采录人:冯传增
采录整理:张中增

【文献选录】

无若丹朱傲,惟漫游是好,敖虐是作,罔昼夜頟頟。罔水行舟,朋淫于家,用殄厥世。

(《虞书·益稷》)

尧杀长子。

(《庄子·盗跖》)

【点评】

本篇是流传在河南濮阳城东范县的关于尧王除逆子单珠的传说珍品,对研究古代禅让之治——"公天下"政治制度,有参考价值。它接近民间口承形态,朴实、生动。

其中涉及文化信息:①尧子单珠修造豪华宫殿,原为自己居住。②单珠因见尧王无意传位予自己,倒访许由、舜,乃生弑父篡位野心。为此,他才以让尧居住他修的宫殿安度晚年为由,谋害尧王。③尧机敏,并早知单珠祸心,才将单珠埋葬。④由于是民间神话传说,经常出现异文。为尧修墓和为尧修宫殿,尽管不同,其目的一致。至于淅川丹江的传说,则截然相反。丹朱为民战洪水,为民立功,人民敬仰,则应是此一传说中丹朱形象"二元对立"的特殊问题。其产生原因很可能与不同地区的不同部族的人,对尧和丹朱的评价差异有关。此类现象在远古神话里是经常出现的。它正是中原地区神话多元体系产生的根本原因所在。⑤黄河岸边的单珠堌堆和"仙姑庙"的存在,足以证明此事在民间传播之广及其可信性,其中也透露出尧时家世的一般。

510. 尧王惩子[范县]

坐落在范县辛庄乡正北约四华里的一个小村子——丹徐庄,是由丹朱堌堆、徐庄两个小自然村合成。

传说,这里的"丹朱墓"就是尧王虚葬中的墓地之一。据说,尧王有个儿子叫丹朱,此人性情暴烈、执拗,而且愚不可训,是一个典型的"二半调子"。尧王自觉年纪已大,说不定什么时候就会溘然长逝,再不抓紧寻找一个继承王位的人,怕到时措手不及。一天,尧王把儿子丹朱叫到跟前说:"儿啊!你看我现在须发皆白,上了年岁,说不定什么时候就会离开人间,一旦我去世,那么这个天下就靠你来掌管。掌管天下的事,可是一件大事,偌大一个国家,数以万计黎民百姓,你如何使国家富庶、黎民安乐呢?你有什么好办法来治理这一方天下呢?"丹朱听后,哈哈大笑,说:"这事太容易了,办法我有的是!把这些老百姓杀得百里之内只剩两个人,那时人都会害怕我的。人又少,他们又都怕我,我命令他们干什么,他们就得做什么,只要百姓能听我的,到那时国家还愁不富庶,人民还愁不安乐?"尧王一听,不行!倘若让丹朱掌管天下,坐了王位,那不知多少黎民百姓死于丹朱的暴政之下。即便幸免一死,也定会在苦难的岁月中煎熬。一代专横的暴君,将祸患于天下,把王位托付于这等人,岂不落下后人的千载骂名。唉!王位决不能落到丹朱手里,必须想一个办法使丹朱死于自己之前,而决不能使之活于自己之后,祸患天下黎民百姓。

于是,尧王又道:"儿啊!有关世袭王位的事,以后再说吧!你做好继承我王位的准备就是了。现有一事要和我儿商量,我已是上了岁数的人了,我的后事不得不考虑了,作为儿你要尽快为我选一块墓地,建造一座陵墓,也算对为父尽了一份孝道。"丹朱说:"爹,这件事不用您告诉我,我也要为您造一座您满意的墓穴。明天,我就带领人马到各地察看一下,选定位置。"丹朱口里这么说,内心想的却是:赶快把墓地修好,好让他快快死,我好继承他的王位,掌管天下。第二天,丹朱就带领人马到各地去巡视,踏遍了全国的所有地方。最后,选定从曹州到北金堤这中间的一望无际的沼泽地上。接着,马不停蹄地调动大批民工和一些巧匠,在四周筑堤,中间修造了楼台殿阁等和陵墓配套的一些设施。造墓期间,丹朱不大过问此事,只是有时向手下人过问一下造墓的进展情况,从没有到墓地去亲自察看。尧王可不同,他常常瞒着愚不可训的丹朱到墓地去察看。等到陵墓将要竣工时,尧王对墓中的各种设施、暗门、机关等,均已了如指掌。墓地修造好了,有人就报告了丹朱。丹朱把这件事又告诉尧王,尧王心中暗喜。丹朱说:"我准备带领您到墓地去看看,看一看陵墓修得怎么样,不知您是否满意。"尧王说:"儿啊!那你就引我到墓地上看看吧!"丹朱带领随从,车马载上尧王,直奔墓地而来。到墓地后,尧王要丹朱把能工巧匠叫过来,亲自带他观看陵墓。能工巧匠头前引路,后面跟着丹朱,最后面是尧王和随从。此时的尧王心中非常不安,亲生父亲马上要送儿子走向"死神",脑子里不时闪现一丝留恋之情。但为了普天下黎民百姓能安居乐业,不受苦受难,尧王毅然大义灭亲。能工巧匠、丹朱已进入墓门,尧王刚刚踏上门槛,他停下了。"为了黎民百姓,儿啊!我送你先走吧!"话音刚落,尧王的心腹侍从已按动机关,"啪"的一声震响,墓门把墓内外,分成两个世界,这时,尧王压在心上的一块石头才算搬掉。

尧王随即命随从用土把墓门封得严严实实,然后就带领着车马回部落驻地去了。

采录人:冯跃东,男,45 岁,汉族,初中毕业,范县辛庄乡丹徐庄农民
采录时间:1990 年 2 月
采录地点:范县龙庄乡

图 22.510.1 濮阳丹徐庄丹朱庙内的"敕封丹朱老爷之神位"(1999 年程健君摄)

图 22.510.2 濮阳丹徐庄丹朱庙的丹朱妻"邹何氏姑姑之神位"(1999 年程健君摄)

【点评】

本篇是流传在河南范县的关于尧王传位的神话传说珍品,它接近民间口承形态,对研究原始社会的禅让政治有重要意义。

其中透露如下信息:①古帝王的政治制度是"公天下",而不是"家天下"。②古帝王传位不是世袭制,而是"选贤与能"的选举制。③尧王选王位继承人,不是亲属关系而是贤德才能。为了这个原则,尧王坚决不传位给暴烈、无道的儿子丹朱,而是舜。④尧怕自己死后,丹朱闹事,就设计让丹朱修好墓穴,把他诱杀在尧王的墓内,关死了丹朱,这便是尧舜时代治天下的重大选择。他大义灭亲,访贤,正是当时公有禅让制的最大特色。⑤此篇为尧王修墓与另一篇《尧除单珠》中为尧修宫殿不同。单珠修宫殿是为自己享受,后又让尧享清福。因单珠要篡位,改用作埋尧的坟墓。后因被尧识破,埋了单珠,自作自受。⑥尧在传帝位上大义灭亲,古今称赞,可见原始社会禅让政治的特色。

511. 尧王访许由 [登封市]

上古时候,中原一带有很多部落,过着刀耕火种的原始农耕生活。因为耕作技术粗放,粮食收成很少,往往还要靠采集野果,或渔猎生活。箕山一带有一个许氏部落,日出而作,日落而息,耕种渔猎,防御外患,部落治理得很好,人民生活也很安定。这个部落首领许由,字仲武,就是个品格高尚、不图财利、不慕权位的人。

各个部落联盟的首领是尧,人称陶唐氏,名放勋,就是历史上说的唐尧。他建国于唐,建都平阳(今山西临汾西南),曾设官掌管时令,制定历法,改进农耕,烧制陶器,掌管教育,掌管军政事宜,把国家治理得很好。但随着年纪渐渐老了,身体也渐渐衰弱了,大臣们也都想各自为政,儿子丹朱又放纵暴虐,尧越来越多地考虑接班人的事了。他不想把王位让给儿子丹朱,其他儿子又都不贤能,便时时留心天下各部落的人才。

尧王听说箕山一带有个许由最贤,便想把王位让给他。因为忙于国事走不开,就派人到箕山来访贤,并传达尧王的旨意。

使臣带着尧王的使命爬过中条山,涉过黄河水,日夜兼程,来到嵩山之阳,箕山之北,路过一处石坡窑口,使者暂歇下脚,打听许由的住处。石坡窑口附近的居民听说尧王使臣来到,都非常敬佩,像对待尧王那样,行了大礼,并亲切招待一番,还为他亲自领路。来到颍水之北的阳城脚下见了许由,使者说明尧王招贤禅让天下之意。许由说:"感谢尧王好意,天下贤人很多,我连个小小部落都没有治理好,怎好去继承王位,治理天下呢?请您回去吧。"使臣说:"咦!我们奉命千里迢迢来请您,您即使不愿继承王位,也该去见见尧王吧!"许由说:"王位我都不要,怎么要去见尧王呢!"他们又说了很多,使臣辩不过,只好回去向尧王报告。

使臣走了以后,许由猜想尧王不会听后不理,还会派人再来,便带着妻子儿子和部落人等连夜南逃。约行三十多里,遇到一道沟壑,虽有月光照路,但途中常有野兽威胁,又走得累了,便蜷曲在沟里背风处歇息。第二天继续赶路。他们上了箕山,在一片浓密的槐树林里安了家。后来人们叫这村为槐里。

许由刚搭起了一座茅棚,风雨就来侵袭,虽然是初秋天气,茅屋漏雨钻风,夜里寒气逼人。好容易挨到天亮,雨停风住。看到山下一处林子里冒出青烟,知道那里一定有人在燃火烤烧熟食,便让儿子下山去采取火种。儿子虽只有十五六岁,却长得体态健壮、五大三粗,是个身体结实的棒小伙子,所以对他下山也格外放心。

儿子折了根胳膊粗的树棍掂着护身,下山去了。他和妻子一起忙些家务。邻村的巢父放牛走到这里,听说许由迁居此地,也凑上来说话、帮忙。闲谈中话很投机,不久,便成了好朋友了。许由问:"为何你叫巢父呢?"巢父说:"我冬天住窑洞,很少出来;夏天在树上架木为巢,以防野兽伤害。这样,很多人便叫我巢父了。"许由和妻子都笑了起来。

他们又谈天说地,叙古论今,巢父感到许由懂得东西很多,知识很丰富,对他更加敬重。眼看日将落山,巢父告辞的时候,许由妻子说:"天快黑了,儿子还没回来。"巢父问:"去哪了?"许由说:"下山去取火了。"便指着冒烟的方向给他看。巢父说:"这一带狼虫虎豹很多,走,快去看看吧。"许由让妻子将牛看好,二人各提一根树棍便下山了。

他们穿过一道山沟,钻进一片苇园,涉水择路前进。又走进一道沟,见沟沿有一只鼻口蹿血的死豹子,看那周围地上的荒草有搏斗时踩踏的痕迹。他们大声喊叫儿子,周围没有应声。又往前走,喊叫,儿子才有应声,许由放下心来。可是这时阴云密布,一声电闪雷鸣,天空下起雨来。雨越下越大,地上发了大水,一道大水沟挡住去路。好长时间,雨停了,洪水渐渐退去,他们才找到儿子,带着火种拉着死豹一起上山。之后,便留下了苇园沟、豹沟、隔子沟的地名。

许由感谢巢父的帮助,愿意永远留此地和他为伴。没想到这天借巢父的牛套犁犁地的时候,尧王亲自来访贤。尧王是在听到使臣回去汇报之后,自认为"对贤者不尊"才亲自来的。他路过石坡窑口,人们听说尧王亲自访贤,并见他白发白须白眉有一百多岁,自愿领路去找许由,并说:"许由原先住过的地方,叫隐士沟,现在他又跑到箕山上去了。"他们来到箕山,见许由正在吆牛犁地,尧王深施一礼说:"您就是许贤人?请歇歇脚吧。"许由吆牛停下,还礼说:"是。您是何人?"尧王说:"陶唐氏尧,上次派人来访,是俺对贤者不尊,这次亲自来请,请您出山,继承王位。"许由一听是尧王亲自到了,一面表示尊敬,一面谢绝说:"不,我不行。"尧王说:"您定行,您是太阳,太阳已经东升了,而我还在燃着一烛之光,我的光焰多么微弱;您是及时雨,大雨已经普降了,而我还在拼力浇灌,我的点滴之水真是微乎其微!您继承王位,能力定超过我多少倍,天下一定大治!"许由说:"您治理天下,已经大得民心,要我去落个美名吗?我像鹪鹩鸟筑巢于深林,不过占树一枝;我像鼹鼠饮于河水,不过仅为喝饱肚子。我没有什么本领,请您回去吧。"

许由的一口回绝,使尧王很尴尬,一时找不到话题,看到拉犁的牛屁股上都绑着一个簸箕,无话找话地问:"牛屁股上为啥都绑个簸箕?"许由一笑说:"谁走慢了,我朝簸箕上打一下,它就知是打它的。"尧王若有所思说:"啊——,您是怕它疼啊!"又问:"这两头牛,哪头走得快呢?"许由看看牛说:"黄牛快,黑牛不慢。"尧王点点头说:"啊——都快,还是您调理得好啊!"尧王再也找不到话题了,还是劝他当王。许由坚决不答应,尧王只得走了。可是走了不远,许由撵上来说:"当着它们的面,我怎么好说谁快谁慢呢?不瞒王说,还是黄牛快些。"尧王又"啊"了一声,心想:许贤人爱惜牲口至此——虽有缺点,却不当众揭短;虽有惩罚,却不加重刑,可见为王之后对百姓多好了,他还是要让贤,许由深深地施礼,回头又吆牛犁地了。

又过了些日子,尧王又让许由当九州长,亲自到箕山来。路过石坡窑口,大家都认识他,还是热情接待,并对他说:"你真是爱贤如命啊,为了选贤,第一次派人来,第二次亲自来,现在又来。只有再一再二,哪有再三再四之理,请您不要去了吧。"尧王说:"不,这是我的诚心,我还是要去的。"说着,又上路了。这石坡窑口便留下了三过尧的美名。

尧王找到许由,提出让他当九州长。许由听了就觉得心烦,赶忙捂住耳朵。尧王耐心地解释,许由却跑到颍水泉边去洗起耳朵来。

这时,他的好朋友巢父牵牛到泉边来饮牛,见他蹲着洗耳,问他缘故,他说:"尧王让我继承王位,又让我当九州长,我厌烦听这样的话,所以来洗我的耳朵。"巢父听了,鼻孔里哼哼冷笑了一声,说:"算了吧,还是怨你自己,你若住在高山深谷,存心不让人知道你,怎么能有这个麻烦?你故意到处游走,显露名声,现在却又到这里来洗耳朵!可别让水玷污了我小牛的嘴巴哟!"说着,牵牛到上游去饮了。许由苦笑说:"咳!水是流动的,我洗耳的水早就流走了,又有新的泉水流出来,看,我还喝呢。"说着,便双手捧着喝起来。巢父看都不看。

后来,许由仍旧过着隐居生活,并经常到泉边来捧水喝。人们看他用手捧水,很不方便,给他一只水瓢。他舀水喝了之后,随手将瓢挂在旁边一棵树杈上。可是,被风一吹,那瓢沥沥有声。许由听了,又觉心烦,便把它摘下,扔在附近的山崖上。又后来,这里便留下洗耳泉、牵牛墟、弃瓢崖的地名。

许由死后，人们把他埋在箕山顶上，为了保护他的身体不被穿山甲咬吃，从四五里外的颍河滩运沙石到箕山顶，给他封起一个一亩大的大墓冢。后来尧也封他为箕山公神。后人建了许由庙，年年祭祀，让他享受人间香火。这山也叫许由山。

图22.511.1　登封嵩阳书院内的帝尧塑像
（2008年程健君摄）

【文献选录】

尧以天下让许由。许由逃之，舍于家人。家人藏其皮冠。夫弃天下而家人藏其皮冠，是不知许由者也。

(《韩非子·说林下》)

许由，字武仲，阳城槐里人也。为人据义履方，邪席不坐，邪膳不食。后隐于沛泽之中。尧让天下于许由，……不受而逃去。啮缺遇许由，曰："子将奚之？"曰："将逃尧。"曰："奚谓邪？"曰："夫尧知贤人之利天下也，而不知其贼天下也。夫唯外乎贤者知之矣。"由于是遁耕于中岳颍水之阳，箕山之下，终身无经天下色。尧又召为九州长，由不欲闻之，洗耳于颍水滨。时其友巢父牵犊欲饮之，见由洗耳，问其故。对曰："尧欲召我为九州长，恶闻其声，是故洗耳。"巢父曰："子若处高岸深谷，人道不通，谁能见子？子固浮游，欲闻求其名誉，污吾犊口。"牵犊上流饮之。许由没，葬箕山之巅，亦名许由山，在阳城之南十余里。尧因就其墓，号曰箕山公神，以配食五岳，世世奉祀，至今不绝也。

(晋·皇甫谧《高士传·许由》)

（阳城）县南对箕山，山上有许由冢，尧所封也。故太史公曰："余登箕山，其上有许由墓焉。"山下有牵牛墟，侧颖水有犊泉，是巢父还牛处也。石上犊迹存焉。又有许由庙，碑阙尚存。

(《水经注·颍水》)

图 22.511.2 宋·马麟绘尧（程健君供稿）

图 22.511.3 明·张居正《帝鉴图说》任贤图治（孟宪明供稿）

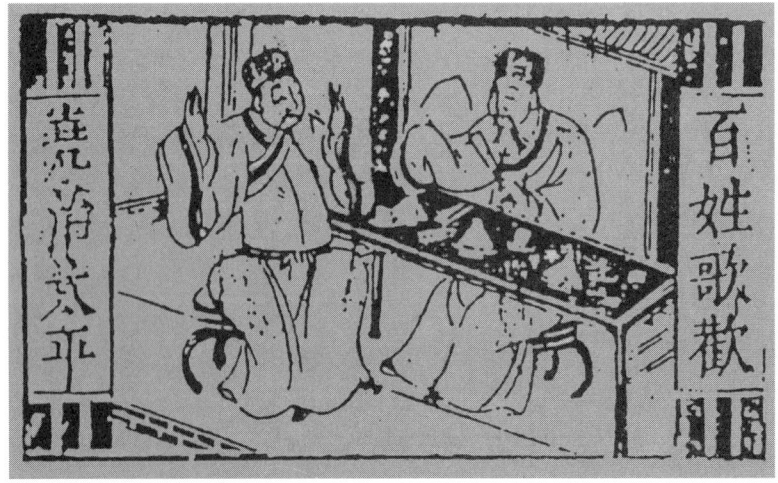

图 22.511.4 明小说《列国前编十二朝》（孟宪明供稿）

图 22.511.5　清小说《廿一史通俗衍义》版画（孟宪明供稿）

【点评】

本篇是采录者根据部分文献及登封的神话传说，编写的通俗文本，有研究史前原始社会制度、习俗等的重要作用。

其中透露的文化史信息有：①尧时的原始社会，部落酋长的联盟盟长传承制度，是典型的"选贤与能"的"禅让政治"。②作为天下之君的尧，为了传袭合适的人选继任自己的王位，曾三次派人和自己亲自来请贤人的动人事迹。③许由虽很有能力，但自谦不能与尧相比，却几次显示他知人、善任的治国本领。他拒绝尧之请，主要怕影响王者的治理天下大事，也显示当时先民淳朴的政治见解和品德。④其中反映中岳嵩山的原始生活和杰出人才的现实。⑤众多地名可作此传说真实性的印证。

512. 尧访许由和巢父 [登封市]

几千年前，唐尧时候，他将招贤选才列为朝阁头等大事。

有一年，朝臣们向尧推荐，说中岳嵩山下阳城地方，有个贤人，姓许名由，此人熟农耕、识天文、知地理,兵法也略知一二。尧听了后,如获珍宝,便换上乡民服装,从唐地(今山西省)亲自乘车到中岳访贤。

尧来到中岳时,正是七八月间,山坡上下,沟川河滩,所有耕地,到处长满绿油油的庄稼。尧看着这般景象,禁不住称赞:"真乃贤人辖地也!"说罢催促车夫,加鞭驱马,盼望早见许由。

当他路过槐里村头,见一个耕夫打扮的人,身高七尺,年近五旬,细腰宽背,头戴一顶草帽,身穿铁灰色宽袖大袍,土黄色的宽角裤高卷着,手中拿一支竹笔,俯在一块大石案上绘制山川河流图。尧让车夫停住车,一瞧,这个人绘的图样,非同一般,有独出心裁的地方。当时尧就对这个人敬慕几分,便问:"你认识许由吗?"

绘画人听到有人问,抬起头来,摇了摇说:"不认识。许由是个草芥之人,问他干什么?"

"听说他是个大贤人呢!"尧说,"现在许由在哪里?"

"他能称起大贤人?"绘图人用藐视的话说,"不知道他在什么地方。"说罢又俯身绘起图来。

尧向他笑了笑,挥手驱车前往阳城。

到了阳城,尧访问乡间百姓。大家说的,和朝臣给他推荐时说的一样。百姓们按照许由的话耕耘播种,年年五谷丰收,牛羊成群。他还教人懂礼貌、讲文明、关心国家太平。尧越听越爱他,就和少数护卫,由阳城长领路,徒步到槐里村,去请许由。

许由呢,正同几个耕夫在玉米地里挑选良种,看见当朝天子徒步来请他,感动得热泪盈眶,跪到地下,宽袖遮脸,连呼三声万岁。尧一看许由就是俯在石上绘图的那个人,便把许由搀起来,请他到阳城谈谈五谷、耕耘等事项。许由再三推让,说他是草木之人,讲不出什么。但他执拗不过,最后只得随尧前往阳城去了。

来到阳城,尧与许由深谈多次。他了解到许由的确是个博学的贤人,就要他当九州长。许由一听,脸色苍白,不寒而栗,连说治国安邦,他担当不起。他给唐尧天子推荐巢父,说他有真才实学,是个贤人。

尧听许由说巢父是个大贤人,便问:"怎么没听说过巢父?"

许由说:"巢父姓樊名仲甫,号巢父。他居住在嵩高山下,距阳城约一日路程。此人久居深山,酷爱学习,对理政建朝很有研究,办事深有远见,说话理正意深,对耕耘牧渔之事,了如指掌。要治国安邦,还是请天子去聘请他吧!"

尧听说巢父有这样的才华,喜出望外,就把许由安置在南院,让从人好好款待,他与阳城长徒步去请巢父。途中访问了几人,说的和许由推荐的俱是一样。他们走进巢父住的村子以后,就登门去聘请。

巢父这时正在家喂马,听说当朝天子来请他,便走到门口,跪下相迎,连喊三声万岁。尧把他搀扶起来,请他到阳城去谈。巢父见尧执意敬请,便随同尧到阳城。尧把巢父让进北庭,两个人畅谈了治国的道理。经过谈话,尧认为巢父与许由一样,也是一位大贤人,能够掌管国家大事,便对巢父说出请他当九州长的事情。

巢父听罢,目瞪口呆,连说他拙笨无能,久居深山,是个井底之蛙,天子王位应让给许由去坐,唐尧再三劝说,巢父再三推荐许由。唐尧没办法,只好把巢父暂且留在北庭,让从人好好款待。他又到南院来找许由。

唐尧来到南院时,连许由的影子也找不到了。从人讲,唐尧去访巢父的那天,许由出外散步,一去没有回,现在大家正在找他呢!唐尧听后,长叹一声,将从人呵斥一顿,又赶快到北庭来见巢父。谁知道,巢父也不见了。

话说许由离开阳城,到箕山深处去隐居。他越过颍水河,向深山走去。这里漫山皆是盛草繁花,蝶飞蜂舞。见到这些,许由禁不住高兴地说:"好个清平世界!"这时他觉得汗流浃背,便到山坪崖下一条清清溪流边去洗汗水。开始洗,他就先洗自己的两只耳朵,因为尧让他当九州长,他觉得弄脏了自己的两只耳朵,让污浊随水东流而去,从此以后,清清白白居住山中。他刚刚洗完耳朵,猛然听见一阵牛叫声,许由一看,是巢父牵着一头牛犊走进山来。

他知道巢父和他一样,不愿管理朝政,避尧而进山来隐居。他埋怨说,你巢父学识卓越,天子既然让你做九州长,你就该理朝治国。

巢父问许由,那你为什么洗耳呢?许由把道理讲说一遍。巢父本来也准备在这个小水潭中饮饮牛犊,一听说许由用此潭的水洗过耳朵,他怕污浊染脏了他的牛嘴,便把牛犊牵到上游去饮。

许由和巢父隐居箕山以后,他们自己开荒耕耘,俭朴度日。他两个每逢劳动流汗的时候,便来到溪边洗汗,到山泉崖下乘凉。说来也怪,许由、巢父没进山隐居以前,崖壁很低,泉水也不旺。自从二位贤人隐居箕山以后,崖壁越来越高,泉水越来越旺。一年四季,清水潺潺,凉风习习,就是炎热酷暑,人只要坐在崖下,汗水不揩而去。时间长了,这里竟成了中岳避暑胜地。夏秋季节,来这里避暑的人很多。因此人们称为"箕阴避暑"。

后来,许由死于箕山,葬于箕山坪顶。唐尧皇帝知道以后,封许由为箕山公神,年年以五岳之礼奉祀。许由的祠庙,人们至今还称为"真君爷庙"。

采录整理:王鸿钧

【点评】

本篇是流传在河南登封县的关于尧王访许由、巢父的传说遗闻。它是同题《尧王访许由》的异文。虽有一定参考价值,但情节、语言都缺乏生活气息,和一般民间口头传说截然不同。语言尤其文雅,脱离了口承的特点,仅可供研究时的参考。

值得注意的是:①本篇的整理方法不科学,未能保持民间神话传说的原貌,过于习惯采用知识分子的语言来描述。作为采录民间散文作品这种方法,是应作为教训记取的。②本篇所说的许由、巢父以谈政治为污秽之言,要洗耳,不让牛饮洗耳的水,都集中说明:原始先民"无为而治"的"大同世界"的幻想,因此,才拒绝参政;满足于"小国寡民而不争"的理想世界,"日出而作,日入而息";老死不相往来的理想政治观。

513. 尧王访贤(一)[范县]

尧王八十多了,江山让给谁坐呢？他媳妇尧娘说:"咱的江山,还得叫咱儿子丹朱来继承你的王位。"尧王笑了:"丹朱是咱的亲生子,他有力量,驱猛兽,开垦荒田,种庄稼还有些办法,但他光顾吃喝玩乐,不关心民间疾苦,怎能执掌江山呢？我要寻访一个有能耐的人当帝王。"

尧王去访贤,改扮成普通百姓,独自一人到各处察访,走过了山山水水,察过了大小部落。这天,来到雷泽,只见春风和煦,丽日高照,山清水秀,鸟语花香,一群村姑在山坡上头簪鲜花,手拎小篮,一边采集草药,一边嬉闹追打,田间农夫赶着牲畜辛勤耕耘播种。尧王看到这种景象,心旷神怡,非常高兴,心想,此地景象升平,人民安居乐业,在这里准能访到贤德的人,今后,江山社稷有贤人执掌,我死也瞑目了。

尧王心里欢喜,又看见一青年套着一头黄牛和一头黑牛,在山半坡里耕地,他手中没拿鞭子,只有半截小木棍,不时敲一下挂在犁把上的小铜盆。尧王越看越觉得奇怪,便爬上了山坡,待青年人耕到地头,尧王问青年人:"请问壮士,耕地敲铜盆,是为什么？"青年人答道:"我敲铜盆是为了驱赶二耕牛前进。"尧王听了更觉奇怪。"你为什么不用鞭子驱赶耕牛呢？"青年人将犁停在地头,指着牛背说:"二牛为我耕地,累得满身是汗,已经很吃力了,我怎忍心再用鞭子抽打它们呢！再说打黄牛,黄牛奋力,黑牛轻快,打黑牛,黑牛奋力,黄牛轻快,不如敲击铜盆为令,让二牛合力前进,不是更好吗！"尧王心想,此人对耕牛尚有恻隐之心,对待人一定更好,是个有才智,而又仁慈的人。接着问道:"请问壮士大名？"青年人躬身施礼:"小的名舜,骊山脚下人氏,请到寒舍喝杯淡茶,再好行路。"

尧王听说青年人叫舜,便问:"你可是下井为母捞金簪的舜？"青年人说:"为母行孝,理所应当。"

尧王说:"打扰你耕地了。"说完转身向山坡下走去。舜说:"恕小的不能远送。"舜敲击铜盆,又去耕地。

隔了几天,尧王率众朝臣,引吉祥之兽——獬,二次来到骊山,舜大吃一惊,纳头便拜,尧王慌忙扶起了舜,说明了求贤接任之意。獬点头摆尾,跷起两只前腿,像当年拜尧王一样,向舜拜了三揖,众朝臣齐向舜跪拜,舜虽然再三推辞,但尧王不容分说,携手拉舜,在众臣簇拥下,回到了尧王城。

尧王把帝位让给了"虞舜",人们叫他舜王。从此,开河渠,种五谷,人们过着丰衣足食的生活,都称舜为贤王。

讲述人:崔金甲,男,65岁,汉族,文盲,范县农民
采录人:崔金钊,男,60岁,汉族,大专毕业,范县王楼乡教育组干部
采录时间:1989年10月22日
采录地点:范县王楼乡

尧王访贤(二)[南阳市]

尧王老的时候,力不从心了,想把天下大事让给能干的贤人。他有九个儿子,看看没有一个能治理天下;满朝文武呢,算来算去也不中意。他决定到民间访一访,找个贤人,把江山让给他。

单说历山脚下,住着一个名叫瞽叟的老汉,他有个儿子名叫舜。舜的母亲死后,瞽叟又给舜娶个继母。舜的继母不贤,把舜当做眼中钉。一天,尧王来到这里,听人们议论舜的继母千方百计害舜,但总是害不死,他就想见见舜这个人。这时,舜正在地里犁地。尧王就问路去找。

尧王来到舜犁地的地方,见舜使的一头黄牛和一头黑牛,屁股上都绑个簸箕,长身儿地不顺着犁,而是横着犁,感到很奇怪。

尧王问他:"年轻人,人家犁地都是顺着犁,你咋要横着犁呢?"舜说:"老人家,我来时,母亲交代叫横着犁,顺着犁就违背了母亲的话呀!"原来舜知道这样犁地又慢又费劲,但母亲整天想法害他,怕不照着办会惹出祸来,就只好遵从。尧王知道舜的苦处,心想:继母不贤,也只得这样。此人宽宏大度,难得呀!尧王又问:"你把牛屁股上绑个簸箕干啥呢?那不得累了牛吗?"舜说:"鞭打牛身上牛会疼的,绑个簸箕,哪个牛走得慢了,照簸箕上打一下,它就知道是打它的,就会紧走几步撑上去。为不打在牛身上,只有这个办法呀!"尧王听罢暗暗称赞:此人对畜生也这样疼

爱,对人更可想而知了。

尧王觉得舜这个人与众不同,心中高兴,就坐下来和舜拉呱开了。最后,又说到牛身上,尧王问:"你的黄牛快呀,还是黑牛快?"舜说:"我的黄牛快,黑牛疾!"舜的这个回答使尧王很失望:这个人咋不诚实,你黄牛快就是黄牛快,黑牛快就是黑牛快,两头牛总不会一样快,为啥说黄牛快,黑牛疾呢?想到这里就起身走了。

尧王走有百十步远,舜又撵上去,说:"老人家!你停一下。"尧王站着,舜到他跟前悄声说:"我知道你为啥起来就走,是对我的回答不满意。现在给你实说吧,本来那头黄牛快些,黑牛稍微撵不上趟。可是刚才你那样问,它俩都在跟前,我说黄牛快,黑牛听见心里是啥味呢?所以我说黄牛快,黑牛疾。"尧王连连点头,心想:原来是这么回事呀!此人办事这么细心,这样讲究方法,无论办啥事都能办得好!

尧王大喜,把舜带进王宫,把自己的两个女儿娥皇、女英许配给舜为妃,又把江山让给了舜。

讲述人:杜加典
采录人:张楚北
采录时间:1982年2月
采录地点:南阳市

【文献选录】

舜牧羊于黄河,遇尧,举为天子。

(《玉函山房辑佚书·公孙宏书》)

舜能和谐,大杖则避,小杖则受,年二十始以孝闻。尧以二女娥皇、女英妻之。耕于历山之阳,耕者让畔;渔于雷泽,渔者让渊;陶于河滨,陶者器不窳。尧于是乃命舜为司徒太尉,试以五典,举八凯八元,四恶除而天下咸服。遂纳于大麓,烈风雷雨弗迷,尧乃命舜代己摄政。

(《帝王世纪·帝舜有虞氏》)

【点评】

这两篇是关于"尧王访贤"传说的不同异文,其情节基本相同,可供研究尧的参考。它更接近民间口承形态的特点,有研究价值。

其中的风格具有民间传承的口头性特征。①尧王因自己的九个儿子都不具备作帝王的条件,不因私废公,这是原始社会氏族的公天下的体制。②尧访的是来自民间的贤人,有治理天下和用人的本领。③这三种选贤的标准,均从日常生活、生产中的表现体现出来,生动有趣,富有哲理性,发人深省。尤其是对牛耕地的态度,推而广之,当然在治国时,为以爱民为本;对牛的评价,自然会延伸到善于用人理政。这是一个帝王必须具备的素质和本领。舜奉母至孝,说明胸襟大度,能容人,同样可贵。

514. 尧王喝茶[范县]

尧王微服来骊山私访,见舜正在种茶,尧王问:"这是什么?"舜说:"这是茶叶,喝起清香,请到我家品尝。"尧王有些好奇,就来舜家做客,舜把茶叶放到陶碗里,倒上开水,立即有一股清香弥漫全屋。尧王观碗里的茶叶,形如紫燕舌尖,绿如鹦鹉羽毛,尧王品尝,只觉满嘴清香,满腹舒畅,连声夸好。又问:"此茶何名?"舜说:"这是自己种的,是用野茶培育的,还没起名,每年三月摘最好,四月摘次之,五月又次,六月采的最差,这是去年三月三采摘的。"尧王喝着茶叶清香,明如碧玉,就起名叫"玉香",后又叫"舜王"茶。

采录人:崔金钊,男,60岁,汉族,大专毕业,范县退休教师
采录时间:1989年11月4日
采录地点:范县王楼乡

【点评】

本篇是流传在河南范县的关于舜帝制茶和尧王深入民间考察的传说珍品。它接近民间口承形态,对研究中国茶史有重要价值。

其中透露如下文化信息:①古帝多为远古部落首领,事事身先士卒,事必躬亲,并亲身参加劳动生产活动。舜帝所种的茶叶便是一例。②作为帝王的尧,随时关心民情并与舜共同品尝新茶,为茶定名。③科技史最早往往与神话传说密不可分。舜种制新茶亦是如此。④本篇描述"玉香"(后为"舜王茶")茶的特色具体形象、鲜明、生动。⑤"舜王茶"在《茶经史》中应占重要地位。

515. 捏掌见泉［沁阳县］

尧王爱民,经常到各地察问民情。有一年夏天,太行山地区大旱,尧王带着些人忙到这里察看。

一天,他们一行人走到太行山脚下,一个个跑得口干舌燥,想找点水解渴,哪里也找不到,都很焦急。尧王识天文,通地理。他手搭凉棚,四下望望,然后来到一个地方,蹲下身去,抓起了一把土。跟随的人好奇地围上来,只见尧王把抓起来的土捏了捏,又丢开,掌上沾了些土。这时,尧王笑了。别人莫名其妙,问尧王是咋回事。尧王说:"土沾掌上是因其湿润,湿润的土下一定有水。"跟随的人一听,恍然大悟,忙从林子里借来工具,动手挖土。他们挖有几尺深,果见一股清泉向上翻滚。大家高兴万分。

林中的百姓听说尧王到了,又找到了泉水,都来拜见谢恩。尧王指着向上翻滚的泉水说:"这地方地下水源充足,可修个河道,引水灌地,乃万年之利。"百姓感激尧王的指点,再次向他拜谢。

尧王走后,人们在他捏土的地方挖了个大池,池中有许多泉眼往上翻水。池下边挖了条河,河两边旱地变成了水田。

后人为了纪念尧王的功德,把那个大池起名"尧王池",池下边的河起名"尧河",池边的村子改名为"捏掌"村。

至今,尧王池的泉水仍灌溉着尧河两岸的大片土地。

采录整理:尚立非

【方志选录】

尧池水出城西北三十里太行山麓,捏泉村泉畔有尧庙。庙前处处有水,掬手可饮。旧县志古迹图即以尧池水为小沁水。

(《河内县志》)

【点评】

本篇是流传在沁阳县的关于帝尧考察民情,解决水源,兴修水利的神话传说珍品。其中的文化特色表现为：①原始社会的部落联盟酋长，同时也是具有丰富的天文、地理、生产知识的智者。他们往往也是科技的发明者。②尧王观察地貌、地象、地气，从土中发现地下的丰富水源，从而动员群众挖泉、修渠、开河，进而解决了太行山沁阳一带的水源问题，大大促进了农业生产的发展。③从科技史最早的"溯源"特点看，发明者多出于神话传说人物的智慧和功业。④本篇语言生动、形象，接近民间口承神话传说形态。

516. 尧王池［沁阳县］

相传远古时候，尧王懂天文地理，又体贴民情。这年夏季的一天，尧王冒着酷暑，出访太行山脚下。一行人口渴难忍，当下找不到水喝，都很焦急。尧王手搭凉篷向四处张望，伸手抓起一把土，捏在手掌内，一握一松，土粘成团。尧王哈哈大笑说："土粘掌，皆因湿润也，润地之处，岂无水乎？"和他一起巡访的人，恍然大悟，赶忙从村中借来打井工具，刚挖了五尺深，一股清泉便向上翻涌，于是大家高高兴兴喝起了水。

村里百姓，听说尧王来了，纷纷前来拜见。尧王指着翻涌的清泉说："此处地下泉水充足，如能修一条河，旱能灌田，涝能防洪，乃万年之利也。"

尧王走后，人们按照尧王旨意，从南到北挖了一条河，在源头修了一个大池，池塘全用青石砌成。泉源上雕一龙头石，使一股清水从龙口中吐注池内，池底万眼泉珠向上冒泡，泉水顺河而下，村南千亩旱田变水田，并供人们养鱼、栽树、种莲藕。

后人为纪念尧王功德，便将这个村起名叫"捏掌"，把尧王亲手挖的池叫"尧王池"。这池也就是闻名的尧河发源地。

讲述人：李元怀，72岁，沁阳县捏掌村农民
采录人：尚立飞　李燕

【点评】

本篇是流传在河南沁阳的关于尧王访察民情，发现水源神话传说《捏掌见泉》的同题不同记录。内容基本相同，具体叙述过程中，略有差异，可供参考。

值得注意的是：①尧王的科学发现，看似平凡，实际令人产生惊讶之感。关键在于一般群众由于缺乏地质、水文知识，却又以为神秘。掌握科技知识本身就是从

不知到知的实践和认识事物规律的过程。本篇有重要启示作用。②"先知"是智者,"后行"是后知,成效见于实践,只有如此,才能推动历史前进。这是科学认识论的必然规律。"科技是第一生产力",道理正在于此。

517. 瑶　琴[南阳县]

相传唐尧有两个女儿,名叫娥皇和女英。她俩住在尧王后宫的花园里。那儿有青竹翠柏,还有四时鲜花。花园中间,挖了一个大池子,名为瑶池。瑶池旁的路边上,种了几棵梧桐树。

有一天,梧桐树上落满了五色凤凰。凤凰长鸣,好像动听的音乐。娥皇、女英见了,又高兴,又惊奇,急忙禀告父王。尧王说:"凤凰是神鸟,不落无宝之地。这梧桐一定是良材。"于是命人将梧桐树砍倒,投入瑶池沤了一些日子,然后把它精心做成木琴,取名"瑶琴"。

一年三百六十天,瑶琴就做成三尺六寸长。按照五行:金、木、水、火、土,安上丝弦五根,发出五音,称之为宫、商、角、徵、羽。瑶琴做好后,尧王就叫手下人来弹奏。据说舜弹得最好,尧便令娥皇、女英跟着舜学。后来,尧就把两个女儿嫁给舜做妻子。

一千多年以后,到了周成王时,周文王的第三个儿子周公旦,辅佐成王,开始设六宫,定礼乐,才给五弦瑶琴添了两根弦:老弦和子弦。据说老弦可以表达对周文王被殷纣王囚于羑里的沉痛思念,其音苍凉而悲哀;子弦呢,用来表达对周武王讨伐殷纣王大获全胜的喜悦,其音激越而欢快。从此,瑶琴由五弦琴变成七弦琴,发出七音。这就是:宫、商、角、半徵、徵、羽、半宫(高音)。

讲述人:邱海观,男,72岁,农民
采录整理:范牧

【点评】

本篇是流传在河南南阳市民间艺人口头的关于尧王发明"瑶琴"的神话传说遗存,对研究中国乐器史,有重要参考价值。

其中包含如下文化信息:①古代文献虽有尧发明琴的记载,但比较笼统。本篇保存在民间艺人口头的传说却十分生动。②琴为远古最早的乐器之一,其发明的经过,自然要神话化:凤凰栖梧桐树,自然是带有神秘色彩的。因而,也只有神树之木,才能制出瑶琴。③舜有弹琴的绝技,所以尧才将二女许以为妻,实为古今美谈。④瑶琴之制以五弦像五行之音,是中国传统五行观念的具体音乐化尝试的成功。⑤后来,为纪念文王及武王伐纣,周公加上两根弦,一"老弦",一为"子弦",成了七弦琴。

值得注意的是:后因瑶琴失传,师旷仿做六弦琴;蔡邕又制"焦尾琴",均与本篇无关。

518. 丹江的来历［淅川县］

淅川县有一条大河,叫丹江。这里的人都说,是为纪念丹珠(朱)才起这个名字的。

丹珠是尧的大儿子,从小娇生惯养、脾气暴躁。白天,他和朋友们一块儿,划着船游玩,上山打猎;夜里,又和朋友们一起喝酒。尧很想让丹珠继承自己的帝位,就叫人做了棋子,教丹珠下棋,来磨磨他的性子。谁知丹珠光图好玩,弟弟们也跟着哥哥学。弟兄们整天吵嘴打架,尧被气得像得了病一样。

没办法,尧只得把帝位让给舜。他又怕丹珠胡闹,就把丹珠送到河南西南的边界地方当诸侯去了。

这个地方有两条大河:一条从西往东流,一条从北往南流。两条河汇合的地方有两座山梁。它们差一点连在一起,河水就流过窄狭、弯曲的山峡。那时候,常常发大水,也不知道有多少人被冲走,房子被冲倒。有几次,洪水差点儿涨到城根。

丹珠到了这里,生活上失去了靠山,也没有坏朋友的勾引了。这样,他的怪脾气也慢慢地改变了。他亲眼看看自己的老百姓受苦受罪,又听说大禹治水,天下人人人称赞,他就把以前自己学的、划船、打猎一套本事用上啦! 他经常带着自己身边的官员和老百姓上山打犀牛,下河捕鱼,用犀牛皮、鱼皮做成船。他还带领老百姓垦荒,劈宽了峡谷。

有一年六月六,大雨不住点儿地下,一直下了三天三夜。两条大河的洪水,一下子挤到了峡谷口,水越来越大。不大一会儿,洪水倒流,眼看就要漫到村庄里了。丹珠赶紧派了几个水性好的人去谷口察看。原来是一条恶龙和许多怪鱼挡住了谷口。

丹珠就马上派几个壮小伙子,带着大刀去杀龙。谁知那恶龙舞起龙爪,三抓两抓,尾巴一摆,就把船弄翻了。一连几次,都没有得手。这时候,城里来的人说,洪水已经快漫过城墙了。

丹珠听了,又挑了几个年轻力壮的汉子,教他们学会划船,手提大刀,先斩断两只龙爪,然后朝龙腰中间猛劈下去。可是,船还没来得及往回划,就被洪水"哗啦"一下子裹走了。

洪水下去以后,人们在一处沙滩上找到了丹珠的尸首,就把他埋葬在城北的山岗上。丹珠的坟,像把罗圈椅子,坐北朝南,面对着向东流的大河。

从此,人们就把这条河叫丹江了。

采录人:李顺翔,男,23岁,淅川县人,河南大学中文系学生
采录时间:1981年5月

【文献选录】

《尚书》逸篇曰:尧子不肖,舜使居丹渊,为诸侯,故号曰丹朱。

(《太平御览》卷63 地部二十八·丹水)

【点评】

本篇是流传在河南省淅川县的有关丹珠事迹的神话传说珍品,它接近民间口承形态,对研究尧时的政治和家世有重要作用。

其中包含如下远古文化信息:①尧时禅让政治的一个侧面:尧传位原则是"选贤与能"的公天下制度。②尧为天下人民利益着想,不计私利,访贤后,传位于舜。为教育丹朱,就派他去淅川一带做诸侯。丹朱因环境变化,生活本身教育了他,使他成为爱民的好诸侯。在治洪水中,因与恶龙斗而牺牲,从此丹江才被命名。此事证明尧的英明,不是只靠惩罚,而是在生活中把丹朱改造成好的官吏。③尧对儿子的两种方法,应该以后一种较高明。当然,在丹朱要害死尧的关键时刻,处死儿子,同样见其品格之高尚。这种二元对立的理解实际是统一的。不同地区的人民因其所接触的事物不同,也可以有不同的看法,这便是产生多元体系建构的理性认识基础。

519. 丹江的传说[淅川县]

八百里丹江,原名叫"黑河",发源于秦岭的东南麓,流经三省五县,为汉水的主

要支流。新中国成立后,在这里建成了举世闻名的亚洲第二大水库——丹江水库。

丹江的名字是怎么来的呢?

很早很早的时候,尧帝治理天下,他有九个儿子,两个女儿。俗话说,大的稀罕小的娇,可怜就在半中腰。刚生下大儿子那阵儿,尧帝把他稀罕得像掌上明珠,起名儿叫丹珠,意思是吉祥如意的宝珠。丹珠要吃啥,尧帝就赶紧让人给他做啥;丹珠要穿啥,尧帝就赶紧让人给他缝啥。丹珠骑在他脖子上一边撒尿,一边嚷嚷:"下雨啦,下雨啦!"他也跟着说:"下雨啦,下雨啦!"丹珠在他碗里放个屁,拍手说:"爹,给你又添一味啦!"他也笑着说:"真香,真香!"就这样,尧帝把丹珠惯得不像样子。尧帝也很想把他教育成个贤明的人,可后来,尧帝又有了其他十个子女,加上整日忙着治洪水,操国事,也没顾上实现自己的心愿。这丹珠傲世好胜,横行霸道,常常和他的狐群狗党吃喝嫖赌,无恶不作。

尧帝头发白了,腰背弯了,精力不支了,想选个合适人,继承他的帝位。按规矩,长子丹珠是当然的继承人,可尧帝知道丹珠不成器,难当大任。

这天,尧帝召集百官,问谁可以接替帝位。有个大臣想巴结尧帝,抢先回答:"丹珠很开明,可承帝位。"百官怕得罪尧帝,只好跟着打顺风旗。尧帝叹道,"吁——不肖之子,不足以授天下!"他嘴上这么说,可谁不望子成龙呢?他决心试试他的智力和德性,究竟有没有改善的希望。

尧帝用文桑木做成棋盘,用犀角象牙做成棋子,教丹珠下围棋。丹珠只学了两局,就运用自如。尧帝大喜,以为有了希望,就派他到黄河边去治水。哪知,丹珠一离帝都就恶习复发。那时,唯一的交通工具是船,坐上大船,才能显出威风。丹珠想坐上大船抖抖威风,但从帝都到黄河边没有河道,丹珠硬是坐上船,逼着人们在旱路上拉着走。他为了取乐,趁纤夫们正用劲时,拿斧头砍断纤绳,使成百成百的纤夫像摞麦个儿一样栽倒地上,一个个碰得鼻青脸肿,口鼻出血,他却开心地哈哈大笑。

尧帝知情后,气得眼珠子都快憋出来。他把丹珠废为老百姓,贬到离帝都远远的黑河边儿去"劳动改造",选拔贤明的舜,继承了帝位,还把自己的两个女儿,娥皇和女英给舜做了妻子。

丹珠得知后,对父亲咬牙切齿,耿耿于怀。他暗暗串通南蛮的有苗部落起来造反。

尧帝亲自带着大兵,治服了叛军,活捉了丹珠。尧帝要杀丹珠为民除害,舜是一个很仁慈的人,忙拦住说:"他本应继承帝位,却让我替代了,他一时想不通,起来造反,是常情。只要他今后能改恶从善,就饶了他吧!"丹珠给父亲跪下认了错,才被免一死。

尧帝死后,舜看丹珠恶习已改,而且有了立功赎罪的念头,就想给他个机会,问他愿到哪儿去做官。丹珠感激万分,流着泪说:"我在哪儿跌倒,就在哪儿爬起来吧!"舜就让他到曾经"劳动改造"过的黑河一带做了诸侯。

那时的黑河,河水常常暴涨,加上蛇妖作怪,百姓的生命田产屡遭祸害。他们听说丹珠要来做诸侯,更加恐慌。因为,他们知道他的暴虐,就纷纷准备逃走。丹珠拦住想逃走的百姓,说:"父老兄弟们,过去的那个丹珠已经死了!"说着,他"扑通"跪下,对天盟誓:"我要将功补罪,做尧帝的好儿子,做舜帝的好哥哥,做百姓的好臣仆,若有半点虚假,天打五雷轰!"

从此,丹珠带领一江两岸的百姓,观水道,察地形,共谋治水方案。为了使黑河北岸的淅川城不受洪水侵袭,丹珠在江边设计了一条七里长的石坝。丹珠和大家一起开山运石,不分昼夜地干。石坝修成了,它像一条鳊鱼,横卧在江边,人们都叫它七里鳊。大家称颂丹珠的功绩。

这事儿让住在黑龙口的一个黑蟒精知道了,恼得一蹦八丈。因为黑蟒精每年六月六要到淅川城兴风作浪,吞食人畜。修成了七里鳊,就是断了它一条生路。这天,它驾起几十丈高的浪头,向七里鳊横冲直撞而来。

丹珠正骑着一头白象沿江而下,巡察两岸的治水工程。忽报黑蟒精作怪,就立即返回。哪知,黑蟒精已将大坝冲了个大口子,洪水像脱缰的野马,奔腾咆哮着向房舍田庄冲去,好多百姓在水中挣扎呼救。丹珠驱动白象,飞奔着赶到缺口中央,堵住了洪水。黑蟒精张着血盆大口,伸着铁耙似的利爪,向丹珠扑过来。丹珠跳下象背,顺势跃上浪头,挥剑与黑蟒精搏斗。他们在水中翻上翻下,大战几百个回合。丹珠瞅准一个机会,一剑砍掉了蟒精的两个利爪,与此同时,蟒精也咬住了丹珠拿剑的臂膀。那头白象见主人遇险,就大吼一声,扑过去,用它那长长的鼻子卷住蟒精,用力向空中甩去,一下把蟒精甩昏在石坝的脊梁上。

这时,护坝的百姓呼号着,向被甩昏的蟒精涌来。石头雨点般的砸向蟒精,不一会儿,黑蟒精被砸成了肉酱。

丹珠呢,虽被大家扶上石坝,可由于臂膀被咬伤,失血过多,加上搏斗的消耗,多年的劳瘁,口吐鲜血,永远永远躺在了江边。

大家根据他的遗愿,把他安葬在江边。那头白象不愿离开主人,紧紧守卫在丹珠的墓旁。后来,它化为一座象山,那长长的鼻子,形成一道山梁,伸在江边,人们叫它象鼻子。

人们为了纪念丹珠,就把"黑河"改名丹江,把埋葬丹珠的地方称为王子巷,那座墓就叫丹珠墓。从此,丹珠的名字就和奔腾不息的丹江一起,四海流传。

讲述人:习警文,商人,上过私塾,已故
采录整理:习诏
流传地区:丹江两岸

【点评】

本篇是流传在淅川县关于丹朱神话的异文。采录者根据部分传说与文献资料编写的通俗文本,可供研究参考。

其中透露的文化史信息:①尧传位后,丹朱不服。尧放逐他到黑河。丹朱策动三苗造反,被舜平服。③尧要诛丹朱,舜救了他,再回黑河改正,这是历史事实。后丹朱牺牲,当地人民将黑河改为"丹江"。④从情节看虽比较完整,但有明显编造成分。⑤本篇存在的主要问题是文学创作的渲染、虚构成分比较突出。因此,距离口承原始形态较远,科学性体现不足。

二十三、舜　帝

520. 虞舜出世［桐柏县］

传说上古的时候，山西有个小村里住着一户姓虞的人家，户主名叫虞成。虞成忠厚老实，娶了个老婆叫五英，长得比天上的仙女还漂亮。他们夫妇二人相处得很好，同邻居们搁合得也很好。村里人们谁提起都夸他们。

有一天，五英上山砍柴。刚要下山，见一条大彩虹从半空中向她扑来，五英一惊，迷迷糊糊地看见彩虹变成了一个美男子，把她抱着了。也不知道过了多长时间，她醒来一看，什么人也没有，就背上柴草回家了。

从这以后，五英就怀了孕，一直怀了九年。虞成害怕老婆肚里怀了妖怪。他先后问了九九八十一个神汉，又问了七七四十九个巫婆，没有一个说是怪胎，都劝他好好侍候老婆，等着抱贵子。

那时候，龙蛇妖怪很多，经常掀风起浪，到处祸害百姓。这一天，妖怪把水推到小山村，淹死了很多人。虞成的大儿子也被淹死了。眼看不逃命不行了，虞成和怀孕的五英商量了一老响①决定到冯诸山避难。他们一步一步地向前挪。走着走着，五英走不动了。她说："唉！都怨我怀了孩子，要不，咱早爬到山上去了。"虞成说："是呀。是孩子拖累了咱们。"话音刚落，"喀嚓"一声响雷，五英大叫一声倒在地，背上炸开一个大口子，一个小男孩从里面掉下来。虞成一见，又惊又喜，忙脱下衣衫把孩子包起来。说也奇怪，那孩子"呱呱"一哭，正要涌上来的水浪"哗啦"一声退得

图 23.520.1　帝舜画像　出自明《历代古人像赞》（孟宪明供稿）

----

① 老响：豫南人说不足半天的时间是一老响。

远远的了。五英呢,孩子哭叫以后,背上的口子长好了,连个印也没留。他两口子高兴极了,争着抱这孩子。再一看,这孩子和别的孩子长得不一样,两只眼里都有俩瞳仁;两个手心儿呢,有深深的字纹,像个"华"字。虞成和五英商量着给孩子起个名字,抬头一看,周围地上长满了叫"舜"的香草,就给孩子起名叫"舜"。他手上的纹儿像个华字,在家排行又是老二,就叫他"仲华"。

讲述人:释妙祥
采录人:刘剑　柳丹
采录时间:1986年1月
采录地点:桐柏县水帘洞

图 23.520.2　明小说《盘古至唐虞传》画(孟宪明供稿)

图 23.520.3　明小说《开辟衍绎通俗志传》版画:舜耕田(孟宪明供稿)

图 23.520.4　明·张居正《帝鉴图说》孝德升闻副(孟宪明供稿)

【点评】

本篇是流传在河南桐柏县的关于舜出生的神话遗存珍品,它比较接近口头传承形态,对研究上古"五帝"神话及历史有参考价值。

其中说明以下文化信息:①舜的出生地点,不应在桐柏,而应在北方山西、河南一带。②从讲述人情况看,系和尚释妙祥,显然此故事是从外地传入,而非本地产生的作品。③从其中的内容和情节看,很可能是根据文献已有记载的复述。④舜的出世因母亲受虹扑身怀孕,生时已怀九年,且从背上裂口里出生,与古代传说记录相符(似乎大禹也是如此)。它说明古代圣君出生都有异兆。这是上古先民的"天人感应"与"君权神授"下界理民的观念有关。古帝王自非常人,是原始先民心智的生动反映。

521. 娃娃潭[栾川县]

舜就出生在这坨儿①的软岭②,其实是牛岭,后来人叫转了,成了软岭。

那时候,有姑嫂俩从半坡上下来洗衣裳,正洗哩,高处流下来一个苹果。小姑在前,她用棒槌一揽,揽到手里。吃一口,又香又甜,她让嫂子也吃一口,嫂子说:"我不吃,死妮子嘴恁馋,也不管是啥东西,就吃了。"嫂子不吃,小姑就自己吃了。

一吃了,就身怀有孕了。眼看要出生了,哥嫂就问她,她说是吃了苹果。哥嫂想勒死她,可又觉得太可怜,闹死③吧,也可怜。后来,伊河长大水,哥对嫂子说:"妥利④,推到河里算了。"他们带上姑娘一起去河边看大水。到了上头河边,伊河上人太多,没法儿下手,又顺着河滩往下来,想到那没人处再推。姑嫂俩到河边看,离河沿不远,哥在后面冷不防猛一推,把姑娘推到河里了,哥嫂扭头就走。

冲了不远,姑娘又漂出来了,扒扒挖挖又上来了。她想:"回去也是一个死,还不如不回去。"就顺河上来了。上到现在的旧县下面,看见有一棵空壳郎柳树。这时候,肚子疼了,她想钻进树洞里,把衣裳拧干。谁知道衣裳拧干以后,肚子疼哩一阵紧似一阵,不大一会儿,孩子落地了。她看娃子太脏,扭过身来,见那边有一潭清水,就把孩子放在水里洗了洗,这潭现在就叫娃娃潭。这娃子就是舜。

---

① 这坨儿:即这里。
② 软岭:软岭即牛岭。"软",借音,读 ràn。
③ 闹死:毒死。
④ 妥利:干脆。

上到高处以后,娘要饭养活舜。舜长大以后,在沟里种地。后来朝里知道了,就来请他。他一见人就跑。顺伊河一直跑到滦川,又种地。人家硬撵来,让他走了,去保朝廷。后来也算坐①了。

讲述人:赵某某,74 岁,曾上过 7 年私塾,后习中医,栾川县漫寺头队医生
采录人:陈连山,河南大学中文系教师
采录地点:漫寺头赵某某诊所

【点评】

本篇是流传在河南西部栾川县的关于舜出生的口承神话原始形态珍品。它对研究五帝中舜的身世,有重要参考价值。

其中说明以下的文化信息:①古帝舜的出生和祖居地不在山西,而在河南西部栾川。此可为一说,因为栾川与山西隔河相邻,当时部族经常迁徙、移动,因此才出现古帝多个诞生地的说法。②舜母食河中飘来的苹果怀孕,在古帝神话中经常出现。东北的部族领袖也有类似情况,可以说司空见惯,同样具有"君权神授"的观念。与另篇记录《虞舜出世》基本上是异曲同工。无非说明:古帝王与一般常人不同,理应承担天子的权力,"奉天承运"罢了。

522. 效　舜 [桐柏县]

人们常把尊重长辈的孩子称为"孝顺"。其实,"孝顺"两字应该是效舜。

舜生下不多长时儿,他的亲妈五英就病死了。虞成见儿子无人抚养,就给舜娶了个后娘。

这个后娘心眼儿不好。她听说邻居们都夸奖舜好,心里就不美气,动不动找碴儿打骂舜。过了一年多,后娘生了个男孩,起名叫象。打有了这个孩子后,后娘对舜更不好了,不打就骂。要不,就不给他饭吃,不让他穿衣服。舜想念亲妈,常常背着后娘哭泣。后娘知道了,又是狠打。后娘处处苛刻舜,舜对后娘没有一点儿怨恨,一早一晚还问安。有一次后娘病了,得用一种叫何首乌的药。舜住的地方没有这种药,他就背上干粮上路找药去了。走啊,走啊,渴了,喝点泉水;饿了,啃点干粮。他整整走了七七四十九天才到山上。这深山老林里经常有狼、虫、虎、豹。舜

---

① 坐:指坐朝廷,当帝王的意思。

还是找啊,找啊,整整翻了九九八十一道岭,才找着何首乌。后娘捧着舜为她找的何首乌,看着连伤带累的舜,很后悔以前自己做的事,夸舜说:"舜真是我亲不溜溜的儿子啊!"

后娘病好后,原来的性儿又上来了,开始折磨舜了。虞成呢,刚开始还疼爱舜,后来眼睛病瞎以后,加上后娘常常在虞成面前说舜的坏话,慢慢地虞成对舜也不好了。

一天晚上,虞成没听见舜说话,就问舜上哪去了。后娘说:"舜越长越不像话,现在和孬货混在一起,整天酒里肉里过,哪里会回来吃咱这粗茶淡饭呢。"虞成听了很生气。不一会儿,舜从外边回来,后娘迎上去说:"舜儿啊,今天咱家买酒割肉,我们都吃了。你赶快到厨房吃吧。"舜从来没有听到后娘关心自己的话,今儿一听,心里很美气。他把酒肉拿出来让象吃。后娘说:"他吃得太多,不能再吃了。这是给你留的,吃吧!"舜噙着泪把东西吃完,就去看父亲。虞成听说舜回来了,就问他:"你今天干啥去了?"舜说:"我出去打听给父亲治眼的方去了!"虞成闻见舜说话带有酒气,就打了他两个耳光子。舜怎样解释,虞成也听不进去。

舜想:父亲眼睛看不见,才错怪了自己。他打算找一名医,为父亲治好病。他走乡串村,走啊,走啊,走了九九八十一里路,串了七七四十九个村,找到一位很有本事的看病先生。舜把父亲送到他家里治眼,为父亲端茶端饭,煎药熬汤。又用嘴把父亲眼里的脏东西吸出来,父亲的眼睛治好了。虞成说:"舜儿真是天下难得的好儿子啊!"后娘也对象儿说:"象儿呀!当儿的要都像你舜哥那样对待长辈就好了。"

从那以后,人们都教育自己的子女效仿舜,尊敬自己的长辈。谁家的孩子这样了,人们就称这孩子"效舜"。时间一长,"效舜"写成了"孝顺"。

讲述人:释妙祥
采录人:刘剑　柳丹
采录时间:1986年1月
采录地点:桐柏县水帘洞

【点评】

本篇是流传在河南南部桐柏县的关于舜对父母尽孝道的传说珍品,对研究五帝神话传说有重要价值。

其中反映远古文化信息有:①在上古氏族社会里,已出现了私有制观念派生的"后母型"故事,此类故事在长期封建社会中成了突出的社会问题。②"后母虐待前妻的儿子",主要是为了争夺财产的目的,本篇亦然。③舜能以身尽孝,找草药为母治病,请医生为父治好眼疾,终于感化并教育了有偏见的父母,化解矛盾,过上安乐生活,以至舜的美德成了后人学习仿效的榜样。④其中找药的过程,带有神幻色彩。由于当时还是"公天下"政治体制,舜的品德才得到尧的称赞,传位给舜。这是远古"五帝三王"理想政治的反映。

523. 种 麻 籽 [偃师县]

  舜小的时候,亲娘就早早下世了。父亲续了个后娘。后娘生下个弟弟,起名叫象。舜和象虽说是弟兄俩,日子过得可差远了。舜整天不光是挨打受骂,吃的粗茶饭,穿的破烂衣,还得干脏活累活;象却是娇生惯养,吃好穿好,啥活也不干。就这样还不行,后娘为了想让象独占家产,还天天谋划着要把舜害死。

  有一天,舜的父亲叫舜和象弟兄二人去地里种麻。后娘见是个机会,就起了歹心。她在一旁恶狠狠地说:"叫他们弟兄俩分开种,各自种各自的。谁的麻不出来就甭想回家!"说完以后,她背地里就偷偷把舜的麻籽炒成了熟的。

  弟兄二人往地里去的路上,象走几步就捏些麻籽吃,因为他生性爱占小便宜,就伸手去抓了把舜的麻籽,放到嘴里一尝,香喷喷的,比自己的要好吃,他就闹着要和哥哥换麻籽。舜忠厚老实,处处让象几分,二话没说,就跟象换了麻籽。

  结果,麻籽种下去四五天,舜种的很快就出齐了,象种的地里还是一块白。舜也不把后娘的话放在心上,拉着象就一同回家去了。后娘一听说这事,气得半天说不出话来。

  一计不成,又生一计。后娘百生法儿又想出个歹点:让舜淘院子里的井,等舜一下到井里,她就和象抬来了一块磨盘,把井口死死地盖了起来。他们母子俩心想,这下舜可活不成了。后娘就高高兴兴地到厨房给象煎了两个鸡蛋,让象吃了个痛快。

  谁知道,舜刚下到井里就见上面堵住了井口。他在井下急得团团转,正在着急的时候,突然见井下有个洞,里边还有亮光照过来。于是,他便顺着亮光过去,一看,又是一眼井。舜就从这眼井里又上来了。原来自家的井和邻居家的井下面通着呢!舜活着又回到了家里,后娘和象大吃一惊,俩人差点儿气死。

  两回都没把舜害死,后娘还是不甘心。又过了些天,她又想出了更狠毒的一着:让舜上房修房顶,点火烧死他。后娘做贼心虚,怕舜觉察不肯上,就假装出亲昵地对舜说:"好孩子,你看天气多热,要上房干活,给,带着这把伞,干会儿歇会儿,可别累着了。"舜没在意。当他拿着工具上到房顶时,后娘马上变了脸。她在这边抽掉了梯子,象就在那边点火烧房子。后娘在下边恶狠狠地冷笑着说:"上次你从地里钻了出来,这回我看你还能从天上飞下来不成!"火越烧越大,舜在房上急得来回跑。正在危急的时候,他转眼看见了身边的伞,就连忙把伞撑开,"嗖"的一声,从房上跳了下来,连一点儿皮也没有擦破。后娘一见舜真的从天上飞了下来,当时就吓瘫到地上了。

后来,人们看舜忠厚老实,宽宏大量,就推选他做了皇帝。舜当了皇帝,并不跟后娘记仇,还是照样孝敬她。后娘不由得满胸羞愧,一气之下就碰墙自尽了。

讲述人:刘伯欣的母亲
采录人:刘伯欣,男,25岁,河南大学中文系学生
采录时间:1981年
采录地点:偃师县

【点评】

本篇是流传在河南河洛地区偃师县的关于舜帝为后母加害而终未得逞的传说,又是表明舜作为古帝王的高尚品德的传说珍品。它与《孟子》等古代文献的记载,大致相符,有重要研究价值。

其中透露:①中国封建社会曾广泛流传的"后母型"故事,远自五帝时代。以后的情节人物虽不尽相同,但题旨一致。可见此类故事远在原始社会末期便已存在了。②《孟子》里的记载与此篇基本相同,可以作比较研究。③远古"公天下"的民主政治制度下,氏族公推"帝王"要由"有德者居之",舜才能被尧禅让帝位。它告诉我们:远古政治领袖的德行才是第一位应具备的条件。

524. 大舜耕田[宜阳县]

相传,唐尧那时候,有个青年叫大舜,勤快憨厚,对父母十分孝顺。大舜二十岁时,母亲去世,父亲又娶了个后妻,生个儿子名叫象。常言说:"娶了后娘,苦了前房。"这话一点也不错。舜的父亲和象形影不离,十分喜爱;对舜,却恶言冷语,百般虐待。舜的后母为了和象独霸家业,总想把大舜害死。这天,他们暗中商量,叫舜赶一犋牛去耕种六十亩田地。临行,后娘只给他发一半口粮,还说,地耕种不完不准回家。

后娘百般虐待大舜,舜还是很孝顺。他听了继母的话,就把牛赶到历山脚下,自己搭了个小草棚,开始干活了。他犁呀,犁呀,活又重,肚又饥,不几天工夫,就把身子

熬病了。但他还是日夜苦干,毫无怨言。就这样,他一天天在这六十亩地中耕种。

冬去春来,转眼又到了播种季节。大舜身患重病,累倒在地。他想着死去的母亲,有气无力地哭着。这哭声传开了,野猪听了来帮他拱地,小鸟听了来帮他啄草。舜虽说有病,终于又种上了庄稼。这年正好风调雨顺,又是一个五谷丰登的好年景。

舜的后娘一计不成,就又生一计:把舜赶出远门,叫他去大江大海里捞鱼捉鳖,想把他淹死在水里。可是舜不怕风,不怕浪,时间一久,身体反而更结实了。

又过了一个春天,净吃坐穿的父母和弟弟又想起舜来了。为什么呢?因为家里没人干活,仓里的粮食也没了,这才又把舜叫回来,还到历山下去耕种。

大舜的德性远近都知道。这时,尧王正悄悄在民间巡访,想在察看民情时发现真正的人才。这一天,尧王来到历山,一看,舜正在犁地。尧王见舜掌的那个里首牛很好,就满口夸奖。舜急忙轻声对尧王说:"你夸里首牛好,外首牛听见生气了,会能好好地拉犁吗?"尧王一听大喜,暗暗佩服大舜处世公道。他想,天下有这样的贤人,定能挑起治国的重任。尧回朝后,跟皇后一商量,就把舜招为婿,让娥皇、女英跟舜结为夫妇了。大舜爱护百姓,很得民心。

尧王老了,跟前没有儿子,临终时,把大臣、皇后等人叫到跟前说:"我死后,要让舜继承王位,你们一定要顺乎民意。"尧王死后,大舜做了皇帝。舜在位六十年,全国人能安居乐业,太平无事。这就是后来人们称赞的尧舜时代。

讲述人:王上清,50岁,农民
采录人:王孟晓,河南大学中文系学生
采录时间:1986年8月
采录地点:宜阳县

【点评】

本篇是流传在河南西部宜阳县的关于舜的传说珍品,接近民间口承形态,对研究五帝神话传说有参考价值。

其中涉及如下文化信息:①舜受后母和父亲虐待,在历山耕田,累病了,野猪帮他耕地,小鸟帮他下种。父母让他下海捕鱼,身体更强壮,动物、飞禽相助,极感人。②尧王见他犁地,会使耕牛,不伤牛的积极性,德行好,处事公平,有管天下的本领。尧传天下给舜,招他为婿。这是"公天下"禅让制的优越性所在。③此时已有"姐妹同嫁一婿"的婚姻制度,相沿成习。

值得注意的是:①历山的地望有两说:一在山东;一在山西。从本篇所记看,应是山西、河南一带的历山。②舜在大孝子中应是最早的人物。③五帝时代,贤者多出自民间劳动人民,而非帝王家世。这是氏族制的特点。

525. 骡子为什么不会下驹[偃师县]

舜当了皇帝以后,娶了两个妃子:一个叫娥皇,一个叫女英。舜特别喜欢女英,想把她立为娘娘,可是又找不到正当的理由。

这一天,舜忽然想起了个主意:让两个妃子分别骑着牛和骡子,从远处到自己跟前来。谁先到他跟前,就封谁为正宫娘娘。舜私下还把跑得快的骡子送给女英,把牛留给娥皇。娥皇、女英二人分别从远处上路以后,女英骑的骡子一路领先,心里十分得意。娥皇因为骑牛走起来慢慢腾腾,远远落在女英后边。谁知道,好景不长,当女英走到半路的时候,骡子要下驹了,一耽搁就是大半天。就这样,女英眼巴巴地看着娥皇骑着牛撵过了自己,最先来到了舜的前面。舜费尽了心思,最后还是不能如愿,一怒之下,就下了一道圣旨:不准天下的骡子再下小驹。据说,从这以后,骡子就再也不会下小驹了。

讲述人:刘伯欣的母亲
采录人:刘伯欣,男,25岁,河南大学中文系学生
采录时间:1981年
采录地点:偃师县

【点评】

本篇是流传在河南偃师县的关于舜的家室趣闻传说珍品。它接近民间口承原始形态,对研究舜的经历有很高的价值。

其中透露以下文化信息:①五帝时代的"姐妹同嫁一夫"的习俗已经出现,并且丈夫对两个妻子有爱、恶之别,这是家庭纠纷的根源。②舜对女英的偏爱和对娥皇的嫌弃,引起舆论的谴责,并通过动物竞走快慢及中途变故,展示对娥皇的同情,这正是长期封建社会对长妻受气的非议和同情世俗之见。③骡子因中途下驹,误了时间,舜便下旨不准骡子下驹,只是一个附会帝王"金口玉言"的旧习的嘲笑和讥讽。

本篇对研究古代婚习及社会心理学有参考价值。

526. 黄河鲤鱼［陕县、渑池县］

出去陕州城,向东再去一百多里,就到渑池县边境了。在陕、渑交界的地方,传说是黄河鲤鱼的故乡。

当初,舜王在这里治水,晚上出来视察工地时,看见马鞍山脚下总有两盏明灯。见得次数多了,觉得有些稀奇,就想去看看。走到近处一看,原来是两条金鲤鱼。鲤鱼见有人来,就钻进山里去了。舜王要看个究竟,就率领工匠们凿山。

凿呀,凿呀,白天凿开了,晚上又长住。舜王把人分成两班,轮换着凿,日夜不停。可是他们在北边凿,金鲤鱼从南边出来,他们又转到南边,金鲤鱼又从北边出来。舜王亲眼看见,两条鱼头并着头,活像个"八"字,就是逮不住。舜王恼了,搭上箭,拉满弓,连射三箭,都没有射住。箭射到哪里去了呢?都射到清水河左岸的石崖上。到今天,那三支箭还在石崖上长着。附近那个村今天还叫"箭的河"。

两条金鲤鱼受了惊,向北跑去。至今,马鞍山脚的一块石板上,还留下两条金鲤鱼的痕迹,人们都把这个地方叫"金鱼窝"。金鲤鱼跑到哪里去了呢?一条跑到黄河沿上,一忼,飞身跃进波涛里,现在那里还有个地方叫"忼鱼";另一条跳进马鞍山左边北流的清水河里,顺水而下,在入黄河口的地方停了一下,也跳进黄河,现在清水河入黄河口边的村就叫"鱼立"。

两条金鲤鱼进了黄河,繁衍后代,便是今天黄河鲤鱼的祖先。

讲述人:郑福宝
采录整理:刘邦项

【点评】

本篇是流传在河南西部陕县一带的关于舜治水中遇到的黄河鲤鱼起源的动物神话珍品,它对研究舜的贡献有参考价值。

其中透露如下远古信息:①舜治水活动的艰辛。②鲤鱼出现的奇异,表明著名事物出现的不平凡景象是幻想的产物,这正是动物神话的特色。③本篇与舜的治水功业相联系,也完全出于对古代贤者功业相感召的神圣意旨相关,这也是远古神话经常出现的"天意"相符的民间信仰的产物。

527. 箫 [桐柏县]

我国有种乐器,叫箫。吹起来很好听。据说,第一个做箫的人,是舜呀!

上古时候,舜刚刚长大成人,就被黑心的后娘赶了出来。舜有家回不去,四处流浪。这一天,他走到泰山脚下,见这里风景好,就到村里给长老打了个招呼,住下来开荒种地。

当时,泰山脚下的人常为鸡毛蒜皮的小事争啊闹呀。舜种地到了成熟季节,山边村子里的人进山了,不论分说,把熟了的庄稼全给抢走。舜呢,没说啥话,还照料他们种的瓜果。瓜果长得肥大肥大的。

瓜果熟了,山边村子里的人来把瓜果抢了。

舜没办法,摇了摇头,往深山里挪几里,再开荒。

过些时儿,成熟的庄稼又被轰抢了。

一天,舜挖了几片小荒地,在竹林边歇歇儿。他摆弄着小竹棍儿,想起了小时候做的竹喇叭和柳皮喇叭。他砍了节竹筒子,仿着小竹喇叭做了个大竹喇叭。吹一吹,声音不算多好听吧,但总算有了个营生儿。

又一天,舜在竹林边歇歇儿,捡了一根被虫打了几个眼的竹棍儿,做成了喇叭儿。一吹呀,好听极了。"叮咚叮咚""淅沥淅沥"的。舜很高兴,又砍了一截好竹筒,打了几个洞儿。吹呀吹呀,忘记了累,心里也不烦了。就这儿,舜有了这根竹喇叭儿,干活累了吹;睡觉前也吹;有空儿就吹。

庄稼又熟了。山下村子里的人又来抢。舜知道自己没法儿拦,只好坐在一边,吹竹喇叭。舜一吹呀,那些抢庄稼的慢慢停下来了。停停,干脆放下手中的东西,一齐围到舜跟前,听舜吹。舜呢,也没理睬,照样吹呀吹。那些人都是瞪着眼,张着嘴,听得入了迷。舜一不吹,抢庄稼的人说:"喂!你这位大哥,本来这儿是我们的,不论谁种我们都收。你今天吹的东西怪好听哩。从今后,我们不收你的庄稼了。"舜说:"想收你们还收吧。山上的野果我拾了一洞,也够吃了。"大家说:"不收了。你收收吃吧。大哥你下山吹吹这东西,叫俺村里人都听听吧!"舜一听,他们喜欢听自己吹喇叭,就答应跟他们一块下山。

舜来到村子里,两户人家正在打架。舜想解劝,一个人拉着他,说:"你管这事干啥,走,咱到屋里吹那玩意儿去。"舜进屋里,喝点茶,就吹响了竹喇叭。他这一吹,屋里屋外围了好多人。打架的人也不打了,他们都静静地听舜吹,个个儿都露出高兴的样子。舜吹呀吹,他们听呀听,听个不够,个个儿入了迷。舜要走了,他们拉着不让他走,还要他吹。舜说:"我把这东西给你们留下来,你们自己学着吹吧。"

舜把竹喇叭儿留给了他们,又教会他们咋吹。

第二天,人们成群去找舜,要学这玩意儿。舜趁着这个时候给他们讲好多道理:有事莫吵,细商量啊,有气慢慢消,莫闹呀;有火慢慢息,莫怒呀,又给他们做了好多喇叭儿。

人们常听舜讲道理,跟舜学吹竹筒子,性子慢慢儿改了,很懂礼仪,也不打架了。有个人问舜:"大哥,这玩意儿真好,又能消闷解愁,又能熄火儿消气,它叫啥名呢?"舜想了想,就在地上写了个"箫"字,说:"它是竹子做的,应该是竹字头儿,人听到就会肃静,竹字头下就写个肃,合起来的字音就念它'消'吧。"

听故事的要问:舜发明箫真有那么大的用处吗?那可是,历史上还有个叫张良的人,山东的,用一根箫,吹散楚霸王八千子弟呢。

据说,舜发明箫的地点是泰山,直到现在,泰山吹箫的人还很多。

讲述人:释妙祥,男,60岁,桐柏山水帘洞和尚
采录整理:刘剑　柳丹
采录时间:1985年11月16日
流传地点:桐柏山一带

【点评】

本篇是流传在河南桐柏县的关于舜帝发明箫这种乐器的神话遗存珍品,它对研究中国乐器史有重要参考价值,接近口承神话的原始形态。

其中透露如下原始文化信息:①舜帝受后母虐待,在山间耕田的艰辛。②舜发明箫这种音乐工具时,受自然事物启发的偶然性,也是必然性。他既生产、生活在大自然环境中,受影响自然是偶然又是必然。③舜发明箫的现实功能性便是教化、陶冶人的情操,使之由野蛮、愚昧到文明、谐和。④"箫"的得名既与竹管有关,又与能使粗野人安宁静穆下来,懂得礼仪有关,这是严肃的又是愉悦的文化活动。故命名为"箫"的真正含义。

528. 蒲息千秋[息县]

相传,尧的时候,各部落的人集居在山西一带的黄河沿岸。由于人口不断增加,黄河又经常泛滥,尧和舜商量,决定到黄河以南找个好地方,把部落里的人迁走

一部分。

这一年,舜渡过黄河到南方察看。他跋山涉水看了许多地方都不满意,最后来到淮河岸边,发现一片绿洲。绿洲中有湖有山,山清水秀。舜高兴地称这片绿洲是"神奇的土地",并说可与他们的都城"蒲坂"媲美。他又捧起绿洲上的土一看,又松又软,含着油香,激动地说:"息壤之地!息壤之地!"(意思是生长不息的沃土)舜选定了这个地方,把这里的湖和山起名为"蒲湖"、"蒲山",还用随身带的猎刀在山的石壁上刻下了几句话:"乃山乃水焉,天下之二蒲焉。移吾之民息壤耕乎,将足食亦而乐乎。"落款是"尧帝九十五岁夏月舜落"。然后,舜又绕着蒲山察看,为将要迁来的移民选择居住的地点。选好了地点,他打算返回蒲坂,不巧生了病,只好在蒲山的一个山洞中暂住下来。

舜出来很长时间没有回去,尧不放心,便命鲧来找他。鲧费了千辛万苦,终于找到蒲山。他发现舜在石壁上刻的字,就在山上找,一直找到舜养病的山洞。这时候舜又病又饿,躺在山洞里昏迷不醒。鲧找到了舜,一看是那个样子,忙把带的食物塞到舜的嘴里。舜醒来以后,看见了鲧,非常高兴。他开口就问:"这个地方的山水土壤你都看了吗?"鲧说:"看啦。""好吗?""好,真是天下第二个蒲坂哪!"

又过些日子,舜的病好了。他和鲧一起回去的时候,路过舜刻字的地方。鲧拔出佩带的猎刀,在舜刻的字下面,先刻出"蒲息千秋"四个大字,又刻了四句话:"亏西原之沃土,盈东滨之息壤。移故民之乐业,过神往之天堂。"

舜和鲧回去以后,禀告尧说在南方找到一个和蒲坂一样好的地方。尧很高兴,决定移民到息壤之地。第二年春天,移民千里迢迢来到这里,见了舜和鲧刻的字,看到这里的湖光山色和大片沃野,都是喜笑颜开,便在蒲山周围定居下来。

后来,武王伐纣建立周朝以后,他分封诸侯,把文王的第三十七子羽达分封到这里为息侯。羽达嫌这地方离京城太远,不愿来。武王劝说道:"息壤之地,山清水秀,金谷遍野,富民足食,是难得之处呀!"羽达听了就高高兴兴地来到了这里。

舜为开拓息壤立了大功,后人尊称他是"息壤先人"。每年腊月三十这天,当地百姓成群结队上蒲山朝拜他,形成了一种风俗。

讲述人:金美臣,男,83岁,息县豫剧团老艺人
采录整理:李中民
采录时间:1985年5月
流传地区:豫南一带

【文献选录】

践天子之位,都于蒲(今河东县蒲津关,所谓蒲坂,《汉志》之蒲阪县,本曰蒲,或曰蒲阴。今河中有舜泉坊,二井相通,祥符祠分阴临观,赐名广孝泉。蒲,频河,地卤水咸,此独甘美。《中山记》"蒲阴昌安郭东,舜氏甘泉",即此。有舜与二妃祠。《西征记》:潼关去蒲坂城六十,城中有舜庙,城外有舜宅并及二妃坛,南去城二十,舜所耕也。《宣室志》:开成中,有卢嗣宗入蒲津娥英庙狎神悖死之事)及安邑(谧云:舜所都或云蒲坂,或云平阳及潘,今城中有舜庙。按潘在妫之怀戎,西北三里亦有历山,上有舜祠,考之帝迹未闻在此,妫汭在河中,不得辽隔如此)。

(《路史》注)

【点评】

本篇是流传在河南息县的关于虞舜在中原地区开发农业,繁衍生息的神话遗存珍品。它简明、朴实,接近民间口头传承的原始形态,对研究远古华夏文化的发展史,有十分重要的科学价值。

其中所透露的原始文化信息有:①尧舜时代,原居住的山西一带,因人多地少,生存困难,才向黄河南岸与淮河之间寻找开发的土地。这一历史事实,从本篇传说中得到印证。②尧派舜寻找良好的生态环境,在息县如愿以偿。其过程十分艰辛,其中的事迹感人。③"息壤"之说,原指息县一带的沃土,不停地生长。"鲧窃息壤"治洪水,似与此相关。④从尧舜经夏代、周代漫长的时间,先民开发华夏文明的事迹,明晰可辨。

值得注意的是:①舜开疆拓土,从山西过黄河,直到淮河一带,这里仍处于荒无人烟之地。可见当时中原的人口也并不稠密,仍处在待开发的阶段。这是中华远古的状况。②鲧、禹和尧、舜的不同古帝王朝,相距时间并不太久,尚是交错衔接的关系。因此,尧让舜,舜让禹,朝代虽异,时间却相去不久。③神话传说虽不是信史,但却可反映当时生活习俗的真实情况。此篇又是一力证。

529. 舜王庙(一)[偃师县]

偃师县境内的邙山岭上,有一座舜王庙。人们用"前房檐水流到洛河,后房檐水流到黄河","好马跑不出山门",来形容庙的巨大规模。

实际上,庙并不大,只不过所处的地势有利罢了。庙前是陡坡,没有山门。好马想跑也跑不下去。那么庙的山门在什么地方呢?原来在山下四、五里地的平川上,这里边还有一段传说。

据说:原来的舜王庙在山下,由于离洛河太近,常常被洪水淹没。

有一天晚上,舜王爷显灵,一夜之间便把庙搬到了邙山上。当晚周围各家的牲口都被调去拉东西。第二天早上,好多人家都看到牲口身上湿淋淋的。

据说还没有搬完,鸡叫天亮了,只好把一座山门留在了原地,而山上庙前也就没有山门了。至今山下还有一个村子叫"山门"呢!

讲述人:寇文贤,60岁,女,文盲,农民
采录人:刘伯欣,男,25岁,河南大学中文系学生
采录时间:1981年2月
采录地点:偃师县

【点评】

本篇是流传在河南偃师县的关于舜帝死后为保护百姓修的庙宇,而"显灵"迁往邙山顶的传说,可能和与舜有关的传闻有关。此类传闻无非是说舜的本领大的想象的产物。

此类传说,他处也不少。如在王屋山阳台宫修建时,鲁班也于一夜之间,借调百姓的牛,拉修建阳台宫的材料等等的传说,实际纯属后人为表现鲁班的本领的想象罢了。

530. 舜王庙(二)[方城县]

相传舜王在位期间,亲自烧荒开地,教老百姓种庄稼,饲养牲畜,老百姓对他都很敬仰。他到了晚年,主动把王位让给了禹王,天下百姓赞不绝口。每逢年来节到,老百姓总给他送去各种各样的礼物。这一来,反使他坐卧不安。

有天晚上,舜王对舜王奶说:"依我看,咱还不如搬出京都,另找一个地方去住。"舜王奶一听,忙问:"这是为啥?"舜王说:"你看,老百姓年年给咱送这么多礼物,劝又劝不住,我心里很不安宁。""搬到哪去住呢?""地点我找好了,伏牛山中有个老栗山,那里山高林密,很清静,送礼的保险找不到我们。"舜王奶听了,说:"这样也好,何时搬呢?""今晚就搬吧!"舜王奶一听这么急,忙说:"咱那六个闺女睡得正

香,不喊她们一声?"舜王说:"咱先去,盖好房子,回来叫她们也不算迟。再说,她们在京都住惯了,要是吵闹起来,惊动了老百姓,不是枉费心吗?"舜王奶一听有理,当下就收拾东西,备好车辆,怕有声响,又摘了牛铃,悄悄地出了京城,直奔老栗山。不多一时,就来到了老栗山顶。二人卸下车辆,盖起房来。舜王奶本事可大了,一口气吹起一个砖,要多高就吹多高。舜王手疾眼快,砖到砌成,不到两个时辰,房子可盖好了。

再说舜王那六个闺女,五个睡得正香。大闺女醒来小便,一瞅不见了父母,到牛屋里看看,也不见牛和车,进屋里瞧瞧,各种物件也找不到了。她急忙回屋喊那五个妹妹,谁知她们瞌睡大,喊了一阵,没一个醒的。她一时急了,用拳头在几个妹妹身上扑通扑

图 23.530.1　濮阳瑕丘舜帝故里标志碑
（2007 年程健君摄）

通捶几下,五个妹妹这才醒了。她焦急地说:"爹和妈搬家了,我先在前面追,你们几个随后撵。"说着先跑出大门。那五个妹妹一听说爹妈搬家了,披上衣服就撵。

大闺女顺着车辙追呀追呀,当她追到老栗山顶时,见前面盖起了一座新房子,她想:爹妈刚刚出来,哪能盖得这样快呢？又往前追去了,约摸跑有一里多路,听见"哏哏哏"一声鸡叫,大闺女忙唤来一阵风,旋起一堆土,把自己遁了起来。那五个妹妹正在后面紧追,眼看新房子就在面前,鸡一叫也唤了一阵风,把自己遁在土中。至今在舜王庙前和庙后,还有一个大土堆和五个小土堆。人们称这六个土堆叫"六妮坟"。舜王住过的地方叫舜王庙。

讲述人：郭延华,男,30 岁,清河乡老庄村农民
采录整理：郭国祥,男,35 岁,干部
采录时间：1985 年 9 月 4 日
采录地点：清河乡老庄村

图 23.530.2 瑕丘舜帝庙内的舜帝塑像(2007年程健君摄)

图 23.530.3 清代嘉庆九年石刻"瑕丘古迹"(2007年程健君摄)

图 23.530.4 舜帝故里瑕丘(2007年程健君摄)

图 23.530.5 瑕丘舜帝庙（2007年程健君摄）

【文献选录】

有虞二妃者，帝尧之二女也。长娥皇，次女英。……
……尧试之百方，每事常谋于二女。舜既嗣位，升为天子，娥皇为后，女英为妃，……天下称二妃聪明贞仁。舜陟方，死于苍梧，号曰重华。二妃死于江湘之间，俗谓之湘君。

（《列女传·有虞二妃》）

【点评】

本篇是流传在河南方城县一带，关于舜帝晚年体察民情搬家的神话遗存珍品。它属民间口承形态，对研究舜的功绩、品德有重要参考价值。

其中透露以下原始信息：①原始先民与帝王的鱼水感情十分感人。这在古帝王中实属罕见。②舜在位时，励精图治，发展生产，为民造福。晚年他退位时，仍保持清正廉洁。因不愿人民送礼供奉，就搬家到伏牛山的大栗山去，自己夫妻盖房居住。六个女儿未追上，有的追过头，留下六个土堆。让人敬仰，真切感人。③原始社会的民主政治传为美谈。民间神话传说中舜和妻子的盖房本领富传奇色彩，正是原始神话意识的表现。